오늘 아침은
우울하지
않았습니다

오늘 아침은 우울하지 않았습니다

무너진 마음을 일으키는
감정중심 심리치료

힐러리 제이콥스 헨델 지음

문희경 옮김

It's Not Always Depression

더퀘스트

옮긴이 | **문희경**
서강대학교 사학과를 졸업하고 가톨릭대학교 대학원에서 심리학을 전공했다. 전문 번역가로 활동 중이며 옮긴 책으로 《인생의 발견》《대화에 대하여》《공간이 사람을 움직인다》《왜 똑똑한 사람들은 행복하지 않을까?》《자연이 마음을 살린다》 등이 있다.

무너진 마음을 일으키는 감정중심 심리치료

오늘 아침은 우울하지 않았습니다

초판 1쇄 발행 · 2020년 1월 2일
초판 4쇄 발행 · 2022년 7월 25일
개정판 발행 · 2023년 10월 5일

지은이 · 힐러리 제이콥스 헨델
옮긴이 · 문희경
발행인 · 이종원
발행처 · (주)도서출판 길벗
브랜드 · 더퀘스트
출판사 등록일 · 1990년 12월 24일
주소 · 서울시 마포구 월드컵로 10길 56(서교동)
대표전화 · 02)332-0931 | **팩스** · 02)323-0586
홈페이지 · www.gilbut.co.kr | **이메일** · gilbut@gilbut.co.kr

기획 및 책임편집 · 박윤조(joecool@gilbut.co.kr) | **편집** · 안아람, 이민주 | **제작** · 이준호, 손일순, 이진혁
마케팅 · 한준희, 김선영, 이지현 | **영업관리** · 김명자, 심선숙 | **독자지원** · 윤정아, 전희수

교정교열 및 전산편집 · 이은경 | **표지디자인** · 유어텍스트 | **CTP 출력, 인쇄, 제본** · 정민

ISBN 979-11-407-0631-0 03180
(길벗 도서번호 040268)

정가 19,500원

독자의 1초까지 아껴주는 길벗출판사

(주)도서출판 길벗 | IT교육서, IT단행본, 경제경영서, 어학&실용서, 인문교양서, 자녀교육서 **www.gilbut.co.kr**
길벗스쿨 | 국어학습, 수학학습, 어린이교양, 주니어 어학학습, 학습단행본 **www.gilbutschool.co.kr**

페이스북 **www.facebook.com/thequestzigy**
네이버 포스트 **post.naver.com/thequestbook**

그게 꼭 우울증인 것만은 아닙니다

내가 이 책의 저자 힐러리 제이콥스 헨델Hilary Jacobs Hendel을 처음 알게 된 것은, 2015년 3월의 어느 날《뉴욕 타임스》의 한 칼럼에서였다. 〈그게 꼭 우울증인 것만은 아닙니다It's Not Always Depression〉라는 제목의 글에는 브라이언의 사례가 등장한다. 심한 우울증으로 입원치료까지 받았던 브라이언은 항우울제 복용은 물론 인지행동치료, 정신역동치료, 지지적 치료, 변증법적 행동치료 등 거의 모든 치료법을 경험한 환자였다. 하지만 우울증은 나아지지 않았고 결국 어느 한 병원에서 최후의 치료법으로 전기충격 치료를 권고받았다. 지푸라기라도 잡는 심정으로 여기저기 알아본 브라이언은 마지막으로 심리상담을 한 번만 더 받아보기로 결정하는데, 그때 만난 사람이 힐러리였다.

브라이언의 문제는 사실상 우울증이 아니었다. 우울증은 드러난 현상에 지나지 않았다. 그 밑에는 유년기 트라우마로 인한 만성적 수치심이 깊게 자리하고 있었다. 그런데 심리치료사로서 내게 가장 인상 깊게 다가온 점은 이러한 분석 결과가 아니라 치료 과정이었다. 상담자가 브라이언의 마음에 다가간 방식이 놀라웠다. 브라이언을 처음 만났을 때 힐러리는 그가 '지금 여기에 있지 않음'에 주목했다. 트라우마 환자들이 대개 그렇듯, 몸만 이곳에 있지 마음은 어딘가 다른 곳을 떠돌고 있다는 사실을 파악한 것이다.

힐러리는 브라이언에게 '이야기를 해보라'고 강요하지 않고 먼저 편안한 공간을 만들어주었다. 그런 뒤 친밀감이 조금 생기자, 느닷없이 브라이언을 향해 쿠션을 던졌다. 브라이언은 얼떨결에 쿠션을 받았고, 그 순간 그의 마음이 몸으로 들어왔다. 익숙하지 않은 방식으로 몸을 움직이면서 다른 생각을 하기는 어려운 법이다. 명상에서 말하는 '몸이 있는 곳에 마음이 있게 하라'는 원리를 떠올리게 하는 장면이다. 힐러리는 단순하지만 강력한 전략을 사용했다. 이 창의적인 상담자는 브라이언에게 "자 이제 쿠션을 나에게 던져보세요"라고 했다. 그렇게 서로에게 쿠션을 던지고 킥킥대고 웃으면서 치료 과정이 시작된다.

브라이언은 힐러리와의 상담을 통해 서서히 살아났다. 전기충격 치료는 필요가 없어졌다. 많은 사람들이 우울증으로 알고 있는 증상 안에는 많은 감정과 경험이 억압되어 있는 경우가 많다. 트라우마가 대표적이다. 피할 수 없었던 고통을 겪은 이들은 고통의 기억보다, 고립감이 더 힘들다고 말한다. 누구에게도 정확히 이해받기 힘들다는 고통, 세상에 혼자 있다는 느낌은 사람들을 '지금, 이

곳'의 경험으로부터 한발 물러서서 위축되게 만든다.

이 책은 경험주의적 접근법 중 하나인 '가속경험적 역동치료', 줄임말로 AEDP를 누구나 따라 해볼 수 있도록 풀어낸 자가치료 매뉴얼이라 할 수 있다. 심리상담사는 물론이고 심리상담 경험이 없는 일반인들도 혼자서 자기분석 작업을 해볼 수 있도록 구성되어 있다. AEDP는 정신역동치료의 다양한 버전들 중 가장 경험적인 접근에 해당하는데, 핵심감정 또는 자신의 가장 취약한 부분을 만나 진정한 자기와 연결되도록 돕는다.

마음의 문제는 보이는 것이 전부가 아니다. 취약한 부분을 가리기 위해 우리는 종종 강인함, 똑똑함, 매력적임, 착함 등으로 무장한다. 때로는 폭력이나 공격으로 취약함을 덮기도 하고 다른 사람에게 관심 없다며 자신과 타인 모두에게 거리를 두기도 한다. 하지만 우리는 그런 노력을 통해 역설적으로 진정한 자기를 잃게 된다. 진정한 자기란 무엇일까? 어떤 상태 또는 어떤 모습을 진짜 자기Self라고 할 수 있을까? 이러한 질문은 자기와 더 깊게 연결되도록 돕는 매우 좋은 출발점이다. 더 이상의 설명은 사족이 될 것이다. 이제 힐러리가 안내하는 가속경험적 역동치료의 세계로 직접 탐험을 떠나보자. 각자 이 책 안에서 맘껏 탐험하고 자신만의 경험을 통해 각자의 해답을 정리하도록 하자.

변지영 | 임상·상담심리학 박사, 《내 마음을 읽는 시간》의 저자

차례

1

새로운
감정의
과학

'변화의 삼각형' 이야기

감정은 어떻게 작동하는가

나는 '변화의 삼각형Change Triangle'1을 2004년 뉴욕에서 열린 '정서 및 애착과학 학술회의'에서 처음 접했다. 강당 앞 화면에 거대한 역삼각형이 떠 있었다. 감정이 어떻게 작동하며, 감정을 잘못처리하면 어떻게 우울증 같은 심리 증상이 나타나는지를 보여주는 그림이었다. '방어defense' '불안'과 함께 '핵심감정core emotion'이라는 심리학에서 아주 중요한 것들이 표시된 간단한 삼각형 그림은 나에게 번뜩이는 통찰을 선사했다. 그동안 무작위적이고 혼란스러워 보이던 심리적 경험이 큐브가 착착 맞춰지듯 제자리를 찾아 들어갔다. 내가 이해받았다는 느낌과 함께 안도감마저 들었다. 그리고 흥분되었다. 그동안 과학과 심리학 교육을 충분히 받으면서도(브롱크스과학고등학교, 웨슬리언대학교 생화학과, 컬럼비아대학교 치과 박사, 사회복지학 석사, 정신분석학 자격증), 어째서 이런 간단한 지도를 여태껏 못 봤을까? 이런 생각도 들었다. '이런 건 기초교육으로 가르쳐야 해. 감정이 어떻게 작동하는지이해하고 감정을 다루어 기분이 좋아지는 법을 배우면 누구에게나 도움이 될 거야.'

그날 본 심리치료 비디오에서 내담자들은 한 회기 만에 믿기지 않을 정도로 놀라운 감정 변화가 일어났다. 영상 속 내담자들은 기존 심리치료로는 몇 년씩 걸렸을 과정을 한 시간 만에 해냈다. 변화의 삼각형이 교육에 활용하고 심리치료에 반복 적용할 수 있을 만큼 과학적 근거가 갖춰진 방법론일까? 내 대답은 '그렇다'다. 그 뒤로 지금까지 10년 동안 나는 임상 경험을 통해 이 접근법에 과학적 근거가 있다는 사실을 입증해왔다.

지난 100년간의 심리학 이론과 뇌과학과 뇌해부학을 깊이 연구하고 심리치료 현장에서 10년 넘게 내담자들을 만나면서, 나는 '변화의 삼각형'이 심리치료를 받는 내담자는 물론이고 누구에게나 도움을 줄 수 있다는 확신을 얻었다. 그래서 변화의 삼각형을 심리치료사들뿐 아니라 어느 누구든 활용할 수 있는 도구로 만들고 싶었다. 마침내 나는 임상사례와 학술이론을 다듬어서 변화의 삼각형을 이해하기 쉽고 언제 어디서나 간단히 활용할 수 있는 '도구'로 만들었다.

삶은 고되다. 누구나 고통을 겪는다. 현대인은 과거 어느 때보다 심한 스트레스와 부담감, 공허감, 불안, 자기비판, 우울증에 시달린다. 대다수가 감정을 효과적으로 처리하는 법을 모른다. 그래서 회피로 감정을 처리하려고 애쓴다. 이 회피전략은 우울이나 불안 같은 정신적 괴로움으로 이어지므로 장기적으로는 도움이 되지 않는다. 반면에 변화의 삼각형은 괴로움을 이겨내서 평온하고 활기차게 살기 위한 지도다. 감정과 뇌에 관한 최신 학술연구에 토대를 두고 있기 때문에 이론적 근거가 복잡해 보여도 직관적으로 옳게 느껴지고, 누구나 반드시 경험하는 감정들을 효과적으로 다룬다.

감정의 힘은 강력하다. 그래서 순식간에 우리를 앞질러 우리가 이것저것 느끼고 이러저러하게 행동하고 가끔은 상처를 입는 방식으로 반응하게 만든다. 우리는 그 힘에 맞서 마음의 다른 요소들을 이용해 감정을 덮고 감정에 영향을 받지 않는다고 믿는다. 하지만 감정은 물리학적 원리에 따라 움직이는 생물학적 힘이다. 감정을 무시하면 대가가 따른다. 그래서 세계적으로 불안과 우울에 시달리는 사람들이 늘어나는 것이다. 그런데 문화와 교육제도는 우리에게 감정을 이해하고 활용하도록 가르치거나 이를 위한 자원과 기술을 제공하지 않는다. 사회는 감정이 생물학적으로 어떻게 작동하는지에 관해 기초적인 수준으로도 이해하지 못한다. 문화는 우리에게 감정을 부정하고 회피하는 방법을 가르친다. 변화의 삼각형은 이런 문화적 규범에 도전한다.

감정은 우리가 무엇을 원하며 우리에게 무엇이 필요하고 무엇이 바람직하지 않은지 알려준다. 감정을 제대로 이용하지 않는다면 음파탐지기나 나침반도 없이 거친 바다를 항해하는 격이다. 우리는 진정한 자기authentic self와 연결되어야 사람들과 친밀하게 소통할 수 있다. 그런데 진정한 자기와 깊이 연결되려면 슬픔·기쁨·분노·두려움·혐오감·흥분·성적 흥분, 곧 누구나 타고나는 일곱 가지 핵심감정을 경험해야 한다.[2] 감정과 동떨어지면 우리는 외로워진다. 자기 자신과의 관계, 그리고 소중한 사람들과의 관계는 감정을 연결해주는 공감을 통해 풍성해지기 때문이다. 핵심감정은 우리가 태어난 날부터 죽는 날까지 잘 살 수 있도록 도와준다.

감정은 뇌 깊숙이 장착된 생존 프로그램이므로 의식으로 통제하지 못한다. 가령 들개가 다가오면 무서워서 당장 몸이 움직이듯이, 신체적 위협에 맞닥뜨리면 공포가 작동한다. 분노는 우리가 스스로를 지키기 위해 싸우도록 이끈다. 슬픔은 머리숱이 줄어들거나 소중한 물건을 잃어버리거나 사랑하는 사람을 떠나보낼 때처럼 상실을 경험할 때 일어나는 핵심감정이다. 사람들과 왕성하게 교류하며 기쁨이나 흥분을 겪은 사람들은 더 적극적으로 살면서 성장하고 활동 영역을 넓히며 발전한다. 감정은 지금 주어진 환경에 대한 즉각적인 반응으로 지적 능력과는 정반대 개념이다. 생각하는 뇌는 우리에게 어떻게 반응하고 싶은지 고민할 시간을 주지만 감정의 뇌는 오로지 반응할 뿐이다.

감정을 느껴야 잘 살 수 있지만 감정은 문제를 일으키기도 한다. 얼마나 근원적인 갈등인가! 인간은 감정이 필요하지만 바로 그 감정 때문에 상처를 입는다. 그래서 인간의 마음은 감정을 무시하고도 살아갈 수 있는 놀라운 능력을 발달시켰다. 사실 이런 능력 덕분에 일하면서 살아가는 것이기도 하다. 우리는 일하고 가족을 부양하고 안전한 주거지를 마련하고, 그 밖에도 여러 가지 삶의 기본 욕구를 해결해야 하므로 방어를 이용하여 삶을 이어간다고 해도 과언이 아니다. 하지만 오늘날 연구자들은 이렇게 감정을 차단하는 방식이 몸과 마음의 건강에 해롭다고 말한다. 감정을 차단하면 만성적으로 스트레스에 시달리고 불안과 우울을 비롯한 각종 심리 증상을 경험한다. 게다가 정서적 스트레스가 지속되면 코르

티코스테로이드corticosteroid라는 스트레스호르몬이 증가해서 건강에 문제를 일으킨다. 정서적 스트레스는 심장질환과 복통, 두통, 불면증, 자가면역질환[3] 같은 각종 질병과 관련이 있다.

나아가 현대인의 삶에 놓인 갖가지 문제(성공해야 한다는 압박, 사람들과 어울려야 한다는 압박, 세상과 보조를 맞추고 싶은 욕구, 놓치거나 배제되는 것에 대한 두려움fear of missing out, FOMO, 관계와 일에서 만족감을 얻고 싶은 욕구)는 복합적인 감정을 끌어내고 여러 감정 사이에 충돌을 일으킨다. 예를 들어보자. 프랭크는 꿈꾸던 차를 살 형편이 안 된다. 그리고 프랭크처럼 차를 원하는 것과 같은 단순한 욕구가 좌절되면 마음속에 슬픔과 분노, 굴욕감과 불안 같은 복합적인 감정이 일어난다. 이처럼 인생의 난관과 갈등은 복합적인 감정의 혼합물을 낳는데, 이들은 방어 없이는 관리하거나 감당하기 어렵다.

개개인의 유전이나 기질, 유년기 경험에 따라 우리는 감정을 다르게 경험한다. 유년기에 경험한 어려움의 유형과 정도가 지금 감정을 느끼는 방식에 직접 영향을 끼치지만 의식적으로는 둘 사이의 연관성을 알아차리지 못할 수 있다. 뿐만 아니라 부모나 양육자가 아이의 여러 감정에 반응하는 방식이 아이가 자라서 자신의 감정과 타인의 감정을 어떻게 느끼고 대처하는지에 직접 영향을 끼친다.

어떤 사람들은 문제가 생기면 감정을 차단하는 것으로 대처한다. 이런 태도에는 부작용이 있다. 삶에 흥미를 잃는다. 마음을 닫는다. 머리가 멍해진다. 그러다가 결국 생각과 지적 능력만으로 살게 된다. 감정의 나침반을 잃는 것이다. 또 어떤 사람들은 감정을 차단하지 못하고 감정에 쉽게 압도당한다. 이런 태도도 여파가 있다. 감정에 쉽게 압도당하는 사람은 감정을 관리하는 데 막대한 에너지를 쏟다가 지쳐버린다. 어떤 사람은 걸핏하면 화를 내거나 울음을 터뜨린다. 또 어떤 사람은 머리로는 겁낼 것이 없는 줄 알면서도 번번이 두려움에 사로잡힌다. 사소한 일로 상처를 받고 모욕감을 자주 느껴서 남들과 같이 있는 걸 힘들어하는 사람이 있는가 하면, 감정이 쉽게 격해지고 폭발해서 나중에 후회할 행동을 해버리는 사람도 있다.

이상적으로 보자면, 감정과 생각의 균형을 유지해야 한다. 감정을 경험해야 하지만 감정에 압도당하거나 우리의 역할 또는 생산능력이 손상받을 정도여서는 안 된다. 또 한편으로 생각하는 것도 중요하지만 깊고 풍부한 감정을 무시해서 삶의 활력을 잃어서는 안 된다.

변화의 삼각형은 방어에서 벗어나 핵심감정을 되찾도록 이끌어주는 지도다. 핵심감정을 찾아서 제대로 느끼고 나면 우리는 안도감을 느낀다. 불안과 우울이 감소하고 활력과 자신감, 평온함이 커진다. 생물학적으로 말하면, 신경계가 더 바람직한 방향으로 재설정된다. 다시 말해 변화의 삼각형을 통해 감정이 어떻게 작동하는지 이해해서 활용하면 뇌가 유연해져서 자기가 어떻게 느끼고 생각하고 행동하는지를 훨씬 잘 통제하고 조절할 수 있으므로 삶이 달라진다.

내가 변화의 삼각형을 처음 만난 것은 전문가들의 학회에서였

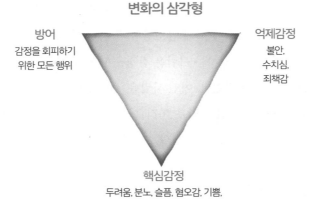

변화의 삼각형

방어
감정을 회피하기
위한 모든 행위

억제감정
불안,
수치심,
죄책감

핵심감정
두려움, 분노, 슬픔, 혐오감, 기쁨,
흥분, 성적 흥분

진정한 자기의 열린 마음 상태
평온하고, 호기심 있고, 연결되고, 연민을 느끼고,
자신 있고, 용기 있고, 명료한 상태

어느 순간이든 우리의 심리 상태는 변화의 삼각형의 세 꼭짓점 중 한 곳 또는 삼각형 아래의 '열린 마음' 상태에 있다.

지만 변화의 삼각형은 누구나 쉽게 배워서 곧바로 활용할 수 있다. 감정이 작동하는 '방식'은 누구에게나 동일하므로 누가 봐도 쉽게 이해할 수 있기 때문이다. 그리고 이 책을 다 읽을 때쯤이면 사랑하는 사람과 친구와 동료를 새롭게 이해하고 그 이해를 실생활에 활용할 수 있을 것이다. 어떻게 해야 타인 및 자기 자신과의 관계가 편해질지 더 잘 알게 되고, 궁극적으로 기분이 좋아지고 삶은 좀 더 수월해질 것이다.

나의 이야기

나는 정신이 물질보다 중요하다고 믿는 프로이트학파 집안에서 태어났다. 어머니는 상담교사, 아버지는 정신과의사였다. 부모는 내가 지적 통찰로 감정을 다스릴 수 있으며, 또 그래야 한다고 믿었다. 집에서 감정에 관해 대화한 적이 거의 없었고, 설령 있더라도 감정을 다스리거나 '바로잡기' 위해서였다.

나의 또렷한 기억은 자의식이 갓 생겨나던 초등학교 4학년 무렵부터 시작된다. 어머니는 늘 내게 예쁘고 똑똑하다고 말해줬지만 나 스스로는 그렇게 느끼지 못했다. 나는 내가 어리석고 못생긴 것만 같았다. 거울을 보면 어딘가 모자라 보였다. 학교에서 친구들에게 따돌림을 당한 것도 아니고 멋진 친구들과 친하게 지내는데도 늘 홀로 동떨어지고 불안한 느낌이 들었다. 어른이 되어서야 그 느낌이 불안과 수치심이라는 것을 알았다.

중학교 시절에는 공부를 잘해서 우등상을 받을 때마다 자신감이 커졌다. 열심히만 하면 성공하고 인정받을 거라는 믿음도 생겼다. 또한 인정받을 때마다 불안감이 사라지고 안도감이 들었다.

그러다가 7학년 영어시간에 프로이트를 접했고, 곧바로 정신분석에 매료되었다. 돌이켜보면 정신분석을 만나면서 나 자신을 이해하기 시작하고 모든 면에서 자신감이 생긴 것 같다. 정신분석을 향한 열정은 고등학교 시절에도 이어졌고, 급기야 친구들이 제발 아무나 붙잡고 분석하는 것 좀 그만두라고 애원할 정도였다. 그래서 공짜로 (상대가 원하지도 않는) 정신분석을 해주는 취미생활을 멈추고 정신분석 관련 서적을 닥치는 대로 읽었다.

그즈음 나는 아버지처럼 의사가 되기로 결심했다. 나는 과학 과목을 좋아하고 또 잘했으며, 의사가 되겠다고 하자 다들 진심으로 격려해주었다. 그 뒤로 대학교 3학년까지 다른 진로를 두고 고민한 적이 없지만, 사실 의사가 어떤 일을 하면서 하루하루 살아가는지 진지하게 생각해본 적도 없었다.

대학에서 나는 '현대정신분석'이라는 수업을 신청했다. 그런데 알고 보니 애석하게도 페미니즘 계열의 반反프로이트 수업이었다. 한 학기의 절반이 지나는 동안 나는 소규모 그룹 세미나에서 급진적인 페미니스트 열 명과 맞서게 되었다. 나는 내 관점을 확신하던 터라 프로이트가 훌륭한 학자라고 강조하면서 그의 이론이 타당한 이유를 열심히 설명했지만 다섯 번째 수업이 끝날 무렵 아무도 내 주장을 듣지 않는다는 걸 깨달았다. 다른 학생들은 탄탄한 근거를 갖춘 반박 논리와 연구자료를 제시하면서 놀라울 정도로 설득력 있게 주장했다. 문득 내가 논쟁에만 빠져 있지 않는다면 뭔가 배울 수 있겠다는 생각이 들었다.

그 수업이 끝날 무렵 나는 부모와 내가 속한 사회와 문화의 가치관과 신념을 비롯한 모든 것에 의문을 던졌다. 그리고 왜 의사가 되기로 했는지 진지하게 고민했다. 당시에는 부끄러워서 인정하지 못했지만 사실 의사가 되려고 한 이유는 의사의 삶을 원한 것이지, 몸의 병을 치료하고 싶어서가 아니었다. 정작 아픈 사람들을 상대하고 내담자의 가족들에게 심각한 병명을 말해줘야 하는 상황을 떠올리자 마음이 괴롭고 불안했다. 그렇게 막중한 책임감이

대학생 시절 나의 삼각형

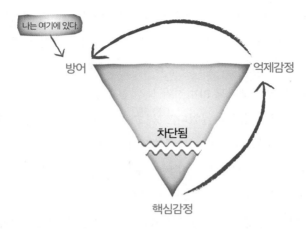

대학생 시절까지는 방어가 잘 작동했다. 불안이나 우울증이 없었다는 얘기다. 하지만 나는 마음 밑바닥의 감정을 알아차리지도, 느끼지도 못했다.

라니, 온 신경이 곤두섰다. 상실과 죽음 같은 심각한 문제(우리 집에서는 늘 피하던 주제)를 일상적으로 마주하고 싶지 않았다.

막상 의사의 꿈을 접자니 두려웠다. 당장 다른 계획을 세우지 않으면 길을 잃고 헤맬 것 같았다. 어릴 때부터 나는 늘 불안을 최소로 줄이고 싶었다. 크고 작은 결정을 내릴 때마다 행복을 보장해줄 장기계획을 세우려 했다. 수면 아래에 막대한 두려움이 도사리고 있어도 일에서 성공하고 좋은 배우자를 만나는 삶의 행로에서 이탈하지만 않는다면 두려움을 피할 수 있을 줄 알았다. 그래서…… 치과의사가 되기로 했다.

치과대학에서 첫 남편을 만났고, 그때만 해도 내 삶이 완벽하게 흘러갈 줄 알았다. 좋은 배우자를 만나 가정을 이룰 준비가 된 데다 돈벌이가 좋은 분야에 막 들어섰으니까. 그러다 하나씩 모든 게 허물어지기 시작했다. 치과의사가 되었지만 적성에 맞지 않아 1년 만에 일을 그만뒀다. 내가 치과의사를 그만두기로 하자 남편 과 시댁, 누구보다도 아버지가 몹시 실망했고, 나는 하루아침에 가 족의 인정과 존중을 잃었다. 그리고 결혼한 지 6년이 지날 즈음 남 편과 부부갈등을 겪기 시작했다. 나는 길 잃은 아이처럼 외롭고 무 서웠다. 부부치료도 도움이 되지 않았다. 갈등을 해결할 방법은 없 었고, 내 첫 결혼은 그렇게 막을 내렸다.

나는 직업도 없이 혼자서 어린 두 아이를 맡았다. 내가 안다고 확신하던 모든 것이 결국 틀린 것이 되어버렸다. 두 딸을 제아무리 사랑한다 해도, 나는 나침반도 없이 길을 잃은 기분이었다. 난생처 음으로 궤도를 벗어났고 계획이라곤 없었다.

나는 생계를 꾸리느라 이런저런 직업을 전전했다. 화장품 회 사에서 관리자 자리까지 올라가고, 패션의 거리인 가먼트 지구에 서도 일하고, 재택사업으로 비타민도 팔아보고, 새로 생긴 의료 소 프트웨어 회사에서 영업팀 팀장으로도 일했다. 어느 하나도 내게 맞지 않는 일 같았고, 그런 일을 하는 내가 나답지 않았다.

그런데도 당시 나는 금욕주의와 강단과 '정신이 물질보다 중 요하다'는 관점에서 자부심과 기쁨을 찾으려 했다. 일이 잘 풀리지 않으면 변화를 시도했다. 두려움과 외로움, 쓸모없거나 생산적이 지 못한 인간이 된 듯한 느낌을 당당히 떨쳐냈고, 나는 감정을 잘 통제한다고 믿었다. 그러던 어느 날 전남편이 재혼한다는 소식이 들려왔다. 머리로는 그 사람한테 잘된 일이라고 생각했지만 마음은 당혹스러웠다. 그리고 나는 우울해졌다. 삶이 나를 덮친 느낌이었다. 불현듯 전남편의 재혼 소식이 이 세상에서 나만 외따로 떨어져 있다는 걸 구체화하고 확인시켜주는 것 같았다. 무서웠고, 그런 내가 창피했다. 두려움은 수치심과 불안, 나아가 우울증을 낳았다.

내가 나 스스로를 밀어붙이고 경력을 쌓아나가고 아이들을 잘 키우고 새로운 배우자를 찾아다니다가 지쳐 쓰러질 줄은 상상도 못했다. 힘들어도 결국은 괜찮을 줄 알았다. 늘 그랬으니까. 그런데 감정은 차원이 다른 문제였다. 나는 삶에 압도당해 멈춰 섰다. 무기력증이 심해서 침대에서 일어나지도 못할 지경이 되었다. 이불이 만들어주는 어둠 속에서 사람들을 피하고 날마다 해야 할 일들로부터 숨었다. 이불 속은 유일하게 안전한 곳이었다.

어느 날 여동생 어맨더가 정신과에 가서 우울증 치료를 받아보라고 권했다. 나는 진이 다 빠져서 우울증이라는 생각조차 못했지만 듣고 보니 동생의 말이 맞는 것 같았다.

정신과의사는 내게 우울증 약인 프로작을 처방했다. 의사는 내게 초조성 우울증agitated depression, 곧 불안이 심한 우울증이라는 진단을 내렸다. 극심한 스트레스 때문에 몸에서 세로토닌serotonin 이라는 뇌 화학물질을 생성하지 못해 생기는 마음의 병이라고 했다. 세로토닌 수치가 지나치게 떨어지면 우울증이 발병한다. 또 스트레스가 완화되면 세로토닌 수치가 정상 수준으로 올라가고 우울증도 사라진다.

나는 고작 "프로작이 있어서 정말 다행이야!"라는 말밖에 할 수가 없었다. 4주 뒤 기분도 나아지고 모든 것이 예전처럼 돌아갔다. 그리고 이 경험으로 내 삶은 완전히 달라졌다. 나는 처음으로 감정의 힘을 인정하고 존중했다. 감정에 집중하고 감정이 내게 전하는 말에 귀 기울이고 내가 느끼는 대로 행동해야 한다는 것을 배웠다. 그런데 나는 여전히 감정을 관찰하는 법이나 감정에 따라 행동하는 법이나 감정을 이해하는 법을 몰랐다. 그래서 정신분석 심리치료를 받기 시작했고, 6개월 뒤 프로작을 끊을 수 있었다.[4] 나 자신과 내 삶에 관해 말할 수 있는 곳이 있다는 것은 정말로 도움이 되었다.

나는 우선순위를 바꾸기로 했다. 연봉을 기준으로 일을 고르는 것이 아니라 내 관심사에 맞는 직업을 찾기로 했다. 그리고 내 관심사는 언제나 심리학이었다. 그래서 사회복지학 석사학위를 받았고, 이어서 정신분석 훈련을 받기 위해 4년제 대학원에 들어갔다.

▌우연한 기회▐

정신분석 훈련을 받기 얼마 전에 한 친구에게 감정중심 심리학자의 강연을 추천받았다. 다이애나 포샤Diana Fosha 박사는 가속경험적 역동치료accelerated experiential dynamic psychotherapy, AEDP라는 새로운 치료법을 개발한 연구자였다.[5] AEDP는 통찰이 아니라 치유를 중심으로 하는 치료법이다. 주로 생각을 다루는 정신분석이나 인지행동치료cognitive behavioral therapy, CBT와 같은 통찰중심 치료법에서는 통찰을 얻으면 증상이 나아질 것으로 기대한다. AEDP와 같은 치유중심 치료법에서는 감정과 신체라는 관점에서 뇌와 표적 증상에 변화를 일으킨다. 그래서 증상을 관리하기보다는 사라지게 만든다. 내가 배운 바로 AEDP는 정신분석보다 훨씬 직접적이었다. 방법론이 구체적이고, 결과는 예상대로 긍정적이었다.

심리치료 분야에서 '치유healing'라는 말은 내 부모가 비웃곤 하던 뉴에이지 개념처럼 어딘가 거슬렸다. 하지만 어쨌든 내가 심리치료에 발을 들여놓은 이유는 사람들의 삶을 최대한 빠르게 변화시키고 싶어서였다. 사람들은 고통에 시달렸고, 나한테 그런 상황은 가볍게 볼 일이 아니었다. AEDP가 내게 인상적인 이유는 사람들의 우울과 불안, 트라우마와 기타 증상을 치료하는 과정에 관한 최신 신경과학 연구와 임상이론에 기초한 방법론이기 때문이었다.

감정과 거리를 둬야 좋은 분석가가 될 수 있다고 믿었던 나는 정신분석 훈련을 꾸준히 받으면서 감정과 신경가소성neuroplasticity, 트라우마, 애착, 변화의 원리와 이론을 깊이 파고들었다. 그러고는 마침내 감정과 거리를 두거나 감정을 차단하도록 요구하지 않는 변화의 길을 발견했다. AEDP에서 심리적 고통을 덜어주는 데 도움이 되는 훨씬 폭넓은 방법론을 발견한 것이다.

AEDP로는 내담자에게 진심으로 다가가서 적극적으로 보살필 수 있고, 내담자가 잘못하는(또는 내담자에게 문제가 있는) 부분뿐 아니라 잘하는 부분에도 주목할 수 있었다. 완전히 다른 세계였다. 진심으로 연결되고 치유하고 변화할 수 있는 세계였다. AEDP는 감정을 중심에 둔 방법론이었다(여기서 감정은 문제와 연관된 감정일 수도 있고 AEDP의 핵심인 치유와 연관된 감정일 수도 있다). 공부하면 할수록 감정중심 치료법은 잠깐 유행하다 사라질 별난 치료법이 아니라는 생각이 들었다. 사실 최첨단을 달리는 AEDP의 과학적 토대를 보면 이 방법론이 심리치료의 미래라는 생각까지 들었다.

나는 그날 강연장을 나서면서 나 자신을 새로운 관점으로 바라보았다. 감정 이론을 배우면서 내가 왜 불안하고 우울한지 알았고, 변화의 삼각형을 다루면서 고통스럽고 괴로운 상태에서 벗어나는 구체적인 방법을 배웠다. 그날의 강연에 감동해서 당장 실행에 옮기고 싶었고 나의 부모에게도 삶을 변화시켜줄 이 간단한 방법을 소개하고 싶었다.

'변화의 삼각형'의 기본 원리

변화의 삼각형은 마음의 지도다. 이 지도는 고통스러운 상태에서 평온하고 명료한 상태로 안내한다.

기분이 좋지 않은 이유가 무엇이든, 어떤 스트레스 증상에 시달리든, 어떤 원치 않는 행동을 하든, 성격의 어떤 면을 바꾸고 싶든 상관없이 변화의 삼각형은 현재의 증상을 완화하고 회복하기 위한 논리적이고 과학적인 방법을 제시한다. 변화의 삼각형은 우리가 약물이나 알코올, 그 밖에 진정성과 활력을 앗아가는 '방어'처럼 마음을 무감각하게 만드는 소극적인 방법이 아니라 적극적으로 문제에 대처하는 긍정적인 방법을 제안하고, 나아가 우리가 고통스러운 이유를 이해하게 해준다.

변화의 삼각형의 세 꼭짓점에는 핵심감정, 억제감정, 방어가 있다. 핵심감정은 타고난 생존의 감정으로, 우리가 무엇을 원하고 무엇을 필요로 하고 무엇을 좋아하고 무엇을 좋아하지 않는지 말해준다. 불안과 수치심, 죄책감 같은 억제감정은 핵심감정을 차단한다. 억제감정은 우리가 사랑하고 필요로 하는 사람들과 어울릴 수 있도록 우리를 교양 있는 사람으로 유지해준다. 또한 우리가 핵심감정에 압도당하지 않도록 임시방편이나 안전장치가 되어준다. 방어는 우리가 감정의 고통에 시달리고 감정에 압도당하지 않도

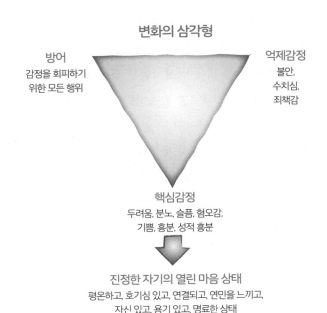

변화의 삼각형

방어
감정을 회피하기
위한 모든 행위

억제감정
불안,
수치심,
죄책감

핵심감정
두려움, 분노, 슬픔, 혐오감,
기쁨, 흥분, 성적 흥분

진정한 자기의 열린 마음 상태
평온하고, 호기심 있고, 연결되고, 연민을 느끼고,
자신 있고, 용기 있고, 명료한 상태

록 보호해주는 마음의 장치다.

▍핵심감정이란 무엇인가 ▍

핵심감정은 생존의 감정이다. 핵심감정에는 각 감정마다 구체적
으로 설정된 프로그램이 있다. 이 프로그램은 우리 몸에 변화를 일
으켜 생존하거나 잘 살아가고 싶다는 충동을 일으킨다. 핵심감정
은 우리에게 환경에 관한 정보를 제공해 우리가 주어진 환경에서
최대한 적응하며 살게 해준다. 나는 안전한가, 위험한가? 내게 무
엇이 필요한가? 나는 무엇을 원하며 무엇을 원하지 않는가? 나는
슬픈가? 상처받았는가? 나는 무엇에 기뻐하는가? 무엇을 혐오하
는가? 무엇에 흥분하는가? 핵심감정은 뇌의 중간 부위에 내장되
어 있어서 의식으로 통제되지 않는다. 핵심감정과 충동은 자동으
로 일어나서 당장 행동하게 만든다. 자연의 원래 의도는 우리가 핵
심감정의 '통지'를 받은 뒤에야 생각하는 것이었다. 그렇기 때문
에 생각하는 속도보다 더 빠르게 반응하는 뇌 영역에서 일어나는
핵심감정은 의식적으로 중단시킬 수 없다. 또 이런 이유에서 우리
는 핵심감정을 머리로 파악하지 못한다. 핵심감정을 처리하려면
본능적으로 경험하는 수밖에 없다. 핵심감정은 똑똑하다. 우리가
핵심감정의 작동방식을 벗어나는 순간 특유의 프로그래밍이 작동
해서 우리가 삶에 잘 적응하려면 무엇을 해야 하는지 알려주기 때
문이다.

핵심감정에는 다음과 같은 일곱 가지가 있다.

- 두려움
- 분노
- 슬픔
- 혐오감
- 기쁨
- 흥분
- 성적 흥분

핵심감정은 사실 신체감각의 집합이다. 우리는 어릴 때 양육자에게 공감을 받으면서 나는 '슬프다, 무섭다, 행복하다'는 식으로 감정을 알아차리고 감정에 이름 붙이는 법을 배운다. 그런데 사실 슬플 때 경험하는 것은 가슴이 묵직하게 내려앉거나 눈이 뻐근해지고 눈물이 차오르는 구체적인 감각이다.

핵심감정에는 즉각적이고 적응에 유리하도록 행동하게 만드는 신체적 충동이 포함된다. 냉장고를 열고 유통기한도 확인하지 않은 채 우유를 꺼내 벌컥벌컥 마신 적이 있는가? 시큼한 맛을 느끼면 즉각 반응이 일어나서 당장 우유를 뱉어버릴 것이다. 혀의 미뢰가 독성의 위협을 감지하고 감정의 뇌(변연계)에 신호를 보내서 혐오감을 일으키는 것이다. 핵심감정 중 하나인 혐오감은 구역질과 같은 신체 반응을 일으킨다.

혐오감은 행위 충동을 일으켜 다수의 근육에 영향을 끼친다. 혀가 안으로 말려들어가고 입가의 근육이 일그러진다. 또한 위장과 근육에 영향을 끼쳐 구토를 일으킬 수 있다. 사실 혐오감은 인간이 먹을 것을 찾아다닐 때 독성의 피해를 줄이기 위해 진화했다. 혐오감은 사람들 사이의 상호작용이 해로울 때도 일어난다. 이를 테면 학대당할 때는 가해자에게 혐오감을 느낀다. 인간이 자기에게 좋은 것과 나쁜 것을 알아차리게 해주는 자연의 영리한 수법인 셈이다. 이처럼 핵심감정마다 구체적인 행위가 있고, 이런 행위는 우리가 어떤 순간에 살아남거나 잘 살도록 돕게끔 되어 있다.

억제감정이란 무엇인가

억제감정은 핵심감정을 차단하는 특수한 감정이다. 우리는 사람들과 잘 어울려 지내기 위해, 또는 감정이 지나치게 압도적일 때 핵심감정을 차단하곤 한다.

억제감정은 아래와 같다.

- 불안
- 죄책감
- 수치심

억제감정은 처음에는 우리를 부모나 주 양육자와 연결해주고 나중에 자라서는 또래집단과 학교, 배우자, 지역사회, 종교, 동료, 친구, 나아가 세계 전체와 연결해준다. 인간은 연결하도록 태어난 존재이므로 서로를 보살펴야 살아남을 수 있다. 따라서 부모나 양육자와의 연결을 유지하는 것이 아이의 신체와 정신 발달에 중요하다. 내가 고통스러워할 때마다 엄마가 방에서 나간다면 나는 엄마에게 버림받지 않으려고 고통을 숨기는 법을 배울 것이다. 또 내가 화를 낼 때마다 아버지가 화를 내면서 나를 때린다면 나는 분노를 숨기는 법을 배울 것이다. 억제감정은 핵심감정을 무시하고 감추는 방식으로 연결을 지킨다.

우리는 태어날 때부터 주위 사람들에게 핵심감정 중 어떤 것이 수용되고 어떤 것이 수용되지 않는지 학습한다. '수용되지 않는' 감정은 자연히 부정적 반응을 유발한다. 예를 들어 남자아이가 슬퍼할 때 아버지한테 "남자답게 굴어라"라고 야단맞는다면, 아이의 뇌는 슬픈 감정을 표현하는 것은 나쁘다고 학습한다. 아버지가 슬픔이라는 핵심감정을 부정했기 때문이다. 또 여자아이가 흥분할 때 어머니한테 "얌전하게 굴어야지"라는 말을 듣는다면 아이의 뇌는 흥분을 억제하는 법을 배울 것이다. 그리고 그 아이는 살면서 흥분할 일이 생기면 흥분을 억제하거나 적어도 내적 갈등에 시달릴 것이다. 또 할머니에게 거미가 무섭다고 말하자 "바보같이, 그게 뭐가 무섭니"라고 꾸중을 들은 아이는 '두렵다고 말하는 건 좋지 않아'라고 되새길 것이다. 그리고 나중에 두려운 일이 생기면 혼자서 두려움을 삭이지, 누군가를 찾아가 위로와 위안을 구할 수 있다고 생각하지 못할 것이다.

핵심감정은 부모에게서 부정적이고 바람직하지 않고 바라지도 않은 무언가를 불러일으킬 수 있다. 부모가 자녀의 핵심감정에 분노나 슬픔이나 무관심으로 반응할 때도 있다. 누구나 이런 부정적인 반응을 감당하기 힘들어한다. 어떤 감정을 표현할 때 긍정적인 반응이 돌아오기를 바라는 마음은 누구에게나 있는 기본 욕구다. 아이가 감정을 표현한 후 관심과 보살핌이 아닌 다른 반응을 경험한다면 뇌에는 불쾌하거나 위험한 일이 일어나고 있다는 신호가 들어간다. 양육자의 말투와 표정, 자세, 말은 모두 아이의 어떤 감정 표현을 못마땅해한다는 신호가 될 수 있다. 그럼 아이는 그런 부정적인 반응을 끌어낼 만한 감정을 줄이려고 노력한다. 어떻게? 뇌에서 억제감정, 곧 감정의 정지 신호를 이용해 감정 표현에 제동을 건다.

뇌에서 이전에 환영받지 못했다고 학습한 핵심감정을 감지하면 억제감정이 일어나 핵심감정의 에너지 흐름을 막아서 근육이 긴장되고 호흡이 억제된다. 핵심감정은 표출되려 하고 억제감정은 억누르려 하니 자동차에서 액셀과 브레이크를 동시에 밟는 격이다. 그 결과 몸에서는 스트레스(때로는 트라우마성 스트레스)가 생긴다.

분노는 허락되지 않아!

어떤 핵심감정이 받아들여지지 않는다는 것을 (무의식적으로라도) 알게 되면, 우리가 적극적으로 바꾸려 애쓰지 않는 한 그 감정을 억누르는 태도는 평생 지속된다.

우리의 뇌는 억제감정을 안전장치 삼아 감당하기 힘들 정도로 자신을 압도하는 분노와 슬픔, 두려움 같은 핵심감정을 차단해서 우리가 사회의 구성원으로 적절히 기능하게 도와준다.

┃방어란 무엇인가 ┃

방어란 감정을 느끼면서 생기는 고통과 압도적인 감각, 곧 핵심감정이나 억제감정을 느끼지 않기 위해 사용하는 마음의 영리하고 창조적인 장치다. 한마디로 방어는 감정의 보호장치다.

감정을 느끼지 않기 위한 장치는 건강한 방어부터 파괴적인 방어까지 다양하다. 극심한 스트레스에서 잠시 벗어나기 위해 재미있는 영화를 보거나 정신을 집중하려 할 때 긍정적인 일을 떠올려서 분노나 슬픔을 떨쳐내는 식의 유용하고 적응에 도움이 되는 방어가 있다. 반면에 지나치게 감정을 차단해서 몸과 마음에 악영향을 끼치는 파괴적인 방어도 있다.

자기가 감정과 대립과 갈등을 어떻게 방어하는지 아는가? 사실 방어는 불편한 상태에서 벗어나기 위해 시도하는 생각이나 행동이나 조치다. 일반적인 방어는 다음과 같다.

- 농담
- 풍자
- 웃음
- 걱정
- 모호함
- 화제 바꾸기

- 미소
- 부정적인 생각
- 무감각
- 중얼거리기
- 말하지 않기
- 말을 많이 하기
- 남의 말 듣지 않기
- 멍한 상태
- 비판
- 완벽주의
- 짜증
- 반추
- 과로
- 눈 굴리기
- 편견
- 인종차별
- 오만
- 여성혐오
- 자해
- 집착
- 자살 생각
- 미루는 습관
- 시선 회피
- 남을 비판하기
- 자기를 비판하기
- 과도한 운동
- 과식
- 소식
- 비밀이 많음
- 피로
- 중독
- 심취
- 무력감
- 엉뚱한 대상을 향한 공격성(상사에게 화가 났는데 배우자에게 화내기)

이 밖에 자신이 쓰는 방어 방식이 있다면 적어보자.

○ ....
○ ....
○ ....

이 밖에 다른 사람들에게서 발견한 방어 방식이 있다면 적어보자.

○ ....

○ ....

○ ....

감정 에너지가 방어로 흐르면 심리적 건강을 침해하는 여러 가지 대가가 따른다. 방어하려면 에너지가 필요하다. 말하자면 우리는 인간관계와 일과 외부의 다른 관심사에 써야 할 소중한 에너지를 방어하느라 소진한다. 또 방어가 심하면 경직되어 생각과 행동이 융통성을 잃는다. 무엇보다 방어는 우리의 진정한 자기를 숨기고 누그러뜨린다. 그리고 진정한 자기를 숨긴 채 오래 살다 보면 대부분 우울해진다.

어느 재혼한 부인을 예로 들어보자. 부인은 의붓아들이 집에 오면 '일상'이 깨져 몹시 힘들어한다. 이렇게 마음이 불편한 가운데 관계를 유지하려 바짝 긴장한 채로 안간힘을 쓰다 보니 스스로 마음에 상처를 입는다. 그녀는 주어진 환경을 통제하려는 욕구가 강해서 의붓아들이 집에 와서 생기는 감정을 온전히 느끼지 못한다. 사실 그럴 때 올라오는 감정과 마주하면 좀 더 유연하고 너그러워질 것이다. 일상을 지키려고 이전의 한계와 경계를 그대로 유지하기로 했더라도, 감정을 마주하고 나면 긴장과 분노가 줄어들어 관계에도 스스로에게도 도움이 될 것이다. 하지만 방어가 작동하면 어딘가 억압되고 제한되고 잠재력을 발휘하지 못하는 기분이 든다. 또 흑백논리와 선악의 극단적인 세계에 살면서 삶의 다채로운 빛깔이 퇴색한다. 방어가 지나치게 작동하면 삶에 온전히 몰입하기 어렵다.

방어가 자기파괴적이고 극단적으로 작동할 수도 있다. 이때 조심하라고 경고해주는 두려움과 같은 핵심감정을 느끼지 못한다면 사람들은 스릴을 좇거나 피임하지 않은 채 성관계를 갖거나 위험한 사회적 행동을 서슴지 않는 등 자기파괴적인 행동에 뛰어들 것이다. 또는 '상관없어' 방어가 작동하면 우리가 소중하게 여기는 사람과 대상을 몰라볼 수 있다. 관심 있는 대상과 그 이유를 알지 못하면 어떤 환경에서든 우리가 원하는 삶을 살거나 최고의 기분을 만끽하지 못할 수 있다. 가령 여자를 오직 성적 대상으로만 여기는 젊은 남자가 있다고 해보자. 이 남자는 외로우면 혼자 술만 마시다가 잠들 것이다. 그러고는 행복하지도 않으면서 스스로 그 무엇에도 관심이 없다고 합리화할 것이다. 인간은 항상 정서적으로 누군가와 연결될 때 더 잘 산다. 이 남자는 '상관없어' 방어로 잠재적 감정과 친밀감을 향한 욕구로부터 스스로를 지키지만 그 대가로 삶의 만족감과 기쁨을 잃어버린다.

회사 업무회의에서는 누군가에게 상처를 받았다고 해도 울음을 터뜨리는 건 미루는 편이 유리할 것이다. 우스운 일을 떠올려 눈물을 막을 수 있듯 잠시 감정을 차단해야 할 때는 방어가 유용할 수 있다. 잠시 감정을 차단하면 마음이 차분해지고 활기가 생기고 감정에 따른 고통이나 불편감에서 벗어날 수 있다. 하지만 어느 정도 시간이 지나면 다시 강력한 감정적 경험으로 돌아가 '체크인'해서 감정을 인정해주고 관심을 가져주어야 한다. 꼭 필요한 순간에 방어를 사용하되, 습관적으로 방어하면서 살지는 말아야 한다.

변화의 삼각형 활용법

자기가 어떤 감정을 느끼는지 알아차리면 기분이 좋아진다. 핵심감정을 온전히 느끼는 사람은 생기 있고 삶의 에너지가 넘친다. 감정이 일어나는 대로 받아들여서 에너지 효율성을 높이고 뇌 통합이라는 신경생물학적 과정을 간소화하기 때문이다. 생각하는 뇌와 감정의 뇌, 그리고 몸이 자연의 의도에 따라 모두 함께 작동할 때 뇌가 통합된다. 삶이 흘러가는 대로 생각하고 느끼고 대처할 때 더 잘 살고 더 좋은 관계를 유지할 수 있다. 자신의 감정을 관찰하면 생물학적으로 균형 잡힌 항상성homeostasis을 유지할 수 있고, 이것은 건강한 몸과 마음을 유지하는 열쇠 중 하나다.

변화의 삼각형은 감정을 알아차리고 처리하는 데 유용한 도구지만, 이 도구를 사용하는 법을 완벽하게 숙지하기까지는 시간이 걸린다. 다행히 변화의 삼각형은 우리가 감정을 온전히 처리하지 못하는 상태에서도 작동한다. 변화의 삼각형을 활용하기 시작하는 순간부터 나타나는 효과를 살펴보자.

- 고통과 거리를 두고 고통을 관조할 수 있다.
- 마음이 작동하는 방식을 알아차릴 수 있다.
- 방어를 사용하는지 억제감정을 느끼는지 핵심감정을 느끼는지 알아차릴 수 있다.
- 핵심감정을 발견하고 이름 붙일 수 있다.
- 방향이 잡히고 기분이 나아지고 더 잘 살려면 무엇을 해야 할지 알 수 있다.

변화의 삼각형을 다루는 법을 알려주기 위해 내 상담 사례를 소개하겠지만 반드시 상담치료를 받아야 변화의 삼각형을 다룰 수 있는 것은 아니다. 변화의 삼각형은 다른 치료법과 병행해도 된다. 삶의 중요한 문제를 이해하기 위해 가끔씩 다뤄도 되고, 기분이 나아지고 원하는 삶을 살기 위해 날마다 연습해도 된다. 변화의 삼각형은 혼자 시도해봐도 좋고 믿을 만한 친구와 함께 해보거나 지지집단을 구성해서 함께 활용하거나 상담 전문가와 함께 시도하거나 배우자와 함께 해볼 수도 있다. 비슷한 목표를 가진 파트너와 함께 자신의 감정과 진정한 자기를 탐색하면 크게 도움이 될 것이다.

'나는 지금 변화의 삼각형에서 어디에 있지?'라고 스스로에게 질문을 던져보자. 그것만으로 자신이 삼각형 왼쪽 위 꼭짓점의 방어에 머물면서 감정을 회피하는지, 오른쪽 위 꼭짓점에서 불안이나 수치심이나 죄책감에 시달리는지, 삼각형 아래 꼭짓점의 일곱 가지 핵심감정 중 하나를 느끼는지 알아차릴 수 있다.

변화의 삼각형을 자주 다루면 '열린 마음' 상태, 곧 진정한 자기의 상태에 더 오래 머물 수 있다. 마음이 열린 상태에서는 마음이 깊고 풍부해지고 삶에 무슨 일이 닥쳐도 대처할 수 있다는 자신감이 생긴다. 모든 감정을 온전히 느끼며 몸과 마음이 하나로 연결되어 마음이 편안해진다.

자기가 열린 마음 상태에 머무는지는 어떻게 알 수 있을까? 내면가족체계치료international family systems therapy, IFS[6]를 개발한 리처드 슈워츠Richard Schwartz는 다음의 일곱 가지 상태를 '열린 마음'

상태라고 봤다.

- 평온함Calm
- 호기심 있음Curious
- 연결되어 있음Connected
- 연민을 느낌Compassionate
- 자신 있음Confident
- 용기 있음Courageous
- 명료함Clear

변화의 삼각형을 자주 다루면 언제든 불안과 수치심과 죄책감에 가로막히지 않고 핵심감정에 닿아서 열린 마음 상태로 다가갈 수 있고, 불안과 우울이 서서히 줄어들고 활력이 생기고 자신감이 커져 열린 마음 상태로 살아갈 수 있다.

운 좋은 사람들은 애써 노력하지 않아도 열린 마음 상태에서 오래 머문다. 양육자와 안정적으로 연결되었거나, 아동기에 시련을 적게 겪었거나, 심리적 트라우마를 적게 경험했거나, 유전적으로 평온한 성격을 타고난 운 좋은 소수의 사람들이 여기에 해당한다. 이런 사람들 외의 대다수는 평온한 상태가 되기 위해 조금 더 (또는 훨씬 더 많이) 노력해야 한다.

|나에게 변화의 삼각형을 적용해봤다|

전남편이 재혼할 때 나는 우울증에 걸렸다. 우울은 핵심감정이 아니다. 우울은 핵심감정을 차단하므로 방어에 해당한다.[7] 그때 나는 울적하고 기운이 없었다. 구멍 속으로 기어들어가고 싶었다. 우울하면서 불안했다. 배 속에서 불안이 느껴졌다. 떨리고 끊임없이 불안정하고 무서운 느낌이 들었다. 나는 변화의 삼각형에서 어디에 있었을까? 우울(방어) 꼭짓점과 불안(억제감정) 꼭짓점에 있었다.

내가 나 자신에게 무엇이 이런 감정을 불러왔는지 물어볼 생각을 했다면 전남편의 재혼 소식을 듣고 무서워졌다는 걸 깨달았을 것이다(핵심감정: 두려움). 그때까지만 해도 전남편이 언제까지나 내 곁에 머물러 있을 줄 알았다. 머리로는 부부로서 우리의 관계가 끝난 걸 알았지만 막상 남편의 재혼 소식을 듣자 이제는 완전히 혼자라는 느낌이 들었다. 열다섯 살부터 내 곁에는 남자친구든 남편이든 늘 누가 있었다. 돌아보면 나는 항상 외로움이 의식으로 올라오는 것이 두려워 누군가와 관계를 맺는 방어를 사용했던 것 같다. 나는 두려움에 사로잡혀 몸과 마음이 감당하지 못할 만큼 극심한 스트레스에 시달렸고, 결국 여러 가지 우울 증상을 겪기 시작했다.

이해가 잘 되지 않겠지만, 당시 최선의 해결책은 두려움을 느껴보고 마주하고 의식으로 끌어올리는 것이었다. 안전한 방법으로 두려움을 이해하고 탐색하면서, 나를 진심으로 이해해주고 위로해주고 조금이라도 내가 견딜 수 있는 상황으로 만드는 방법을 알려줄 누군가에게 내 상태를 털어놓아야 했다.

내가 우울증에 걸린 건 인생의 바닥을 찍는 사건이었고, 그걸 극복하는 데에는 엄청난 지지가 필요했다. 변화의 삼각형은 그보

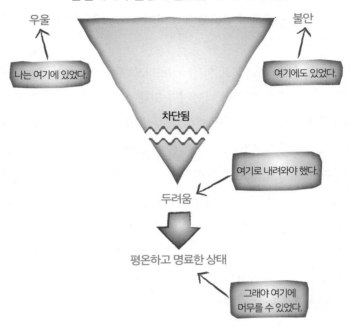

삼십대에 우울증에 걸렸을 때 나의 삼각형

우울

나는 여기에 있었다.

불안

여기에도 있었다.

차단됨

여기로 내려와야 했다.

두려움

평온하고 명료한 상태

그래야 여기에
머무를 수 있었다.

다는 좀 덜 고통스러운 시간을 헤쳐나갈 때도 유용하다.

한번은 학위 논문을 써야 하는데 극심하게 불안해졌다. 나는
두 가지 방어로 불안을 차단했다. 우선 흔한 방어 유형인 부정적
인 생각에 빠졌다. '이 논문을 끝까지 쓰지 못할지도 몰라.' 다음으
로 나는 휴대전화로 솔리테르(혼자 하는 카드게임-옮긴이)를 하지
않으면 못 배길 지경이었는데, 이 또한 기술을 이용한 회피 방어였
다. 나는 무의식적이고 자동적으로 불안에서 방어로 넘어갔다. 방
어가 작동하면서 불안이 야기하는 몸과 마음의 불편감에서 벗어

나고 내가 진실로 느끼는 감정에서 벗어날 곳을 찾았다.

당시 나는 변화의 삼각형에서 어디에 있었을까? 방어 꼭짓점에 있었다.

나는 부정적인 생각('이 논문을 다 쓰지 못할 거야!')이 방어라는 것을 깨닫고 기분이 나아지기 위해 변화의 삼각형을 그려보았다. '내 몸에서 무슨 일이 일어나고 있지?'라고 스스로에게 물어보는 단계부터 시작했다. 불안의 신체 증상으로 가슴과 배 속이 울렁거리는 익숙한 느낌을 알아차렸다. 또 '지금 어떤 핵심감정이 불안을 일으키지?'라고 물어보았다. 다음으로 마음의 여유를 찾고 일곱 가지 핵심감정을 하나씩 살펴보면서 '나는 슬픈가? 흥분했나? 화가 났나? 무서운가?'라고 물었다. '그거야!' 나는 내가 무서워한다는 것을 알아차렸다. 그리고 마음속에서 두려움을 알아차리자 안도감이 들기 시작했다.

두려움은 불안과 느낌이 비슷하지만 엄연히 다르고 유용한 감정이다. 억제감정인 불안은 핵심감정을 차단하는 기능만 있을 뿐이다. 불안은 정보를 주기보다는 마비시키는 경향이 있다. 그러면 두려움은 어떨까? 두려움은 우리가 다룰 수 있는 감정이다!

나는 두려움의 신체감각에 말을 걸었다. '네가 두려워하는 게 뭐니?' 그러고 나서 몸의 소리를 유심히 들었다. 이때 마음의 여유를 가지고 대답을 기다리는 것이 중요하다. 마침내 나의 두려움은 이렇게 대답했다. '나는 창피당할까 봐 두렵고, 내 논문을 읽을 사람들이 실망할까 봐 두려워.'

아아…… 이제 조금 진전이 있었다. 두려움은 다른 모든 핵심감정과 마찬가지로 타고난 적응적 충동을 포함한다. 두려움은 우리가 사자에게 쫓기는 양 어서 도망치라고 소리친다. 아주 적응적인 감정이라고 할 수 있지 않을까?

나는 이런 충동을 다스리기 위해 이렇게 물었다. '나는 두려움이 시키는 대로 도망치고 싶은가, 아니면 두려움을 견디고 용기를 내서 이번 논문을 마무리하고 싶은가?' 나는 두려워하는 결과가 나온다고 해도 괜찮다고 되뇌었다. 중요한 건 내가 두려움이라는 감정과 그 원인을 깨닫자 내 앞의 딜레마에서 빠져나올 방법을 선택할 수 있게 되었다는 것이다.

이렇게 변화의 삼각형을 다루고 난 후 내 기분이 어떻게 되었을까? 한마디로 나아졌다. 내 안의 두려움을 알아차리자 불안이 감소했다. 생리적으로 경험에 이름을 붙이면 뇌가 평온해진다는 것은 뇌과학으로 이미 입증되었다.[8] 내가 기분이 나빠진 이유가 명확해지자 마음이 평온해졌다. 나는 두려움에 빠져 있기보다는 용기를 내기로 하고 논문을 썼다.

감정은 삶의 나침반이다. 누구든 핵심감정에 닿으면 불안과 수치심, 죄책감, 우울, 중독, 강박을 비롯한 갖가지 증상을 줄일 수 있다. 어떻게? 핵심감정을 탐색하고 핵심감정을 다룰 방법을 익히면 된다. 변화의 삼각형이 길잡이가 될 것이다.

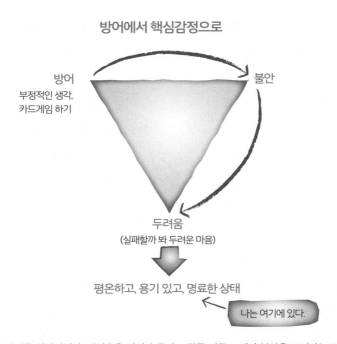

방어에서 핵심감정으로

방어
부정적인 생각,
카드게임 하기

불안

두려움

(실패할까 봐 두려운 마음)

평온하고, 용기 있고, 명료한 상태

나는 여기에 있다.

나는 방어를 알아차렸다. 머릿속을 벗어나 몸과 조화를 이루고 내가 불안을 느낀다는 것을 깨달았다. 불안을 유발하는 핵심감정을 탐색하고 내가 두려워한다는 것도 깨달았다. 몸에서 느껴지는 상태(신체감각)에 주목하고 두려움에 귀를 기울였다. 두려움을 알아차리자 두려움의 충동이 의식으로 올라왔다. 나는 도망치고 싶은 충동에 사로잡혔다(회피). 그러나 변화의 삼각형을 충분히 탐색한 뒤 마침내 내게 가장 유용하고(건강한 삶에 도움이 되고) 장기적인 소망과 요구, 목표, 가치관에 맞는 해결책을 찾을 수 있었다.

감정을 얼마나 편안하게 느끼나요?

여러분은 변화의 삼각형을 배우고 실험하는 동안 정서적으로 성장하다가 안정기에 이를 것이다. 그러다가 자기나 타인을 더 깊이 알아가는 과정에서 새로운 장벽을 만날 것이다. 이런 장벽을 감지하는 이유는 자기에 대한 불안과 수치심이 생겼거나 방어로 넘어갔기 때문이다. '이건 어리석은 짓이야'라거나 '나중에 할 거야'라는 식의 회피형 사고가 일어날 수도 있다. 이때 방어나 불안, 죄책감, 수치심을 넘어서 새로운 차원의 자기이해로 넘어갈 기회가 생긴다. 감정을 탐색하는 과정은 양파 껍질을 벗기는 것과 같다. 한 꺼풀 벗기면 새로운 층이 나온다. 감정을 이해하는 과정은 평생 이어진다.

감정의 인내력 테스트

다음의 질문으로 감정의 인내력을 알아볼 수 있다. 지금 해보고, 나중에 이 책을 다 읽고 나서 다시 한번 해보기 바란다. 나중에 다시 답할 때 점수가 올라갔다면 정상적이고 자연스러운 경험에 좀 더 편안해졌다는 뜻이다.

문항마다 편안한 정도에 점수를 매긴다.
1에서 10의 척도에서 편안한 정도의 점수를 매긴다. 1은 '전혀 편안하지 않음'이고, 10은 '완전히 편안함'이다. 오래 고민하지 말고 직감에 따라 점수를 매겨 적절한 숫자에 동그라미를 친다.

1	>	>	>	5	>	>	>	>	10
(1 = 전혀 편안하지 않음)				(5 = 중간)					(10 = 완전히 편안함)

1. 당신이 좋아하는 사람들이 당신에게 분노나 슬픔 같은 강렬한 감정을 직접적으로 드러낼 때 얼마나 편안한가?

1	2	3	4	5	6	7	8	9	10

2. 당신이 좋아하는 사람들이 당신 앞에서 분노나 슬픔 같은 강렬한 감정을 드러내지만 그 감정이 당신에게 직접 향하지 않을 때 얼마나 편안한가?

1 2 3 4 5 6 7 8 9 10

3. 화가 날 때 얼마나 편안한가?

1 2 3 4 5 6 7 8 9 10

4. 슬플 때 얼마나 편안한가?

1 2 3 4 5 6 7 8 9 10

5. 행복할 때 얼마나 편안한가?

1 2 3 4 5 6 7 8 9 10

6. 현재 상태에서 생각과 감정이 일어나는 그대로 느낄 때 얼마나 편안한가?

1 2 3 4 5 6 7 8 9 10

7. 감정을 표출하는 사람과 같이 있으면서 상황을 '바로잡아' 도와주려 하지 않고 그 사람 말을 들어주기만 할 때 얼마나 편안한가?

1 2 3 4 5 6 7 8 9 10

총점: _____

몇 점이 나오든 괜찮다. 변화의 삼각형을 다루면서 자신의 감정을 읽고 실험하고 조율하는 사이에 감정의 인내력이 커질 것이다. 언제든 다시 이 질문으로 돌아와 점수가 어떻게 달라지는지 확인해보자.

2

핵심감정을
풀어주다

감정 경험을 바꾸는 몸과 뇌 이야기

프랜의 공포와 불안과 슬픔

프랜은 나날이 외로움이 심해져 나를 찾아왔다. 미혼 여성인 프랜은 결혼하거나 아이를 낳고 싶은 생각이 없었고, 광고업에 종사하면서 경력을 쌓는 데 몰두했다. 자기를 '일과 결혼한 여자'라고 말했지만, 요즘 부쩍 외로움을 심하게 느꼈다.

상담 첫 회기에 프랜은 열여섯 살 때 부모를 사고로 잃고 이모와 이모부의 충분한 보살핌을 받으며 살았다고 말했다. 부모를 잃은 슬픔이 아직도 남아 있는 건 아니라면서도 부모의 부재가 점점 더 크게 느껴진다고 했다. 그렇다고 돌아가신 어머니나 아버지와 특별히 가까운 사이는 아니었다고 했다. 프랜은 부모를 "전형적인 WASP(앵글로색슨 백인 신교도 – 옮긴이)로 엄격하고 무정한" 사람들로 묘사했다. 프랜은 부모에게 사랑받은 것 같다면서도 부모가 어떻게 사랑을 표현했는지는 제대로 설명하지 못했다.

두 번째 회기에서 프랜은 이성관계를 오래 이어가지 못한다고 털어놓으며 울먹였다. 나는 프랜에게 감정이 올라오는 그대로 느껴보라고 했다. 프랜은 잠시 멍하니 나를 보더니 아무런 망설임도 없이 말했다. "최근에 뜨개질을 시작했어요. 괜찮은 취미인 거 같아서요. 일하지 않을 때 시간 때울 거리로 좋아요. 페이스북 하는 시간을 줄이려고요." '에? 내가 중간에 뭘 놓쳤나?' 하는 생각이 들었다. 프랜이 슬픔이라는 핵심감정과 마주하자 급히 방어(화제 전환)를 내세운 것이다.[1]

감정에 대한 방어는 주로 무의식중에 일어난다. 그리고 이런

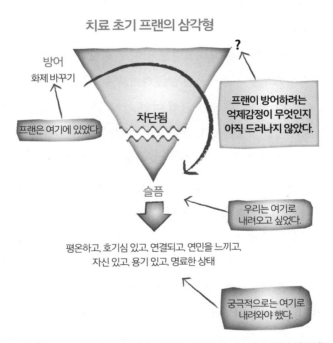

치료 초기 프랜의 삼각형

방어
화제 바꾸기

?

프랜은 여기에 있었다.

차단됨

프랜이 방어하려는 억제감정이 무엇인지 아직 드러나지 않았다.

슬픔

우리는 여기로 내려오고 싶었다.

평온하고, 호기심 있고, 연결되고, 연민을 느끼고,
자신 있고, 용기 있고, 명료한 상태

궁극적으로는 여기로 내려와야 했다.

프랜은 슬픔(핵심감정)이 올라오려 하자 급히 화제를 바꾸었다. 슬픔을 느끼지 않으려고 스스로를 보호하는 방법이었다. 프랜에게 왜 이런 방어가 필요한지 아직 드러나지 않았고, 프랜이 자신의 감정을 방어하고 있다는 것을 알아차리지 못하는 상태라서 직접 물어볼 수도 없었다. 프랜이 핵심감정을 다시 느끼고 기분이 나아지려면 우선 방어부터 알아차려야 했다

방어는 우리가 만드는 사회적 인격의 일부가 된다. 프랜은 갑자기 화제를 바꾸기 전에 언뜻 감정을 내비쳤다. 눈물이 고이고 입꼬리가 아래로 내려가면서 찡그린 표정을 지었다. 감정은 전염성이 있다. 거울뉴런mirror neuron이라는 특수한 뇌세포의 부수적인 효과다.[2] 내 몸은 프랜의 감정에 공감하면서 반응했다. 가슴이 묵직하게 내려앉았다. 그 덕분에 나는 프랜이 슬픔이라는 핵심감정이 일어나려 하자 급히 화제를 바꿔 그 감정에서 멀어지려 하는 것을 알아차렸다.

방어는 우리를 보호해주는 장치로 발달한다. 어릴 때 압도적인 감정으로부터 스스로를 보호하기 위한 시도가 방어다. 프랜의 주된 트라우마는 부모를 일찍 여읜 기억이었다. 하지만 프랜이 부모를 차가운 사람들로 묘사한 것으로 보아, 나는 프랜이 느끼는 감정의 폭 자체가 제한적일 거라고 보았다. 첫 회기에 프랜에게 어릴 때 집에서 '허용된' 감정이 무엇이고 '차단된' 감정은 무엇이며, 또 어떤 식으로 허용되거나 차단되었는지 물었다. 가령 자녀가 어떤 감정을 표현하면 자기도 모르게 창피를 주는 부모가 있다. 이런 부모는 무시하거나 반응하지 않거나 당장 '바로잡으려' 해서 아이의 감정을 차단한다. 물론 대다수 부모는 자녀에게 상처를 주려는 의도가 없다. 그저 아이가 어떤 감정을 표현해서 부모가 불안을 느끼면(모든 게 정신에 달렸다고 생각하는 문화가 이렇게 만든다) 부모는 '아이를 감정으로부터 분리시키기'라는 방어를 쓴다. 불행히도 아이는 어떤 감정이 기꺼이 받아들여지지 않는다는 것을 학습하면 그 감정에 대한 방어를 키운다. 부모가 자녀의 감정을 기꺼이 받아주지 않을 때 아이는 그 순간을 부모와의 관계에서 일시적인 단절이나 불화로 경험한다. 단절은 고통스럽기 때문에 아이는 이후 정서적 단절로부터 스스로를 보호하기 위해 방어를 키운다.

부모는 자녀에게 감정을 회피하거나 차단하는 태도뿐 아니라 '올바른' 태도도 보여줄 수 있다. 프랜의 가족은 식사하면서 사실을 중심으로 대화를 나눌 뿐 감정에 관한 얘기는 꺼내지 않았다. 만만한 화제가 주로 시사였고, 사건에 대해 어떤 감정을 느꼈는지에 관해서는 대화를 나누지 않았다. 예를 들어 클린턴 대통령과 모니카 르윈스키의 스캔들에 관한 대화가 오간 적이 있다. 그런데 아무도 클린턴의 배신에 화를 내지 않았고, 그렇다고 클린턴의 인성이 드러난 이런 사건을 보고도 계속 그를 좋아한다고 말하는 사람도 없었다. 부모가 감정을 표현하는 방식과 어떤 감정을 부추기고 어떤 감정을 좌절시키는지가 여느 아이들과 마찬가지로 프랜이 느끼는 감정의 폭을 형성했다.

나는 프랜이 혼자서든 나와 함께든 슬픔을 느끼기 어려울 거라고 보았다. 나는 현재의 감정이 어떻게 과거의 감정을 불러내는지 알기에, 프랜이 이성관계에서 느끼는 슬픔이 부모를 잃고 느끼던 비통한 심정과 같은 과거의 더 큰 슬픔을 불러낼 거라고 전제했다. 현재의 상실은 과거의 기억과 감정, 신체감각, 신념이 저장된 뇌세포의 연결망을 통해 과거의 상실과 연결된다. 우리는 스스로를 유능한 성인으로 생각하다가도 순식간에 어린아이로 돌아가 상실의 경험을 다시 겪을 수 있다. 그저 기억일 뿐인데도 주관적으로는 트라우마를 다시 겪는 것과 같다.

프랜의 슬픔이 머리에서 나와 감정이 살고 있는 몸으로 들어가려던 아주 그 짧은 순간에, 프랜이 아주 잠깐이라도 슬픔을 온전히 경험했다면 안도감을 느꼈을 것이다. 하지만! 프랜은 갑자기 화제를 돌려서 그녀의 감정만이 아니라 (그녀의 슬픔을 기꺼이 수용해줄) 나와도 단절했고, 자연스럽게 일어나는 슬픔을 방어했다.

아직 상담 초반이고 서로를 알아가는 시점이라 나는 신중히 접근했다. 나는 프랜이 스스로 감정에서 멀어지려 하는 것을 알아차리기를 바랐다. 그게 다였다.

나는 프랜의 뜨개질 이야기를 들어주었다. "뜨개질 초보 모임에 나갔어요. 일주일에 한 번 우리 아파트 근처 카페에 모여서 뜨개질을 하고 서로 뜨개질 방법을 알려주는 모임이에요."

"좋네요. 그 얘기를 더 듣고 싶어요. 근데 그전에 궁금한 게 있어요. 좀 전에 당신이 감정에 빠진 거 알았어요?"

"그랬나요? 몰랐어요."

"음, 뭘 본 거 같은데…… 내가 잘못 봤을 수도 있어요. 조금 전으로 돌아가볼까요? 아까 이성관계를 오래 이어가지 못한다고 말할 때 눈물이 고이고 감정에 빠진 것처럼 보였거든요. 그거 알았어요?"

프랜은 잠시 스스로를 돌아보았다. 마음을 열고 내면의 경험을 알아차리려 한다는 좋은 신호였다. 프랜이 자기를 돌아보려는 모습을 보니 흐뭇했다.

"네, 그랬던 거 같네요." 프랜은 이렇게 말하면서 다시 좀 전의 감정을 느끼는 것 같았다. 얼굴에 다시 슬픔이 드리우고 눈물이 고였다. 잠깐 사이 눈에 띄는 변화가 일어났다.

"나랑 같이 있는 지금은 어떤 감정이 들어요?" 내가 물었다.

감정은 우리가 이름 붙이고 인정할 때 그 효과를 드러낸다. 나는 프랜이 자신의 감정을 알아차리도록 도와주고 싶었고, 무엇보다 프랜에게 혼자가 아니라고, 그녀의 슬픔이 내게도 전해진다고 알려주고 싶었다. 나는 계속 프랜과 연결되고 싶었다. 프랜이 나와의 관계를 시작으로 새로운 사람들과 친밀한 관계를 맺을 수 있게 도와주고 싶었다.

"아뇨, 잘 모르겠어요. 그래도 뜨개질이 참 멋진 취미라, 그 얘기를 계속하고 싶어요. 괜찮으시면요."

"그럼요." 나는 프랜이 자기도 감정이라는 게 있다는 것을 알아차려서 기뻤다. 이 순간을 우리 상담의 기준점으로 삼을 수 있었다. 나는 앞으로 프랜이 핵심감정을 모두 알아차리고 이름 붙이도록 이끌어줄 생각이었다. 나는 이렇게 덧붙였다. "당신이 감정을 알아차리려 시도하는 것만도 얼마나 대단한 일인지 알면 좋겠어요. 용기를 내야 하는 거 알아요. 내가 그걸 알아주니까 어땠어요?"

"괜찮았어요."

"이제부터 같이 감정을 추적하면 감정이 올라오는 순간에 바로 알아차릴 수 있을 거예요. 그때 그 감정에 계속 머물지, 아니면 감정에서 벗어날지 결정하도록 해요. 당신이 원하는 대로요." 나는 우리가 감정을 다르게 다룰 것이라는 점을 프랜의 무의식이 알았으면 했다. 프랜이 의식하든 안 하든, 마음은 겉으로 보이는 감정에 잘 반응하기 때문이다.

프랜의 치료는 비교적 순조롭게 진행되었다. 6개월쯤 지나자 프랜은 자신이 감정을 방어하려 할 때마다 나보다도 먼저 알아차렸다. 또 화제를 바꾸려고 할 때는 "내가 화제를 바꾸는 거 알아요. 하지만 그쪽으로는 더 들어가고 싶지 않아요"라고 말했다. 스스로 알아차리고 시인하는 것은 대단한 사건이었다.

프랜의 정기 상담이 있는 어느 화창한 여름날이었다. 나는 매주 화요일 정오인 상담시간 전에 평소처럼 프랜이 대기실에서 기다리고 있을 줄 알았다. 하지만 대기실 문을 열어보니 프랜이 없었다.

프랜은 10분 늦게 나타났다. 울다가 온 것처럼 얼굴이 붓고 벌겋게 달아올라 있었다. "늦어서 죄송해요." 프랜이 여러 번 사과했지만 나는 손사래를 치며 물었다.

"괜찮아요? 울다 온 것 같은데요." 프랜이 그렇게 감정에 사로잡힌 모습은 처음이었다.

"말도 마세요. 아까 길에서 개가 자전거에 치이는 걸 봤어요. 도와주다가 늦은 거예요. 십대 아이의 개였어요. 자전거가 갑자기 튀어나와서 개를 쳤어요. 개가 길바닥에 쓰러져서 깽깽거렸어요. 가슴 쪽이 뭉개졌고, 개 주인인 아이가 울부짖었어요. 경찰관이 도와주러 왔지만 제가 그 자리를 떠날 때 개는 이미 죽은 것 같았어요."

"정말 끔찍하네요!"

"그 애가 너무 불쌍했어요. 막 소리를 지르면서 울더라고요. 나도 눈물이 났어요. 마음을 진정시키느라 한참 걸렸어요. 어찌나

놀랐는지 몰라요."

"놀랄 수밖에요. 너무 속상한 얘기네요."

프랜이 다시 울음을 터뜨렸다.

"애가 그렇게 눈앞에서 갑자기 개를 잃어버린 걸 보고 마음이 아팠어요. 그 애 비명소리가 아직도 들리는 것 같아요. 정말 끔찍해요."

"정말 끔찍하네요." 나는 프랜의 말을 그대로 받았다.

"이젠 됐어요." 프랜이 눈물을 닦으며 말했다.

"뭐가 돼요?"

"혼자 허우적대는 거요. 내 개도 아니잖아요." 프랜이 무겁게 말했다.

프랜이 고개를 들어 내 눈을 보았다. 무척 슬퍼 보였다. 문득 프랜이 어린아이 같아 보였다.

"알아요. 그런데 당신 감정은 그 개가 누구 개인지 상관하지 않아요. 방금 당신은 슬퍼했고……. 슬픔을 느끼는 데 정당한 이유를 찾을 필요는 없어요." 나는 잠시 말을 끊었다가 다시 이었다. "당신 눈에 감정이 보여요. 당신이 그 감정을 짓뭉개려는 게 느껴져요. 하지만 그 눈물은 중요해요. 거기엔 많은 게 담겨 있거든요."

프랜은 내 말을 알아듣고 더 격하게 울기 시작했다. 무서워하는 것처럼 보였다. 몸이 앞뒤로 흔들리고 가쁜 숨을 몰아쉬었으며 눈이 커졌다. 공황발작을 일으키는 것 같았다.

나는 좀 더 적극적이고 직접적인 방향으로 틀어서 프랜이 공황발작을 극복하도록 도와주었다. 나까지 당황하면 프랜의 불안이 더 심해질 것 같아 침착하게 대처했다.

"지금 내가 당신과 같이 있는 게 느껴져요?" 내 물음에 프랜이 고개를 끄덕였고, 나는 의자를 조금 당겨 앉았다. "당신이 좀 더 편안해지도록 내가 도와줄게요. 당신 마음속에 무슨 일이 일어나는지 말해줄래요? 심장박동을 느껴봐요."

"심장이 엄청 빨리 뛰어요." 프랜이 가쁜 숨을 내쉬며 말했다.

나는 침착하고 온화하게 말을 건넸다. "가벼운 공황발작을 일으킨 거예요." 나는 '가벼운'이라고 말해서 프랜의 두려움을 덜어주려 했다. 일단 프랜의 마음과 신경계를 최대한 빨리 진정시키는 데 목표를 두었다. 절대로 프랜이 더 겁먹게 만들고 싶지 않았다.

"다 괜찮아질 거예요. 당신이 뭔가에 겁이 나서 신경이 아드레날린 분비를 촉진한 거예요. 아드레날린이 사라지면 기분도 나아질 거예요. 하지만 몇 분 정도 시간이 걸려요. 좀 더 편해질 방법을 찾아보죠. 날 봐요."

우리는 서로의 눈을 보았다. "그래요! 이제 발이 바닥에 단단히 닿은 느낌을 느끼면서 배 속 깊이 숨을 들이마셔요. 하나, 둘, 셋, 넷, 다섯, 여섯. 잘했어요! 숨을 더 깊이, 배 속으로 깊이 들이마셔요. 잠시 숨을 참았다가 이제 천천히 내쉬어요. 뜨거운 수프를 후후 불어서 식히듯이 숨을 내뱉어요. 당신은 괜찮아요. 내가 여기 당신 곁에 있어요. 금방 멈출 거예요."

잠시 후 프랜의 호흡이 서서히 정상으로 돌아왔다.

"지금은 심장박동이 어때요?"

"느려지고 있어요."

공황발작에 관해 알아야 할 몇 가지

- 아드레날린이 혈류로 분비된다.
- 아드레날린으로 심장박동이 빨라지고 호흡이 가쁘고 거칠어진다.
- 어떤 상황인지 이해하지 못하면 마치 심장발작으로 죽을 듯한 두려움을 느낄 수 있다.
- 심장발작이 아니다.
- 신진대사로 아드레날린이 사라지면 몸이 정상으로 돌아오지만 이 과정이 몇 분 정도 걸린다.
- 최악의 경우에는 잠시 정신을 잃었다가 다시 정상 호흡을 되찾을 수도 있다.

"좋아요. 계속 날 보면서 호흡해요."

프랜은 죽은 개를 본 슬픔이 과거 부모의 죽음과 연결되어 감당하지 못할 만큼 감정이 격해졌다. 그래서 겁이 나고 아드레날린이 분비되어 공황발작을 일으켰다.

프랜이 회복되자 내가 물었다.

"전에도 이런 적 있어요?"

"십대 때 공황발작을 일으키곤 했어요."

"몇 살에 처음 공황발작을 일으켰는지 기억나요?"

"잘 모르겠어요. 교실에 있다가 무슨 이유에선지 갑자기 울었어요. 그러고는 보건실에 있었던 게 기억나요. 보건선생님이 참 친절한 분이었어요." 프랜은 잠시 말을 끊었다. "열여섯 살쯤이었을

거예요. 플로리다로 새로 전학 간 학교였거든요. 부모님이 돌아가
신 뒤였어요."

"힘든 시기였겠어요."

"부모를 잃은 사람은 많아요."

"그래요, 그래도 당신에게 힘든 일이었을 거예요." 나는 프랜
이 무언가로 고심하는 걸 느꼈다. "내가 넘겨짚는 걸 수도 있지만
갈등이 느껴지네요. 그 일이 힘들었다는 걸 인정하는 데 갈등이 생
기는군요."

프랜이 고개를 끄덕였다.

"어떤 부분이 서로 갈등하는지 모두 말해볼까요?"

프랜은 잠시 생각에 잠겼다가 입을 열었다. "내 안의 한 부분
은 선생님이 연민을 보여주고 내가 겪은 고통을 느껴보라고 격려
해주시는 걸 좋아해요. 그런데 그런 마음을 인정하자니 조금 창피
한 기분이 들어요. 내 안의 다른 부분이 자꾸만 감정에 빠지지 말
라고, 별거 아니니까 그냥 계속 앞으로 나아가면 된다고 말해요."

"충분히 이해가 가요. 적어도 세 부분의 목소리가 들리는군요.
당신의 한 부분은 내게서 연민을 받고 싶어하고, 또 한 부분은 그
걸 창피해하고, 또 한 부분은 계속 앞으로 나아가면서 당신이 겪은
일의 슬픔을 무시하고 싶어하는군요. 또 그 부분은 내 연민도 못마
땅해하면서 '그렇게 힘든 일이 아니야, 유난 떨 거 없어'라고 말하
는군요."

프랜은 고개를 끄덕였고, 표정이 밝아졌다.

"맞아요."

부분이란

내가 말하는 '부분part'은 하나의 경험이 지닌 각각의 측면을 가리킨다.

- 부분은 갈등의 한 측면을 의미할 수 있다. '내 안의 한 부분은 이렇게 느끼고 다른 부분은 저렇게 생각한다.'
- 부분은 뇌에서 기억이나 트라우마의 형태로 살아 있는 어린 시절의 경험을 의미할 수 있다. '내 안의 이 부분은 열 살인 것 같다.'
- 부분은 감정일 수도, 신념일 수도, 이미지일 수도, 생각일 수도 있다. '내 안의 한 부분이 슬퍼한다.'

"이렇게 갈등하는 모든 부분을 말로 꺼내놓으니 어때요?"

"이게 맞다는 느낌이 들어요. 진실한 것 같고요."

"'진실한' 느낌이 어떤 거예요? 몸에서 어떻게 느껴져요?"

"몸이 진정되는 느낌이 들어요."

치료사로서 또는 방어와 감정의 근원을 파고드는 사람으로서 올바른 개입 방법이 하나만 있지는 않다. 이 단계에서 내게는 몇 가지 선택지가 있었다. 프랜이 공황발작을 일으키기 직전으로 돌아가게 해주거나 열여섯 살에 새로 전학한 학교로 돌아가게 해주거나 그냥 현재 상태에 머물게 해줄 수 있었다. 세 가지 모두 프랜이 변화의 삼각형에서 억제감정인 불안을 진정시키고 핵심감정인 슬픔을 느끼게 해주는 방법이었다. 프랜을 데려갈 순간들은 모두 감정이 올라온 순간이라 중요한 작업을 시도해볼 기회였다. 먼 과거로 돌아가든 가까운 과거로 돌아가든 현재에 머물든, 목표는 같았다. 변화의 삼각형에서 어디에 있고 핵심감정이 무엇인지 파악하는 것. 프랜의 상담에서는 현재에 머물기로 했다.

"어떤 것이 당신에게 진실이라는 걸 알 때, 속에서 어떤 변화가 느껴지나요?" 내가 물었다.

"무슨 말씀인지 모르겠어요. 아무것도 알아차리지 못한 것 같아요."

"알아차리지 못할 정도로 아주 작고 미세한 감각일 수 있어요. 관심을 내면으로 돌려봐요. 심장으로, 복부로, 팔다리로, 등으로, 머리로 관심을 옮겨봐요. 천천히, 아주 천천히 온몸을 관찰하면서 몸에서 느껴지는 감각을 알아차려서 이름을 붙일 수 있는지 알아보세요."[3]

"음, 불안한 느낌은 아니에요."

"긍정문으로 말해볼래요? 불안한 느낌이 들지 않는군요. 몸속에 어떤 느낌이 들어요?"

"진정된 느낌인 것 같아요."

"좋아요! 다른 건요?"

"조금 가벼워졌어요."

"가벼운 느낌이 어디서 느껴져요?"

"여기서 시작하는 것 같아요." (프랜이 배를 가리켰다.) "여기서부터 위로, 밖으로 퍼져나가요."

15초 정도 자기를 관찰하면 다양한 감각을 느낄 수 있다. 알아차릴수록 점점 더 많이 알아차릴 것이다. 감정을 관찰하는 연습은 명상 수련과 비슷하게 내면의 현상을 비판단적으로 알아차리는 데 목표를 둔다. 마음을 열고 몸의 경험을 알아차리는 데만 관심이 있다. 누구나 연습하면 익힐 수 있으며 심리적 건강에 매우 중요한 기술이다.

나는 부모가 세상을 떠난 경험을 한 뒤 해결되지 않은 프랜의 트라우마를 처리하려고 기반을 다지는 중이었다. 프랜이 자신의 공황발작을 옆에서 지켜봐주고 헤어나도록 도와주는 나를 자신의 강렬한 감정을 함께 감당하고 옆에 있어줄 사람이라고 판단하는 것 또한 그 과정의 일부였다. 다만 어떻게 해야 프랜의 트라우마에 다가갈 수 있을지는 아직 몰랐다.

그다음 주에 프랜은 지난번 상담에 관해 일주일 동안 많이 생각했다고 했다. 그러면서 부모를 잃은 상실감뿐 아니라 다른 지역으로 이사해서 학교를 옮기고 친구를 새로 사귀는 일이 무척 힘들었던 기억을 꺼냈다. 일상생활의 큰 변화에 적응하느라 돌아가신 부모를 애도할 시간도 에너지도 충분하지 않았다고 했다.

"지금 그런 이야기를 털어놓으니 기분이 어때요, 프랜?" 나는 프랜이 스스로 감정 경험을 설명하게 했고, 프랜은 처음으로 내가 이끄는 대로 순순히 따라왔다.

"슬픔이 느껴지지만 슬프다는 말만 해도 심장박동이 엄청 빨라져요."

"그럼 천천히, 아주 천천히 늦춰서 여기서 멈춰봐요. 심장에 의식을 집중할 수 있어요?"

프랜은 슬픔으로 다시 불안해졌다. 심장박동이 빨라지고 호흡이 가빠졌다.

불안과 같은 억제감정이 올라오면 당장 불안을 줄이는 데 목표를 두어야 한다. 마침내 프랜의 뇌는 완전히 재설정되었고 슬픔에 반응하면 불안과 공포를 일으키는 작용을 멈추었다. 프랜은 안전하다고 느껴야만 슬픔을 경험할 수 있었던 것이다. 나는 프랜에게 이렇게 말했다.

"몸에서 느껴지는 불안의 감각에 주목해보세요. 계속 내 말을 들으세요. 계속 심호흡하세요. ……지금은 뭐가 느껴져요?"

"진정되는 느낌요." 프랜은 불안의 신체감각이 가라앉는 데 집중하며 말했다.

"잘했어요. 1에서 10까지 중에서 10이 가장 심한 불안이고 1이 가장 평온한 상태라면 지금 느끼는 불안은 몇 정도예요?"

"3 정도요."

"꽤 낮은 편이에요. 그래도 더 낮출 수 있는지 알아보죠. 불안에 조금 더 머물면서 편안하고 가볍게 호흡하세요. 호흡하면서 가장 평온하고 평화로운 느낌이 드는 장소를 떠올려볼래요?"

"내 침대요. 안전한 공간이에요."

"좋아요. 그럼 침대에 들어가 있다고 상상해봐요. 침대 시트가 살갗에 닿는 감촉을 느껴보세요. 방 안을 둘러봐요. 지금은 어떤 느낌이 들어요?"

프랜은 숨을 길게 내쉬었다. "차분해졌어요."

이제 프랜은 깊은 슬픔을 다룰 준비가 되었다.

첫 회기에서 프랜은 변화의 삼각형의 왼쪽 위인 방어(화제 바꾸기)에 있었다. 그리고 서서히 오른쪽 위에 있는 불안을 다루는

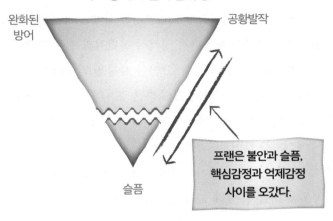

치료 중기 프랜의 삼각형

완화된
방어

공황발작

슬픔

프랜은 불안과 슬픔,
핵심감정과 억제감정
사이를 오갔다.

프랜은 깊은 슬픔을 느끼는 것에 무의식적으로 갈등했다. 슬퍼질까 봐 두려워서 불안해했고, 슬픔과 연결되는 일은 뭐든 피해야 한다고 여겼다.

단계로 넘어갔다. 이후 몇 달간 공황발작을 일으키지 않도록 연습하면서 상담 중에 저절로 일어나는 핵심감정에 머무는 데 집중했다. 목표는 프랜이 인지적 차원만이 아니라 신체적·정서적 차원에서 슬픔을 느끼게 해주는 데 있었다. 어떤 내담자들은 슬프다는 걸 "안다"고 말하지만 내가 "당신이 슬퍼지는 걸 어떻게 아시나요?"라거나 "슬프다는 걸 알 때 몸에는 어떤 변화가 일어나나요?"라고 물으면 대답하지 못한다. 경험적 접근은 지금 여기의 감정을 느끼는 데 도움이 된다. 과거의 감정 경험만 말하고 성찰해서 정서적으로 동떨어지고 머리로만 접근하는 다른 방법보다 효과적이다. 슬픔을 느껴봐야 더 큰 슬픔을 감당할 수 있다. 이런 식으로 감정을 경험하면 서서히 자신감이 생겨서 핵심감정도 감당할 수 있다.

핵심감정이 억제감정에 억눌리면 화제를 바꾸는 행동부터 친밀감을 회피하는 행동까지 정서적 불편감과 갈등을 회피하기 위한 방어 행동을 찾게 된다. 그러나 감정을 회피하면 결국 대가가 따른다. 방어를 유지하기 위해 다른 중요한 행동에 들어갈 에너지를 끌어다 써야 하는 것이다. 프랜의 경우에는 친밀감을 쌓는 일에서 에너지를 끌어와야 했다.

방어가 도움이 되기는커녕 해만 끼친다면 그냥 감정을 느끼는 쪽을 선택할 수 있다. 그리고 이것은 핵심감정을 몸으로 경험해야 하는 이유이기도 하다. 의식을 몸의 감각에 집중하면 신경세포가 발화해서 감정의 흐름을 자극한다. 핵심감정이 원활히 흐르게 만드는 법을 배우면 차단된 감정이 야기하는 일상의 고통이 줄어들고, 좀 더 평온해지고 균형 잡히고 용기와 자신감이 생긴다.

나와 상담을 시작한 지 1년쯤 지난 어느 날, 프랜이 중요한 이야기를 꺼냈다. "지난 일요일은 부모님 기일이었어요."

"아주 중요한 이야기군요."

기념일은 추억을 불러내는데, 그중 일부는 무의식 차원의 기억일 수 있다. 기억에는 신체감각, 소리, 냄새, 생각이나 마음에 저장된 충동이 포함된다.

"이제껏 아무한테도 말해본 적이 없어요. 그래도 늘 그날이 다가오는 걸 알았던 것 같아요."

"부모님 기일이라고 소리 내서 말하니까 어떤 느낌이 들어요?"

"사실 마음이 놓여요. 그리고 슬프네요, 슬퍼요." 프랜의 말이 허공에 맴돌았다. 눈가와 입가가 아래로 처졌다.

"프랜, 안도감이 들면서 슬프군요. 둘 다 아주 중요해요. 어떤 감정을 먼저 다룰까요?"

두 가지 이상의 감정이 일어날 때는 그 순간 어떤 감정이 전면에 나오는지 알아차려서 그 감정부터 다뤄야 한다.

"슬픔이 느껴져요. 가슴에 묵직한 추가 달린 느낌이기도 하고 구멍이 뻥 뚫린 느낌이기도 해요." 자기 몸의 감각에 집중하는 프랜의 두 눈에 눈물이 차올랐다.

"그 슬픔에 머물면서 무슨 일이 일어나든 가만히 지켜볼 수 있어요? 내가 여기 당신하고 같이 있을게요." 프랜이 고개를 끄덕였다. 나는 우리 두 사람의 심장이 기다란 끈으로 연결된 이미지를 떠올리면서 가만히 있었다. 프랜의 찡그린 미간이 더 깊어지고 입술이 떨렸다. 프랜의 두 눈에 다시 눈물이 차올랐다.

프랜은 두 손으로 얼굴을 감싸고 몸을 앞으로 기울여 몸부림치면서 흐느꼈다. 마침내 프랜에게 슬픔의 파도가 밀려왔다.

"그래요. 슬픔을 터뜨리는 게 좋아요." 나는 프랜이 혼자가 아니라는 걸 알기를 바라며 이렇게 말했다.

프랜은 고통스럽게 몸부림치면서 슬픔을 터뜨렸다. 프랜이 우는 동안 나는 프랜에게 지금의 비통한 슬픔은 부모님을 향한 사랑과 유대감의 한 형태라고 말해주었다.

"그래요……. 참지 말아요. 감정이 올라오게 놔둬요." 나는 이렇게 속삭였다.

울음이 잦아들자 프랜이 자세를 고쳐 앉고는 나를 보았다. 나도 프랜을 마주 보면서 그 순간 내가 그녀에게 느끼는 사랑과 관심을 최대한 보여주려 했다. 프랜은 두 번 심호흡했다. 얼굴에 지독한 고통이 스쳤다. 슬픔의 파도가 다시 밀려오는 모양이었다.

"슬픔이 또 오는군요. 괜찮아요. 그냥 오게 놔둬요."

프랜이 다시 울음을 터뜨렸다. 손으로 얼굴을 감쌌지만 이제 몸은 꼿꼿했다. 2분쯤 지나자 파도가 지나갔다. 프랜은 다시 내 눈을 보면서 내가 아직 그 자리에 있고 여전히 비판단적으로 그녀를 대하는지 살폈다. 물론 나는 여전히 그대로였다. 그리고 상담실 안의 분위기도 한결 가벼워졌다.

프랜은 숨을 깊이 들이마시고 천장을 쳐다보며 천천히 숨을 내쉬었다. 그러고는 다시 내 눈을 보았고, 우리는 1분 정도 말없이 앉아 있었다. 프랜이 다시 숨을 길게 내쉬었다. 그러고 나서 마침내 "기분이 풀렸어요"라고 말했다. 나는 지그시 웃어주었다. 프랜이 이렇게 말했다. "이제 무거운 추가 올라간 것 같아요."

"그게 어떤 기분인지 좀 더 얘기해볼래요?"

이어서 프랜은 핵심감정의 파도를 온몸으로 받아들인 후 나타나는 본능적이고 생물학적인 치유의 과정으로 넘어갔다. 프랜은 몸의 감각에 머무르면서 감각이 흐르다가 자연스럽게 멈추게 하는 방법으로 치유의 과정에 들어갔다. 핵심감정을 온전히 발산한 이후의 상태는 황금과 같다. 이제 프랜과 나는 금광을 캐기 시작했다.

"와! 격렬했지만 이제는 괜찮아요. 한결 가벼워졌어요."

"그 '가벼워진' 경험에 머물러볼 수 있어요?" 나는 느긋한 자세로 앉아 프랜에게 조급할 필요가 없다는 뜻을 전했다. 프랜이 시간을 충분히 들여 경험의 세세한 부분까지 알아차리게 해주고 싶었다.

프랜이 말했다. "오래전부터 이렇게 해야 했다는 생각이 들어요. 항상 알았으면서도 한편으로는 몰랐던 거 같아요."

"그걸 깨달으니 어떤 기분이 들어요?"

"놀라워요. 드디어 내가 감정을 터뜨리고 기분이 좋아졌다는 게 믿기지 않아요. 한결 가볍고 숨이 쉬어지는 느낌이에요."

나는 프랜이 용기를 내어 잘 해낸 데 고무되어 프랜에게 감정을 한 꺼풀 더 벗어보라고 요청했다. "몸에서 어떤 느낌이 들어요? 아주 중요한 거예요."

프랜이 천천히 차분하게 말했다. "가벼운 느낌이 들어요. 차분한 느낌도 들고요. 피곤한 것 같기도 해요. 그런데 뭔가가 더 있어요. 가벼운 전율 같은 거요. 목 뒤에서 머리로 올라가면서 찌릿찌릿한 감각이 느껴져요."

두 사람이 마음의 여유를 갖고 함께 머물면 몸과 마음의 풍부한 활동을 관찰할 수 있다. 평소에는 움직이고 생각하느라 바빠서 알아차리지 못하고 지나치는 중요한 신체감각들이 있다. 이런 감각은 변화를 의미한다.[4] 마음의 여유를 가지면 이런 중요한 신체감각이 흐르며 만드는 변화와 전환의 장이 보인다. 이 중에서도 윙윙거리는 소리, 빙글빙글 도는 느낌, 떨림, 저릿저릿한 느낌, 땀이 나는 느낌과 같은 신체감각은 핵심감정을 처리하고 치유할 때 흔히 나타난다. 그리고 이런 신체감각은 리처드 슈워츠가 말한 일곱 가지 상태, 곧 평온하고, 호기심 있고, 연결되고, 연민을 느끼고, 자신 있고, 용기 있고, 명료한 상태로 들어간다고 예고해준다. 프랜은 이런 치유의 감정을 경험한 것이다![5]

"그 찌릿찌릿한 감각에 같이 머물러볼까요?" 나는 프랜이 안전한 분위기에서 새롭고 낯선 감각을 탐색해보기를 바랐다.

프랜은 내면에 집중했다. 30초쯤 지나자 프랜은 감각이 가라앉고 있다고 말했다. 나는 감각이 사라진 자리에 무엇이 남았는지 알아보라고 주문했다. 프랜이 답했다. "평온한 느낌요."

"평온한 느낌 그대로 머물러봐요. 어떤 것 같아요? 특별히 뭔가를 찾는 건 아니지만 뭐든 찾아보기를……."

내가 내담자들에게 "어떤 것 같아요?"라거나 "또 어떤 게 느껴져요?"라고 묻는 경우 90퍼센트 정도는 감정과 감각을 더 많이 알아차리고 더 많은 통찰을 얻는다. 많이 알아차릴수록 감정 경험의 세세한 부분까지 느끼게 되고, 자신감이 생겨서 스스로 그 과정을 되풀이하려 한다. 내적 경험을 견디는 능력을 기르면 심리적으로 건강해진다.

프랜이 가만히 내적 경험에 집중하느라 말이 없어졌다. 그러고는 다시 눈물이 고인 채 나를 보았다. 그런데 이번에는 전혀 다른 종류의 눈물이었다. 표정이 평온하고 온화했다. "고마워요." 프랜이 차분하게 중얼거렸다.

"'고마워요'라고 했는데, 그 얘기를 더 해봐요, 프랜."

내가 프랜에게 감사하는 마음을 더 표현해보라고 요구하는 것이 조금 이상해 보일 수 있다. 하지만 어떤 감정이든 경험하고 이해하는 것은 프랜에게 소중한 기회였다. 그래야 나중에 그 감정을 느낄 때 좀 더 쉽게 알아차릴 수 있다. 그리고 감사하는 마음은 치유의 감정이다. 다른 모든 감정과 마찬가지로 이 감정도 어떤 느낌인지 알아보고 그 느낌에 깊이 머물면 도움이 된다. 무엇보다 감사하는 마음은 긍정적인 방식으로 사람들을 연결해준다.

"선생님처럼 옆에 있어준 사람은 없어요. 안전하고 보살핌받는 느낌이 들어요. 아주 많이 고마워요."

"나도 당신한테 많이 감동했어요, 프랜." 나도 내 감정을 나누었다. 그러고는 이렇게 물었다. "당신이 느끼는 감정을 말로 표현해볼래요?"

프랜은 잠시 생각에 잠겼다. "고마운 마음이 들어요."

"고마운 마음에 조금 더 머물러볼까요? 오늘 많이 피곤한 건 알지만 이런 작업도 중요하거든요. 오늘은 이걸로 충분한지 정말로 물어보는 것이니 편하게 말해줘요."

"더 해볼래요. 난 괜찮아요."

"좋아요. 그럼 몸에서는 고마운 마음이 어떻게 느껴져요? 머리부터 발끝까지 찬찬히 돌아보세요. 그리고 뭐든 다 말해봐요."

프랜이 다시 자기를 관찰했다. "평온한 느낌이에요. (잠시 멈춤) 여기가 따뜻해졌어요. (심장 쪽을 가리켰다.) 바닥에 단단히 서 있는 느낌, 키가 커지고 등을 똑바로 펴고 앉은 느낌이에요."

"잘했어요." 내가 지지해주었다. "모든 감각에 잠시 머물러서…… 제대로 알아봐요……. 그게 바로 당신이 열심히 찾은 황금이에요."

잠시 후 프랜은 나를 바라보면서 떠오르는 대로 이야기했다. "부모님이 돌아가신 후 난 땅속으로 숨어들었어요. 많은 게 달라졌지만 전과 달라진 게 없는 척했죠. 오랜 세월 또 상처받을까 봐 내가 스스로를 보호한 것 같아요. 또 사랑하는 사람이 죽을까 봐 무서웠어요. 인생은 위험투성이지만 살아가려면 위험을 감수할 수밖에 없는데도요." 프랜이 긴 한숨을 내쉬었다.

"와! 정말 놀라워요! 그리고 방금 한숨 쉬었잖아요. 한숨에 주

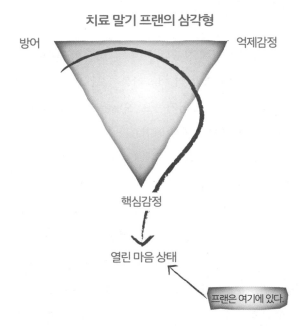

프랜은 방어가 감소하고 불안이 가라앉으면서 신경계에 박혀 있던 슬픔을 온전히 경험할 수 있었다. 슬픔을 온전히 경험하자 열린 마음 상태에 머물 수 있었다. 열린 마음 상태에 머물자 평온한 마음으로 트라우마가 어떤 영향을 끼치는지 알아차렸다.

목해봐요. 무슨 생각이 들어요?"

"숨을 쉴 수 있다. 난 괜찮다." 프랜이 그녀 자신과 나에게 자신 있게 말했다.

프랜은 이제 진정한 자기의 '열린 마음' 상태에 있었다.

획기적인 변화를 경험하고 몇 달 후 프랜은 연애를 시작했다. 처음으로 사랑에 빠지고 친밀한 관계를 맺고 싶어했다. 이후 상담 시간에는 연애하면서 일어나는 다채로운 감정, 특히 두려움의 감정을 나누었다. 누군가를 사랑하게 되었는데 그 사람이 죽을까 봐 두려운 감정 말이다.

프랜은 좋은 사람에게도 나쁜 일이 일어난다는 것을 경험으로 알았다. 나는 프랜이 열린 마음으로 사랑하면서 삶에 도사리고 있는 위험을 감당할 힘을 기르도록, 그리고 자신의 두려움을 알아가도록 도와주고 싶었다. 프랜은 시간이 지나면서 두려움과 걱정을 성찰할 만큼 거리를 확보했다. 상실감으로 고통스러워도 그 고통을 견디고 살아남을 수 있고, 실제로 살아남았다는 걸 마음 깊이 깨달은 것이다.

나이에 상관없이 달라질 수 있다: 신경과학과 신경가소성

심리치료는 뇌와 뉴런으로 깊이 들어가 적절한 유전자를 자극해서 구조를 변형하는 식으로 작동한다. 정신과의사 수전 본Susan Vaughan 박사는 대화중심 심리치료는 "뉴런에 말을 걸어서" 효과를 보는 방식으로, 유능한 심리치료사나 정신분석가는 내담자가 신경망에서 수정이 필요한 부분을 수정하도록 도와주는 "마음의 현미경 수술 외과의"라고 말했다.

– 노먼 도이지Norman Doidge

프랜은 상담을 시작할 때 감정이 완전히 차단된 상태였다. 친밀한 관계를 맺는 능력도 억제된 상태였다. 그리고 상담이 끝날 무렵에는 달라졌다. 뇌세포가 이동하고 성장하지 않았다면 불가능했을 변화였다. 사실 모든 심리치료는 통제된 조건에서 뉴런neuron이라는 뇌세포가 예측 가능한 방식으로 이동하면서 새로운 연결을 형성한다는 전제에서 시작한다. 뇌세포가 재구성되지 않는다면 학습이나 뇌의 변화가 일어나지 못할 것이다.

뇌가 경험을 통해 새로운 정보에 노출되면 뇌세포가 발화하고 새로운 연결을 형성한다. 예를 들어 초등학교에서 2 + 2 = 4를 배우는 데 관여하는 뇌세포는 다음에 2 + 2를 보면 쉽게 4라고 답할 수 있도록 재배열된다. 이런 학습이 일어나지 않으면 2 + 2를 계산할 때마다 처음 보는 문제처럼 대할 것이다.

몸도 마음처럼 학습할 수 있다. 운동을 하거나 악기를 배울 때는 뇌가 우리 몸의 근육에 어떤 방식으로 움직이라고 명령한다. 그리고 근육이 능숙하게 움직임을 수행할 수 있을 만큼 단련될 때까지 뇌에서 근육으로, 다시 뇌로 피드백이 계속 반복된다.

연습을 많이 할수록 뇌세포가 효율적으로 연결되어 근육을 더 빠르고 더 정확하게 움직일 수 있다. 반대로 연습을 며칠만 중단해도 일주일 전에 습득한 것까지 잃어버릴 수도 있다.

감정 학습도 유사한 방식으로 일어난다. 학습의 일반적인 규칙은 '함께 발화한 뇌세포가 함께 연결된다'는 것이다.[6] 어떤 경험을 하면 정보가 오감(시각, 청각, 후각, 미각, 촉각) 중 한 가지 이상의 감각을 통해 뇌로 들어오면서 뇌세포를 자극한다. 자극을 받은 뇌세포는 발화하고 결합한다. 경험의 여러 요소가 서로 연결되어 기억을 형성하는 것이다. 어떤 노래를 듣고 과거의 구체적인 장소와 시간으로 되돌아가본 적이 있는가? 그렇다면 그 노래를 들었을 때 본 이미지와 노래가 연결된 것이다.

누구나 기억에 사로잡힐 때가 있다. 예전에 살던 동네에 가거나 가족 중에 누군가와 다투거나 옛날 노래를 듣거나 누군가를 기다리거나 여행을 떠나거나 독감에 걸리는 등 어떤 사건을 계기로 유년기의 기억으로 돌아갈 수 있다. 이때는 오래된 뇌세포의 연결망과 새로운 뇌세포의 연결망이 동시에 발화하므로 신경과학의 관점에서 보면 과거와 현재가 뒤섞인 상태로 사는 셈이다.

누구나 날마다 다채로운 경험을 하지만 오래 남는 기억에는 감정 요소가 크게 자리잡는다. 감정이 뇌에게 생존에 중요한 무언가가 일어나고 있다고 알리면 뇌는 나중에 참조할 수 있도록 그 신호를 정리한다. 경험이 불러낸 감정이 강렬할수록 그와 관련된 뇌세포의 연결도 공고하다. 같은 경험이 자주 일어날수록, 유사한 경험 사이의 시간이 짧을수록 연결이 강해진다. 특히 유년기에 형성된 패턴이 반복되면서 연결이 강화된다. 그래서 과거가 우리에게 그렇게 막대한 영향을 끼치고, 또 어릴 때 습득한 감정과 신념을 바꾸는 데 그렇게 오래 걸리는 것이다. 유년기의 경험이 세월이 흐르면서 강화되어 굳건한 뇌세포 연결망을 형성하기 때문이다.

나는 내담자가 무언가에 강렬한 반응을 보이면 그것이 과거의 경험과 연결되어 있는지 의심한다. 내담자들에게 유사한 감정을 처음 느낀 때를 떠올려보라고 주문하면 대개 어린 시절로 돌아간다. 어린 시절의 경험은 잘 잊히지 않는다. 우리의 뇌는 고통스럽거나 위험한 사건을 기억으로 저장해서 나중에 같은 상황을 피하도록 설계되어 있다. 이런 방식은 진화적으로 생존에 도움이 될 뿐 아니라, 어린아이일 때 배운 것을 깊이 기억하게 되는 이유도 설명해준다.

과거를 '어떻게 느끼는지'는 바꿀 수 있다

모든 중요한 기억에는 네 가지 요소가 있다.[7]

- 우리가 느끼는 감정
- 몸에서 일어나는 신체감각
- 기억을 저장할 때 마음의 눈으로 보는 이미지나 그림
- 경험이 남긴 스스로에 관한 신념, 곧 자기감sense of self의 핵심에 대한 확신

프랜은 부모가 죽었다는 소식을 들었을 때 마음속으로 스냅샷을 찍었다. 프랜이 느낀 감정은 비탄(핵심감정인 슬픔의 극단적 형태)과 두려움이었다. 프랜이 본 이미지는 혼자 슬퍼하는 장면이었다. 신체감각은 발밑의 땅이 꺼지는 감각이었다. 그리고 '나는

세상에 혼자 남았고 내게 필요한 사람들은 날 떠날 것이다'라는 신념이 생겼다. 이렇게 어릴 때 학습한 신념은 이후 인간관계에 영향을 끼친다.

어릴 때 형성된 신경망이 현재의 경험과 연결될 때 과거의 기억을 당시와 똑같이 강렬한 감정으로 다시 경험하기가 쉽다. 프랜이 자전거에 치인 개를 보았을 때 그 장면은 예전에 부모가 자동차에 치였을 때의 트라우마와 연결된 신경망을 자극했다. 자전거는 자동차와 다르다. 그런데도 프랜의 뇌에서는 두 경험이 함께 짝지을 만큼 충분히 유사했다.

메리는 어릴 때 접시 같은 물건을 깨뜨리자 아버지가 불같이 화를 내서 정신적 충격을 받았다. 메리는 지금 서른여섯 살이고 큰 소리 한 번 낸 적 없는 다정한 남자와 좋은 관계를 유지하고 있지만 여전히 무슨 일이 생기면 예전에 아버지를 대할 때처럼 반응했다. 겁에 질려서 어쩔 줄 모르는 것이 '정신 나간' 짓인 줄은 알지만 어쩔 수가 없다. 접시를 깨뜨리면 일곱 살의 외상기억traumatic memory과 연결된 뇌세포를 통해 당시로 돌아갔다. 29년 된 신경망은 여전히 살아서 무의식중에 그녀가 아버지의(또는 배우자의) 화를 건드릴 거라고 예상하는 것이다.

메리의 경험에는 네 가지 요소가 있다.

- 감정 두려움
- 감각 상체와 팔이 떨리는 감각
- 이미지 아버지의 부릅뜬 눈과 울룩불룩 튀어나온 얼굴의

기억과 외상기억의 차이는 무엇인가?

어떤 기억을 떠올릴 때 그 사건은 분명 과거에 일어난 일이다. 그러나 외상기억을 떠올릴 때는 과거와 현재를 구분하기 어려워진다. 외상기억을 떠올릴 때는 사건이 다시 똑같이 일어나고 감정과 신체감각도 똑같이 느껴지고 똑같은 장면이 보이고 자신에 대한 똑같은 신념이 생기는 것처럼 느껴지기 때문이다. 따라서 우리의 목표는 외상기억을 일상 기억으로 바꾸는 것이다. 그러면 트라우마로 촉발되는 감정이나 신체감각을 고스란히 느끼거나, 이미지(플래시백)를 보거나, 자기에 관한 불안한 신념을 고수하지 않을 수 있다.

핏줄

• **신념** 나는 안전하지 않다

사람들은 감정적으로 힘든 일을 경험할 때, 이를테면 사랑하는 사람을 떠나보내거나 실수를 저지르거나 뭔가를 잃어버리거나 비난받거나 도움을 구해야 할 때 강렬한 반응을 경험한다. 이런 경험은 여파가 크다. 특히 어린 시절에는 합리적인 대처 기술이 발달하지 않아서 상황이나 양육자의 감정 상태를 이해하거나 스스로를 위로하지 못해서 영향을 더 많이 받는다. 이런 경험은 대개 강렬한 반응과 감정을 자극한다. 이때 형성된 신경망은 현재까지도 활성화될 수 있다. 그래서 성인답게 문제에 대처해 해결하고 주위 사람들에게 감정을 털어놓는 방법을 망각한 채 현재 상황에 과민 반응을 일으킬 수 있다.

어린 시절에 부모의 성격이나 가정환경 때문에 일상적으로 고통에 시달린 사람을 예로 들어보자. 아마 그가 어릴 때의 트라우마를 통해 학습한 교훈이나 심신을 나약하게 만든 신념은 이럴 것이다. '나는 남에게 의지해서 위로받을 수 없어.' '나는 상처받을 거야.' '아무도 나를 아껴주지 않아.' '내 감정은 중요하지 않아.' '나는 안전하지 않아.' '나는 나빠.' '나는 못생겼어.' '나는 혐오스러워.' '나는 어리석어.' '나는 혼자야.'

언니가 결혼을 하더니 추수감사절을 시댁 식구들과 함께 보내겠다고 말했다. 그때까지 나는 매년 추수감사절을 언니와 함께 보냈다. 추수감사절은 내게 중요한 날이었다. 언니가 결혼한 후 추수감사절에 시댁이 있는 멤피스에 간다고 할 때마다 나는 분노와 질투와 슬픔이 뒤엉킨 '불쌍한 나'의 감정에 휩싸였다. 내 감정이 존중받지 못한다고 믿었다. 내 안의 상처받은 부분은 추수감사절을 나와 함께 보내지 않았다는 이유로 언니가 죄책감에 시달리기를 바랐다. 내가 듣기에도 내 말투가 달라졌으니 언니도 내가 마음이 상한 걸 눈치챘을 것이다. 나는 속으로 떼를 쓰고 있었다. 하지만 진심은 그게 아니었다. 나는 언니를 사랑하고 언니가 행복하기를 바랐다. 그저 내 상처를 떨쳐내지 못한 것이다.

그때는 내가 다시 여섯 살 아이로 돌아간 것 같았다. 귀여운 잠옷을 입고 혼자 있는 어린 내 모습이 그려졌다. 그렇다고 내가 언니에게 '버림받은' 경험과 여섯 살에 버림받은 구체적인 기억을 연결할 수 있었던 건 아니다. 그냥 그런 느낌이 들었을 뿐이다. 그러나 일단 이런 심리를 알아차리자 여섯 살의 나를 안아주고 달래주는 상상을 하면서 나 자신에게 연민과 이해를 보낼 수 있었다. 내가 어린 나를 위로하자 마음이 놓였고, 언니가 추수감사절을 시댁 식구들과 보내느라 나와 떨어져 지내도 더 이상 감정이 요동치지 않았다. 바로 이것이 신경망이 소통하고(여섯 살의 나와 어른이 된 나) 뇌가 재조직/통합되고, 그 결과 뇌가 변화하는 한 예다.

그래서 심리치료사들이 내담자에게 지겹도록 과거를 물어보는 것이다. 어린 시절의 경험, 특히 부정적인 감정이 얽힌 경험은 강력하다. 유년기의 신경망은 강력하고 팽팽하다. 하지만 신경망에 박혀 있는 감정(프랜의 슬픔이나 메리의 두려움)을 풀어주고 신경망을 재조직한다면 우리의 반응 양식을 바꿀 수 있다. 반대로 차단된 감정을 표출하지 못하면 트라우마가 새겨진 신경망이 계속 견고하게 자리잡을 것이다.

감정·신체감각·이미지·신념, 이 네 가지 요소는 뇌의 변화에 얼마나 중요할까? 이상적으로는 유년기의 불필요한 해묵은 감정 반응을 최대한 줄여서 현재의 고통을 최소화하는 것이 바람직하다. 변화의 삼각형을 활용해서 과거의 파묻힌 감정을 발산시키고 외상기억 신경망의 구성 요소를 변형할 수 있다.

뇌를 변화시키려면 새로운 경로나 신경망을 조직해야 한다. 밀림에서 빽빽한 덤불숲을 헤치며 물을 찾아 헤매다가 집에서 15미터쯤 떨어진 곳에서 개울을 발견했다고 해보자. 식수를 길어올수 있는 가장 가까운 곳이라 매일, 아니 하루에도 몇 번씩 그 개울을 찾아간다면 얼마 안 가 덤불이 없는 평탄한 길이 생기고 개울에서 물을 길어오는 일이 수월해진다. 그리고 1년 동안 매일 같은 길로 다니면 이내 그 길은 장애물 하나 없는 평탄한 길이 된다.

뇌에서 과거의 습관적 반응을 바꾸려면 그때마다 낫으로 덤불 숲을 헤치고 가면서 길을 터야 한다. 새로운 길이 나기까지는 얼마나 성실히 길을 닦느냐에 따라 몇 주가 걸릴 수도 있고 몇 달이 걸릴 수도 있고 몇 년이 걸릴 수도 있다.

프랜과 나는 이제까지 감정을 방해하던 불안을 떨쳐내고 슬픔을 온전히 느낄 수 있도록 걸림돌 없는 새로운 길을 닦았다. 우리가 함께 반복해서 연습한 과정은 이랬다. 우선 프랜은 슬픔이 올라오면 그대로 머물러 슬픔의 신체적·정서적 경험에 온전히 집중했다. 근육이 긴장하거나 심장박동이 빨라지는 식으로 불안이 느껴지면 우리는 모든 걸 중단하고 불안을 가라앉히는 방법을 사용했다. 프랜이 슬픔을 느낄 때 신경계가 조절이 되지 않는 이유는 슬픔과 불안이 얽혀 있기 때문이었다. 긴 튜브 두 가닥이 서로 꼬여 있는 모습을 떠올려보자. 하나는 불안이고 하나는 슬픔이다. 프랜은 머릿속에 꼬여 있는 튜브를 풀어서 불안의 방해 없이 슬픔을 마음껏 표출시킬 수 있어야 했다. 불안을 낮추자 슬픔이 올라올 공간이 생겼다. 그럴 때마다 프랜은 신경계가 슬픔을 견디고 슬픔을 불안과 분리시키는 연습을 했다.

프랜은 이 연습을 반복했다. 슬픔에 머물러 불안을 잠재우고, 다시 슬픔에 머물러 불안을 잠재웠다. 시간이 갈수록 프랜의 몸은 슬픔이 위험하지 않다는 사실을 학습했다. 그리고 프랜은 중요한 돌파구가 된 회기에서 마침내 해냈다. 슬픔이 올라와서 터져나오

스스로 조절이 되지 않는 상태인지 아는 법

'조절이 되지 않는다'는 것은 속상했음을 기술하기에 좋은 표현이다. '속상한' 상태가 생물학적 상태라는 점을 상기시켜주기 때문이다. 우리가 몸이 제대로 작동하지 않는 것을 아는 이유는 그렇게 느끼기 때문이다. 속상한 상태, 즉 조절이 되지 않는 상태에서는 신경계가 원활히 돌아가지 않는다. 몸과 마음이 평온하지 않다. '열린 마음' 상태가 아니다. 몸의 물리학·화학·생리학이 제대로 작동하지 않는다. 트라우마를 심하게 경험한 사람은 평생 잘 조절되는 상태가 어떤지 모른다. 한 번도 평온한 적이 없어서다. 대신 몸과 마음이 끊임없이 위험에 각성된 채 살아간다.

는 동안 프랜은 자제력을 유지했다. 뇌가 달라진 것이다! 프랜의 몸은 슬픔을 못이겨 조절이 되지 않던 상태에서 조절되는 상태로 넘어갔다. 이제 프랜은 슬픔을 경험하고 평정을 유지할 수 있다. 변화의 삼각형이 이런 변화의 길잡이가 되었다.

해리는 어릴 때 각자의 문제로 여념이 없던 부모에게 심하게 거부당했다. 해리의 신경계는 유년기의 거부 경험을 중심으로 조직되었다. 청소년기에 여자친구를 사귀기 시작하면서 해리는 여자에게 거부당하면 우울한 감정에 사로잡혀 '난 괜찮지 않아' '난 패배자야' '나는 여자친구를 만나지 못할 거야'라는 부정적인 생각에 빠져들었다. 청소년기의 연애가 유년기의 부모와의 관계와 연결된 것이다. 해리는 성인이 되어서도 여자에게 데이트를 신청할 때마다 비슷한 감정에 시달렸다.

서른이 된 해리는 파티에서 만난 여자에게 전화번호를 물었다. 여자는 진지하게 사귀던 사람과 헤어진 지 얼마 안 돼서 당장은 새로운 사람을 만날 준비가 되지 않았지만 두어 달 내로 같이 커피를 마시고 싶다고 말했다. 여자는 해리와는 무관하게 자신의 문제로 그의 제안을 거절했을 뿐이다. 하지만 해리는 그 순간을 또 하나의 거부 경험으로 간주했다. 우리는 해리의 뇌에서 거부와 관련된 신경망을 재배열했다. 그러자 해리는 현재의 상황에 맞게 감정을 느끼고 행동할 수 있게 되었다.

이처럼 변화의 삼각형은 트라우마 경험의 감정 요소를 다루어 뇌세포 신경망을 효과적으로 변형한다. 고착된 감정 에너지를 발산시켜 신경망을 재배열하면 과거의 상처를 치유할 수 있다. 새로운 신경망이 현재의 삶에 적절하게 업데이트되어 과거와 같은 반응을 멈출 수 있는 것이다.

실험: 느긋해지기

변화의 삼각형을 활용할 때는 속도를 늦추어 여유를 찾지 않으면 감정과 몸의 상태를 해결하기는커녕 알아차리지도 못할 수 있다. 마음의 여유를 찾아야 몸이 이완된다. 처음에는 잘되지 않아도 꾸준히 연습하면 성공할 수 있다.

|복식호흡|

나는 모든 내담자에게 복식호흡[8]을 가르쳐준다. 복식호흡은 평온해지는 데 가장 유용한 방법 중 하나다. 속도 늦추기를 처음 시도할 때는 몸에서 일어나는 현상이 새롭거나 불편하게 느껴질 수 있다. 이때 복식호흡을 유지하면 도움이 된다.

복식호흡은 미주신경 vagus nerve 이라는 중요한 신경을 자극한다. 미주신경은 자극을 받으면 심장과 폐에 속도를 늦추라는 메시지를 전달한다. 평온해지고 불안을 잠재우는 강력하고 확실한 방법이다. 다음의 방법으로 시도해보자.

코로 천천히 숨을 들이마시면서 배 속 깊숙이 호흡을 느껴보자. 배가 나오는 것이 느껴질 것이다. 이때 달마대사처럼 배를 최대한 불룩하게 내밀어야 한다. 그래야 배에 손을 얹고 숨을 들이쉴 때 배가 팽창하는 것을 확인할 수 있다. 몇 주 동안 연습해야 한다. 우리는 평소에 가슴으로, 정확히 말하면 폐 위쪽으로 호흡하기 때문이다. 이런 흉식호흡을 복식호흡으로 바꾸려면 호흡법을 처음부터 다시 연습해야 한다.

배 속 가득 숨을 들이마셨으면 잠시 숨을 참는다.[9] 이제 입을 벌리고 뜨거운 수프를 숟가락으로 떠서 후후 불듯이 숨을 길게 내뱉는다. 입을 벌리면 나가는 공기 흐름을 조절할 수 있어서 최대로 이완할 수 있다. 천천히 숨을 내쉬며 몸이 가장 이완된 상태에 이르는 속도를 찾아보자. 아마 숨을 내쉬는 시간이 숨을 마시는 시간의 두 배 정도가 될 것이다. 이때 숨을 내쉬면서 몸이 이완되고 축

미주신경

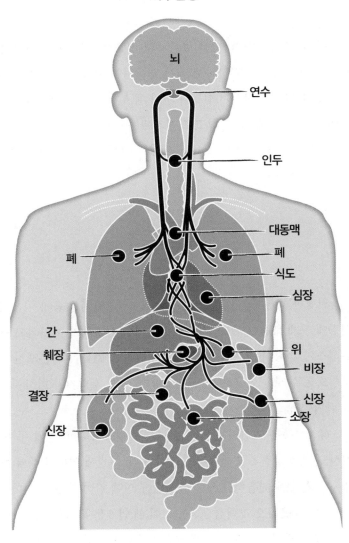

뇌

연수

인두

대동맥

폐

폐

식도

심장

간

위

췌장

비장

결장

신장

신장

소장

늘어진다고 상상하자. 이 과정을 다섯 번 반복한다.

복식호흡을 연습하면서 알아차린 것을 두 가지만 꼽아보자. 내면을 들여다보고 감정과 몸에서 일어나는 미묘한 변화까지 설명해보자(말로 표현하기 힘들다면 이 책 부록에 실린 감정과 감각 단어 목록을 참조하자). 참고로 여기에는 정답도 오답도 없다. 이 호흡 단계에서는 각자의 고유한 감정과 신체 반응을 포착해 이름을 붙여볼 뿐이다.

1. _____

2. _____

적절한 호흡법을 익히면 단기간이든 장기간이든 몸과 마음의 건강에 크게 도움이 된다. 복식호흡을 하면 신경계가 이완되고 스트레스와 긴장이 줄어들고 혈압이 내려가고 마음이 평온해진다. 복식호흡을 계속 연습하면 몸속의 장기, 특히 소화기가 마사지되고 탄력이 생긴다.

복식호흡은 어렵지는 않지만 연습이 필요하다. 하루에 두 번 이상 알람을 맞춰놓고 연습하는 것이 좋다. 아침에 일어날 때와 밤에 잠들기 전에 연습하는 것을 추천한다. 밤에 잠이 잘 올 것이다.

불안이 올라오고 핵심감정을 느낄 때 언제든 복식호흡을 해보자. 복부로 편안하고 길게 깊이 호흡하면 감정의 파도가 정점을 찍었다가 평온해지면서 이완된다.

▎의식적으로 주변 관찰하기▎

2분 동안 의식적으로 주변을 살펴보는 연습을 해보자. 집에서 조용한 시간을 내서 해도 좋다. 도로가 막히거나 슈퍼마켓 계산대 앞에서 기다리거나 주차장에서 차까지 걸어가는 중에도 할 수 있다. 보이고 들리고 냄새가 나는 대상을 알아차리면 지금 이 순간에 머무는 데 도움이 된다. 마음의 여유를 갖고 가만히 현재에 머무르면 변화의 삼각형을 다루는 동안 일어나는 느낌과 감정과 감각을 기술할 때 크게 도움이 된다.

주변 세계를 관찰하자. 지금 보이는 세 가지 색깔을 적어보자.

1. _____
2. _____
3. _____

주변 세계의 질감을 알아차려보자. 지금 느껴지는 질감 세 가지를 적어보자.

1. _____
2. _____
3. _____

주변 세계의 소리를 들어보자. 지금 들리는 소리 세 가지를 적어보자.

1. _____
2. _____
3. _____

이 실험을 하면서 당신의 상태에 어떤 변화가 일어났는지 두 가지를 말해보자. 매우 미묘한 변화여도 좋다. 당신이 알아차린 변화를 최대한 말로 표현해서 아래에 적어보자.

○ _____
○ _____

이것은 당신을 현재의 순간으로 더 끌어오기 위한 실험이다. 더 깨어 있는 느낌이 들 수도, 더 불안한 느낌이 들 수도 있다. 또 현재와 더 연결된 느낌이 들 수도, 아무런 변화를 느끼지 못할 수도 있다. 어떤 경우라도 괜찮다. 이 실험은 정답이 없는 관찰 연습이다. 다만 목표가 하나 있다면 내면의 미묘한 반응을 알아차리고 그 경험에 가장 적합한 단어를 고르는 것이다.

이 실험을 하다가 급격히 불안정해지거나 불편해지면 잠시 휴식을 취하자. 이때 복식호흡이 마음을 진정시키는 데 도움이 된다. 또 그라운딩grounding 기법을 시도할 수도 있다.

|그라운딩|

서 있든 앉아 있든 발을 바닥에 단단히 딛는다. 그러고 나서 30초 정도 발밑의 바닥을 느껴본다. 아주 단순한 기법이다.

조용히 서거나 앉아서 의식을 발바닥에 집중할 때 마음속으로 알아차린 두 가지를 말해볼 수 있는가? 내면을 들여다보면서 감정이나 몸에서 일어나는 미묘한 변화까지 알아차리자. 그리고 아래에 적어보자.

1. _____
2. _____

이제 그라운딩과 호흡을 연결해보자. 발이 바닥에 닿은 느낌에 집중하면서 복식호흡으로 네다섯 번 심호흡한다. 1초든 2초든 3초든 4초든 그 이상이든 숨을 최대한 들이마시면서 의식을 집중한다. 잠시 숨을 참는다. 이제 입을 벌리고 서서히 숨을 모두 내쉰다. 8초에서 12초 정도 걸릴 것이다. 천천히 해보자.

다시 발바닥에 의식을 집중한다. 발밑의 바닥을 느껴본다. 새롭게 느껴지는 것이 있는가? 있다면 아래에 적어보자.

1. _____
2. _____

속도를 늦추어 여유를 갖고 외부세계나 내면세계를 관찰하면 뇌에서 긍정적인 변화가 일어나 스스로를 돌보게 된다. 무엇을 경험하든 변화의 삼각형에 대입해볼 수 있고, 또 기분이 나아지려면 무엇이 필요한지 알 수 있기 때문이다.

나만의 안식처 상상하기

스트레스가 심한 일에서 벗어나고 싶을 때처럼 필요하면 언제든 찾아갈 수 있는 나만의 안식처를 만들자. 그다음에 변화의 삼각형을 다루는 동안 불안이 올라오면 잠시 휴식을 취하면서 나만의 안식처를 떠올려보자. 내면에서 죄책감이나 수치심을 느끼는 부분을 다루다가 지나치게 불편해질 때도 나만의 안식처를 떠올리면 좋다. 직장이나 인간관계에서 어떤 일로 화가 나서 진정하고 싶을 때도 나만의 안식처로 돌아갈 수 있다. 마음을 진정시키기 위한 기존의 전략에 나만의 안식처를 추가하자.

가만히 발밑의 바닥을 느끼고 복식호흡으로 네다섯 번 심호흡을 하면서 마음의 여유를 찾자. 그러고는 실제 공간이든 상상 속의 공간이든 평화롭고 평온한 장소를 떠올린다. 해안가도 좋고 산도 좋고 침대도 좋고 영화나 책에 나오는 장소도 좋다. 마음이 가장 평온해지는 이미지를 찾아서 지금 그곳에 가 있다고 상상한다. 그 장소에 사랑하는 사람과 반려동물과 소중한 물건을 넣어도 좋고, 불편한 사람들을 차단하기 위한 문을 세우고 자물쇠를 채워도 좋다. 뭐든 상상 속의 평화를 강화하기 위한 조치를 취해보자.

장소를 떠올리기 어려우면 마음을 평온하게 해주거나 행복한 시절로 돌아가게 해주는 노래를 떠올려보자. 할머니의 요리나 사랑하는 사람의 향수와 같은 평온한 냄새를 떠올릴 수도 있다.

이처럼 나만의 안식처나 평화로운 소리나 냄새를 떠올릴 때 어떤 느낌이 드는지 살펴보고 적어보자.

1. _____

2. _____

3. _____

|정신적 장벽이 느껴진다면|

나만의 안식처를 떠올릴 때 장벽으로 가로막힌 느낌이 들어도 괜찮다. 그럴 수 있다. 누구나 가로막힐 때가 있다. 판단하지 말자.

힘들지만 조금 더 시도해보고 싶다면 나만의 안식처를 찾는 데 방해가 되는 장벽을 뛰어넘기 위해 무엇이 필요한지 상상해보자. 상상의 묘미는 현실의 제약에 구애받지 않는다는 점이다. 원하는 것은 뭐든지 상상할 수 있다. 가령 사랑하는 사람이 병에 걸려 고통스러워한다고 해보자. 이때 상대가 행복하지 않으면 나도 행복할 수 없다고 생각해 나만의 안식처를 상상하는 것에 죄책감이 들 수 있다. 이럴 때는 잠깐 행복해도 괜찮다고 허가를 내주는 심판관이나 신을 상상해보자. 또는 마음속으로 자꾸만 곱씹는 문제가 있다고 해보자. 그러면 1분이나 2분 동안 그 문제를 상자에 넣어두는 상상을 하고 나만의 안식처를 떠올려보자. 그래도 안 되면 아무것도 판단하지 말고 그냥 관찰하자. 연습을 계속하면서 경험이 어떻게 달라질지 열린 마음으로 지켜보자.

3

트라우마와
마주 보다

마음의 바닥으로 내려가보는 시간

세라의 우울증과 '갈등 탐색'

사람들은 감정의 힘에 압도당하거나 창피를 당하거나 부적절하게 행동할까 봐 두려워서 감정 경험을 차단한다. 하지만 결국 우울증과 외로움과 불안이라는 대가를 치른다.

– 다이애나 포샤

나와 내담자의 관계는 내담자가 외부세계와 맺는 관계와 나란히 간다. 나는 내담자들에게 나와의 관계를 본보기로 삼아서 사람들에게 느끼는 감정과 사람들과의 관계 방식을 이해하도록 이끌어 준다. 안전한 상담실에서는 새롭고 만족스러운 관계를 실험할 수 있다. 많은 사람이 갈등을 해결하는 데 어려움을 겪는다. 하지만 누구나 인간관계의 갈등을 해결할 수 있는 다양한 기법을 배울 수 있다.

우리는 사람들과의 갈등을 다양한 방식으로 해결한다. 당사자에게 직접 화가 났다고 말하거나, 문제를 회피하거나, 남몰래 복수를 도모하거나, 분노를 덮으려다 우울증에 걸리거나, 내 욕구가 배우자가 감당할 수 있는 정도를 넘어서거나 반대로 배우자의 욕구를 내가 감당하지 못할까 봐 걱정한다. 우리는 우리가 원하는 것을 친구나 가족이나 배우자가 원하는 것과 다를까 봐 선뜻 요구하지 못한다. 누구나 직면하는 난관이다. 다행히 우리가 진심을 인정하고 나누고 행복을 추구하지 못하게 방해하는 근원적인 감정을 다루면 상황이 수월해진다.

세라는 내게 5년간 상담을 받았고, 우리는 서로를 이해하게 되었다. 세라는 오랜 기간 정서적 학대로 생긴 상흔으로 우울증과 불안에 시달렸다. 하루를 살아내는 데만도 에너지를 다 소진해서 친구를 만나는 정도의 소박한 즐거움조차 누리지 못했다.

세라는 말을 하기 시작할 때부터 엄마에게 줄곧 "안 돼!"라는 호통을 들어왔다. 엄마가 만든 음식을 먹기 싫어해도 소리를 질렀고 심지어 몸이 아파도 소리를 질렀다. 조금만 '이상한' 표정으로 엄마를 쳐다봐도 소리를 질렀다. 실제로 어떤 표정을 지었다가 몇 시간씩 추궁을 당할 때가 많았다. 엄마는 이렇게 물었다. "너 무슨 생각 했니?" "왜 그래? 내가 싫어?" 그때마다 세라는 구석에 숨어 엄마가 기운이 떨어져서 한바탕 야단이 끝나기를 빌었다. 세라는 자라면서 늘 잔뜩 긴장한 채로 엄마가 화내지 않게 할 방법과 일단 화를 내면 화를 멈추게 할 방법을 찾는 데 집착했다. 마침내 세라의 뇌가 찾아낸 해법은 자신의 생각과 감정을 모두 차단하고 엄마의 감정을 거울처럼 비춰 엄마를 기쁘게 해줌으로써 모녀관계를 유지하는 것이었다.

어린 시절 내내 이런 관계가 이어졌다. 아버지는 다정하기는 했지만 거의 집에 없었다. 설사 엄마가 화내는 것을 아버지가 본다고 해도 도와줄 힘이 없었다. 세라는 살아남으려면 핵심감정을 차단해야 했다. 결국 불안과 강박, 완벽주의, 자해, 머리 찧기, 낮은 자존감, 우울증 같은 증상이 날로 심해졌다.

세라는 서른 살에 처음 나를 찾아왔다. 나는 세라가 견뎌낸 이야기를 듣고 가슴이 아팠다. 세라가 나와 함께 있을 때는 안전하다고 느끼게 해줘야만 모든 감정과 트라우마를 다루기 위한 토대가 마련될 것 같았다. 첫해에 세라는 몹시 예민한 상태였고, 나와 함께 있을 때 마치 달걀껍데기 위를 걷는 것처럼 바짝 긴장했다. 세라는 어릴 때 엄마의 심기를 건드릴 때처럼 내 기분을 상하게 할까 봐 전전긍긍했다. 내 표정이 잘 읽히지 않으면 세라는 내가 불쾌한 거라고 간주하고는 거부당한 느낌에 사로잡혀 입을 닫고 극심한 공황상태에 빠져들었다. 무릎 사이에 머리를 박고 눈을 감고 몸을 웅크리면서 바로 내 앞에서 마음의 문을 닫아버렸다. 생물학적으로 보자면, 세라는 인간이라면 누구나 타고난 '싸우거나, 도망치거나, 얼어붙는' 반응을 일부 보인 것이다.

이렇게 한 차례 얼어붙었다가 다시 대화를 나눌 수 있게 되면 세라는 내가 위로해주기를 간절히 바랐고 마음의 문을 닫기 직전까지 내가 화가 났을까 봐 몹시 두려웠다고 털어놓았다. 세라에게 심리치료가 만만찮은 일이라는 건 두말할 필요도 없었다. 하지만 세라는 좋아지고 싶은 바람이 컸고, 덕분에 우리는 시간이 지나면서 신뢰를 쌓을 수 있었다. 내가 예측 가능하고 평온한 반응을 보이자 세라의 뇌도 나와 함께 있으면 안전하다고 믿기 시작했다. 우리의 상담은 깊어졌다.

상담 두 번째 해에는 세라의 마음에서 상처 입은 여러 부분을

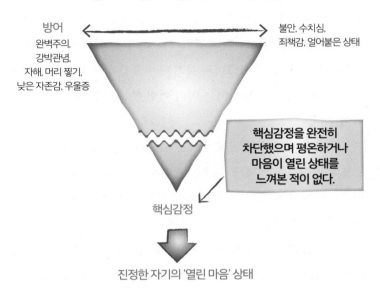

심리치료를 시작할 때 세라의 삼각형

방어
완벽주의,
강박관념,
자해, 머리 찧기,
낮은 자존감, 우울증

불안, 수치심,
죄책감, 얼어붙은 상태

핵심감정을 완전히
차단했으며 평온하거나
마음이 열린 상태를
느껴본 적이 없다.

핵심감정

진정한 자기의 '열린 마음' 상태

우리가 처음 만났을 때 세라는 방어와 극심한 불안을 오갔다. 핵심감정을 느껴본 적이 없고 항상 조절이 되지 않는 상태였다. 평온하거나 자신감이 있는 등 '열린 마음'일 때의 일곱 가지 상태 중 어떤 것도 경험해본 적이 없었다.

찾아서 다루는 데 집중했다. 누구나 내면에 여러 부분이 있다. 이 부분들 각각을 저마다의 신념과 감정을 가진 개인인 것처럼 다뤄주면 도움이 된다. 사람의 내면이 여러 부분으로 이루어졌다는 사실을 알면 우리가 겪는 갈등을 이해하는 데 도움이 되고, 감정이 복잡하고 일관되지 않은 이유도 이해할 수 있다. 가령 마음속에 과거와 현재가 혼합되고 아이와 어른이 뒤섞여 있다는 사실을 알면 마음이 움직이는 불가사의한 방식을 좀 더 쉽게 이해할 수 있다.

세라가 우울할 때면 나는 그녀 내면의 우울한 부분이 말하도록 권장했다. 세라는 종종 "두 살짜리 아기가 된 느낌이에요"라거나 "다섯 살짜리 아이가 된 느낌이에요"라거나 "십대 아이 같은 느낌이에요"라고 말했다. 그녀의 각기 다른 부분을 뜻하는 말이었다. 우리는 세라의 마음속에 사는 여러 어린 부분을 알아차리고 돌봐줘야 했다.

상담 세 번째와 네 번째 해에는 세라가 '스스로를 돌보고' '스스로에게 연민을 느끼게' 해주는 작업에 집중했다. 세라는 처음부터 이 두 가지 개념을 어려워했다. 세라는 내면의 어린 부분들을 돌봐주거나 연민을 보여주는 주체가 되고 싶어하지 않았다. 어린 부분들이 그녀 자신이 아니라 나를 원한다고도 여러 번 말했다. 세라가 스스로를 돌보고 스스로에게 연민을 느끼려면(내가 자주 쓰는 표현으로 스스로에게 엄마가 되어주려면) 우선 다른 누군가가 그녀를 구제해줄 거라는 환상을 버려야 했다. 세라가 스스로에게 좋은 부모가 되어야 자신감을 키울 수 있고 나와 같이 있을 때뿐 아니라 항상 평온하게 자기를 돌봐줄 수 있기 때문이다.

나는 세라가 자신의 부모가 되어줄 준비가 될 때까지 그녀의 어린 부분들을 함께 보살폈다. 보살핌과 연민을 박탈당하면 보살핌과 연민을 쉽게 받아들일 것 같지만 사실 학대받은 사람들은 보살핌을 갈구하면서도 선선히 받아들이지 못한다. 다시 실망할까봐 두렵기 때문이다. 세라 역시 경계를 풀었다가 다시 마음이 무너질까 봐 두려워했고, 그녀가 예상하는 피해는 너무나 컸다. 게다가 줄곧 갈구해왔던 보호와 안전이 주어지면 그동안 심한 학대를 견딘 스스로에 대해 깊은 슬픔이 되살아난다. 그리고 이 과정은 대개 고통스럽고 험난하다.

상담 다섯 번째 해가 되자 나와 세라의 애착은 꽤 안정적이었다. 세라는 이제 내면의 어리고 상처받은 자기를 알아차리고 그 아이와 편안히 이야기를 나눌 수 있게 되었다. 자기주장을 하는 능력도 길렀다. 말하고 싶은 주제든 원하지 않는 주제든 나에게 자기 생각을 솔직히 털어놓을 수 있게 되었고, 내가 화를 낼까 봐 크게 두려워하지도 않았다. 자기주장을 펼치면서 의견 충돌을 불사하기도 했다. 무엇보다 약에 거부감을 보였던 이전과 달리, 강박적이고 침투적인 사고를 치료하는 약을 복용하는 데에도 동의했다. 이것이 중요한 진전인 이유는 세라가 기분이 좋아지고 싶어하고 스스로에게 기분 좋게 살 자격이 있다고 믿게 되었다는 뜻이기 때문이다.

나는 세라와 함께 변화의 삼각형을 수없이 다루면서 현재에 머무는 능력을 길러주고 수치심과 불안 같은 해로운 감정을 줄여갔다. 또한 분노와 슬픔과 두려움 같은 핵심감정을 느낄 공간을 만들어주려고 노력했다.

한번은 세라가 전날 상담시간을 놓쳐서 내 휴가 전날 만났다. 사실 그 전달에는 세라가 자주 상담을 빼먹은 터였다. 내가 세라를 맞아주자 그녀가 환하게 웃으며 인사를 건넸다.

"어제는 죄송했어요. 자꾸 상담을 빼먹어서 화나셨나요?" 세라가 긴장한 표정으로 물으면서 손을 들어 머리를 쓸어내렸다. 자기를 달래주는 무의식적 행위였다.

우리는 일주일에 두 번 상담했다. 세라는 이른 아침의 상담시간을 종종 빼먹었다. 침대에서 나올 수 없거나 나오기 싫다는 이유였다. 하지만 원하거나 필요하면 다시 상담하러 올 수 있다는 걸 마음에 들어했다.

나는 세라를 안심시켰다. "음, 화나지 않았어요. 다만 그 문제를 생각해봤는데, 상담 횟수에 대해 얘기해보고 싶어요." 나는 세라가 주 2회 상담료를 내고 한 번만 오는 일이 잦아 마음이 쓰이던 차였다.

세라가 아랫입술을 무는 게 보였다. 호흡이 가빠지고 부쩍 힘들어 보였다. 세라가 소파에서 자세를 고쳐 앉았다. 나는 세라가 우울한 기분으로 상담실을 나서기를 바라지 않았다. 그러면 휴가 기간 내내 죄책감이 들고 세라에 대한 걱정에 시달릴 것 같았다. 또 세라가 마음의 평화를 얻기 위해 2주나 나를 기다리게 하고 싶지도 않았다. 일단 세라가 먼저 꺼낸 이야기이니 계속 밀어붙이기로 했다. 우리의 관계가 그런 대화를 나눌 수 있을 만큼 탄탄하다는 믿음이 있었다.

"상담을 일주일에 두 번 받고 싶은 줄 알았는데 요즘은 한 번만 오네요." 나는 더듬더듬 말을 꺼내면서 불안을 자극하지 않으려고 신중히 단어를 골랐다.

세라는 초조하게 웃으며 목소리 톤을 높여 "알아요"라고 답했다. 찡그린 얼굴에 고통이 드러났다.

"그러면 주 2회 비용을 내고 싶진 않을 텐데요. 그러니 내가 휴가에서 돌아오면 다시 상의해서 최선의 방법을 찾아봐요."

"저기, 계속 일주일에 두 번 상담해도 괜찮죠?" 세라에게는 이런 질문이 무척 힘든 일이었다. 어머니에게 반복해서 거부당했듯이 언젠가 나도 그녀를 거부할 거라는 뿌리 깊은 두려움이 줄어들기는 했지만 여전히 남아 있기 때문이다.

"그래요, 계속 주당 두 번 상담해도 돼요. 다만 두 번을 원하면서 한 번은 왜 오지 않는지 같이 알아보자는 거예요. 분명히 말해두지만 난 화나지 않았어요. 그저 당신에게 마땅한 일을 해주려는 것이고, 또 당신이 받지도 않은 상담의 비용을 지불하는 이유가 뭔지도 알고 싶어요. 나는 지금이 당신을 더 알 수 있는 기회라고 생각해요."

"알았어요, 괜찮은 생각이네요." 세라가 말했다.

"게다가 상담을 시작한 지 몇 년이 지났으니까 9월부터는 상담료를 올리려고 해요. 그러니 앞으로도 일주일에 상담을 두 번 받을지 말지 고민해봐야죠." 나는 꺼내기 어려운 이야기를 한꺼번에 말해도 될 거라고 판단했다.

세라는 새로운 상담료가 얼마인지 물었고, 나는 일주일에 몇 번 만나는지, 상담시간을 얼마로 할지 등 몇 가지 조건에 따라 상담료도 달라진다고 설명했다. 현재는 한 회기에 55분이지만 세라와 상담을 시작한 이래로 55분 상담을 서서히 줄여온 터였다. 내담자의 요구에 따라 45분이나 60분으로 상담을 진행하고 있었다.

"난 물론 55분이 좋아요." 세라가 말했다. 자기 의견을 말해준 세라가 대견했다. 자신의 욕구를 내세우는 것은 적응에 도움이 되는 삶의 태도다.

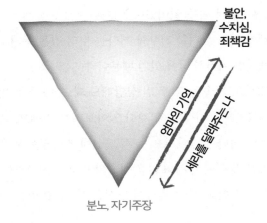

욕구와 소망을 주장할 때 세라의 삼각형

불안,
수치심,
죄책감

엄마인 기억

세라를 달래주는 나

분노, 자기주장

세라는 이제 분노를 느끼고 자기가 원하는 바를 주장할 수 있지만 자기주장을 할 때는 종종 불안이 올라와서 변화의 삼각형의 억제 꼭짓점으로 다시 돌아갔다.

세라는 욕구를 말하려 할 때마다 어린 시절 욕구가 생길 때 엄마가 버럭 화내던 기억이 되살아났다. 기억의 신경망이 작동해서 유년기의 감정을 소환한 것이다. 가령 세라는 상담시간을 기존과 같은 55분으로 유지하고 싶다고 말하는 순간 죄책감과 불안과 수치심이 일어나서 변화의 삼각형의 억제 꼭짓점으로 돌아갔다.

세라를 도우려면 변화의 삼각형의 오른쪽 꼭짓점에서 아래의 핵심감정으로 내려가게 해주어야 했다. 그래야 세라는 자신에게 무엇이 필요하고 자기가 무엇을 원하는지 알게 된다.

"잘 알겠어요." 내가 말했다. "우리가 같이 상담하는 이유는 기분이 나아지기 때문이에요. 더 연결되고 덜 외로워지니까요. 둘이 머리를 맞대면 혼자보다 나아요. 이런 문제를 이야기할 때 올라오는 감정을 견디는 것도 중요해요. 밖에 나가서 사람들과 어울릴 때도 대화로 문제를 해결하면 좋겠죠. 이건 좋은 연습이에요. 난 우리가 잘 해낼 수 있다고 믿어요!" 확신과 장담은 편안하고 안전한 느낌을 강화하고 불안을 줄여주기 위한 좋은 대인관계 기법이다. "이런 대화를 나누니까 지금 기분이 어떤지 말해줄 수 있어요? 그냥 느껴지는 감정을 인정해주자는 거예요."

나는 세라가 겁먹으며 숨을 참은 채 나와 눈이 마주치지 않으려고 눈을 감는 걸 보았다. 그녀의 몸도 뻣뻣하게 굳어갔다. 또 흰 피부가 어두워졌다. 세라의 내면에서 온갖 감정이 올라올 때 나타나는 증상이다.

"으음." 세라가 초조하게 대꾸했다.

나는 상대가 어떤 기분인지 안다고 생각하지 않으려고 노력한다. 그래서 세라에게 여러 가지 반응을 예로 들어주며 폭넓은 경험을 받아들이도록 도와주었다. "주눅이 든 느낌이에요? 무서워요? 화가 나요? 불안해요? 아무것도 판단하려 하지 말고 몸의 감각에 집중해서 모든 감정을 느낄 수 있는 공간을 만들어봐요. 난 당신 안에서 무슨 일이 일어나는지 몰라요. 하지만 알아내서 당신을 도와주고 싶어요."

세라는 15초쯤 말이 없었다. "모르겠어요. 많아요. 뒤죽박죽으로 뭐가 많아요."

"많군요. 우리가 같이 숨을 들이마시면서, 천천히…… 아주…… 깊이 숨을 마시면서 서로 연결된 느낌을 느껴보면 도움이 될 거예요. 나와 가까이 연결된 채로 해볼 수 있겠어요?"

"좋아요." 세라가 머뭇거리며 말했다.

"당신이 알아차린 감정을 하나하나 인정해주기만 해도 기분이 나아질 거예요. 깊이 들어가지 않아도 돼요. 그냥 느끼는 그대로 인정해줘요."

"조금 우울하고 조금 화가 난 것 같아요."

"좋아요! 그런 기분을 말해줘서 기뻐요. 조금 우울하고 조금 화가 난 것 같군요. 또 어떤 기분이 들어요?"

보통 세라가 비참할 정도로 불안과 수치심에 빠지면 마음을 추슬러 다시 감정을 말하기까지 시간이 걸렸다. 그런데 이번에는 새로운 방식으로 스트레스에 대처하면서 훨씬 빠르게 나만이 아니라 그녀 자신과도 다시 연결했고, 나는 그런 세라에게 감동했다.

"혼란은 잠시 접어두고 실제로 느껴지는 감정을 인정하고 존중해줄 수 있어요?[1] 화가 나거나 속상한 마음을 있는 그대로 말해봐요. 그리고 나는 당신 엄마가 아니고 힐러리라는 걸 기억하고 우리가 함께 상담한 시간을 떠올려봐요. 이렇게 상담하고 나면 기분이 좋아졌다고 했잖아요. 기억나요? 당신이 화내도 나는 무섭지도 위협을 느끼지도 않아요. 나는 당신이 느끼는 그대로 말해서 내가 애써 짐작하지 않고 함께 문제를 풀어갈 수 있는 쪽이 좋아요. 세라, 당신 내면의 화가 난 마음이 말하게 해줄 수 있어요? 이렇게 말해봐요. '나는 이러이러해서 화가 난다'라고요."

세라는 옅게 미소 띤 얼굴로 나를 보았다. "아, 모르겠어요."

"당신은 마음에서 일어나는 감정을 느낄 자격이 있는 사람이에요."

"그래도 왜 화가 나는지 잘 모르겠어요." 세라는 감정을 느끼는 이유를 이해하고 싶어하는 편이었다. 그러나 나는 사람들에게 감정은 감정일 뿐이라고 말한다. 어떤 감정을 왜 느끼는지 알아보려 해봤자 별로 도움이 되지 않는다. 그보다는 자기가 알아차린 감정을 있는 그대로 수용하고 느끼면서 그 감정이 무엇을 말해주는지 알아내야 한다. 무엇이 감정을 일으켰는가? 몸에서 어떤 감각이 일어나는가? 어떤 충동인가?

나는 그 순간 세라를 돕기 위해 나와 함께 몸의 감각에 집중하자고 제안했다. 몸은 감정을 깊이 이해하기 위해 의지할 대상이다. 나는 우리가 무엇을 알아낼 수 있는지 알고 싶었다.

"화가 나면 마음속에서 무슨 말이 들려요?" 내가 물었다.[2]

"솔직히 선생님이랑 그다지 연결된 느낌이 들지 않아요. 내가 원하는 건……."

세라가 눈을 감고 소파 쿠션에 몸을 기댄 채 입을 다물었다. 호흡이 달라지고 감정의 흐름이 막혔다. 세라는 현재에 머물러 나쁜 감정에 빠지지 않으려고 버텼다. 화가 났다는 말이 나오는 순간 다시 불안이 올라오는 모양이었다.

"세라, 어떻게 하고 싶어요? 당신이 억지로 누르고 있는 그 환상은 무엇인가요?"

세라는 움찔했다. 충동을 많이 알아차리고 편안하게 느낄수록 두려움이 줄어들고, 따라서 두려움을 차단할 필요성도 줄어든다. 나는 다정하면서도 단호하게 말했다. "나와 함께 있어요, 세라! 괜

분노에 대한 세라의 무의식적 갈등

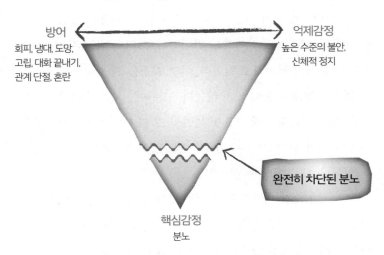

방어
회피, 냉대, 도망,
고립, 대화 끝내기,
관계 단절, 혼란

억제감정
높은 수준의 불안,
신체적 정지

완전히 차단된 분노

핵심감정
분노

세라는 두려움·공황·불안·수치심으로 분노를 억누르고, 이런 고통스러운 감정을 멈추기 위해 도망친다. 나쁜 감정을 다시 느끼고 싶지 않아서 상대를 피해야 하기 때문에 결국 관계를 잃는다.

찾아질 거예요."

세라의 뇌에 새롭고 건강한 연결이 생기려면, 분노를 표출해도 기분이 나빠지지 않고 오히려 좋아진다는 걸 거듭해서 경험해야 했다. 세라는 변화의 삼각형에서 아래 꼭짓점으로 내려가지 못하고 방어와 불안 사이를 오갔다.

내가 계속 물었다. "분노가 어떻게 하고 싶어해요?" 세라는 여전히 말이 없었다. "다 괜찮아요. 분노가 나한테 어떻게 하고 싶어해요? 당신을 위해 이걸 꼭 해야 돼요!"

"분노가 선생님이든 뭐든 무시하고 싶어요. 선생님한테 말하지 않는 식으로."

"잘했어요!" 내가 말했다. 세라는 내 반응을 보는 게 두려운 듯 눈을 감은 채 고개를 끄덕였다. 세라의 무의식은 여전히 내가 엄마처럼 그녀에게 화를 낼지 지금까지처럼 다정하게 연민을 보여줄지 갈피를 잡지 못하는 듯했다.

"당신이 평소에 분노를 피하기 위해 하던 대로 나를 무시하지 않는다면 지금 이 순간 당신의 분노가 나한테 어떻게 하거나 무슨 말을 할까요? 분노 충동이 나한테 하는 대로 그냥 놔두세요."

우리 안의 분노 충동이 우리에게 상처를 입히거나 화를 낸 상대에게 어떻게 해주고 싶거나 무슨 말을 하고 싶은지 알아내서 상상 속에서 분노를 표출하는 것은 차단된 감정을 발산하고 분노를 건강하게 처리하는 최선의 방법이다.

그러나 세라는 무슨 말을 해야 할지 몰라 쩔쩔맸다. 내가 말했다. "당신이 나한테 분노를 표현해도 나를 많이 아끼고 내가 당신을 버리지 않기를 바라는 거 알아요. 당신이 나한테 분노를 느끼고 표현해도 당신과 연결되고 싶다는 내 마음은 변하지 않을 거예요. 그러니 우리 같이 이 중요한 분노를 존중해줘요."

이 말에 세라가 자신감이 생긴 듯 감정을 털어놓았다. "좋아요. 분노가 일어나서 떠나려는 것 같아요."

애쓰는 세라는 대견했지만, 이것은 세라의 영리한 무의식이 분노를 직접 대면하지 않으려는 또 하나의 회피 수법이었다.

"잘했어요! 그런데 떠나는 건 분노를 회피하고 다루지 않으려는 수법이에요."

세라의 마음속에서는 분노가 아주 크게 느껴졌다. 세라가 현재 느끼는 분노는 아기 때나 아주 어릴 때 시작된 분노일 거라고 짐작되었다. 아기나 어린아이들은 혼자서 분노에 대처해야 할 때면 거대하고 위압적인 파도가 덮쳐오는 것처럼 느낀다. 그래서 화가 나면 극도로 격분한 표정으로 온몸을 비틀곤 한다.[3]

세라에게도 분노는 이런 감정이었기에 그토록 겁을 먹은 것이다. 세라는 내면아이의 분노에 더해 아기 때부터 차단해온 분노까지 느껴서 그 감각과 에너지에 압도되었다. 그래서 그녀의 분노가 우리 둘 중 누군가를 망가뜨릴까 봐 전전긍긍하느라 불안이 커진 것이다. 변화의 삼각형은 이렇게 예견한다. '방어기제를 사용하지 않으면 더 취약해지고 자연스레 불안이 커질 것이다.' 그러나 나쁜 일이 일어나지 않고 새롭고 긍정적인 경험을 하면, 특히 이런 경험이 반복되면 뇌에서는 새롭고 좀 더 현실적인 프로그램을 재구성한다.

세라의 불안이 커질 때 나는 호흡법부터 TV 프로그램에 관해 잡담하기까지 다양한 기법으로 불안을 잠재우려 했다. 이때 감정을 솔직히 털어놓을 수 있고 안심할 수 있는 상대와 계속 연결되어 있으면 불안이 진정된다.

"호흡하는 거 잊지 마세요. 분노를 느껴보고 분노가 어떻게 하기를 원하는지 알아볼래요?"

"선생님한테 소리 지를지도 몰라요." 세라가 겨우 말했다.

'할렐루야, 세라가 해냈어!' 나는 속으로 환호성을 올렸다. 마침내 세라는 나와 함께 머물러 분노 충동을 표출했다. 세라가 행복

상대와 갈등이 있을 때 분노를 낮추는 법

1. 잠깐 휴식을 취하고 한 사람이나 두 사람 모두 진정되고 연결된 다음에 다시 대화를 마무리하기로 약속한다.
2. 둘이 함께 복식호흡으로 심호흡한다.
3. 다른 가벼운 주제로 대화를 나눈다.
4. 서로 안아주고 좋은 시절을 떠올리면서 주어진 문제를 해결할 거라고 되새긴다.

스스로 불안을 해소하는 법

1. 발바닥에 의식을 집중하면서 머리를 비운다. 발밑의 땅을 느껴본다.
2. 복식호흡으로 심호흡한다.
3. 밖에 나가 산책하면서 풍경을 감상한다. 세 가지 색깔과 세 가지 소리와 세 가지 질감을 찾아 말해본다.
4. 현재 불안한 상태이므로 다시 진정되기 전에는 미래에 대한 어떤 결론을 내리기에 좋은 때가 아니라고 생각한다.
5. 자신이 지금 불안하며 그 느낌은 일시적인 것이라고 스스로 상기시킨다.
6. 불안한 신체감각이 가라앉을 때까지 연민과 호기심으로(비판단적으로) 신체감각에 의식을 집중한다. 집중하면서 계속 심호흡한다.
7. 자신감이 들었던 나만의 안식처나 시간을 떠올려본다.
8. 아름다운 음악이나 살갗에 닿는 따스한 햇살이나 누군가가 안아줄 때처럼 위로가 되는 것을 떠올려본다.
9. 조깅 또는 요가를 하거나 헬스장에 가서 운동한다.

을 찾아가는 과정에서 중요한 도약이었다.

"당신 마음속의 분노가 뭐라고 소리치고 싶어해요? 잘 상상해 봐요. 아니면 나한테 말해도 좋아요." 나는 자신의 분노(이성적인 자아가 아닌 날것의 감정)가 내게 어떻게 하고 싶은지 세라가 알아차리기를 바랐다. 세라의 분노가 하고 싶은 걸 얘기한다고 해서 내게 상처가 되지 않으며 그저 생각 없이 충동에 휘둘릴 때만 해가 될 수 있다는 것을 알아차리기를 바랐다. 그러면 세라가 충동을 편안하게 느끼는 데 도움이 될 것이었다.

"마음속에서 분노가 이렇게 말하는 거 같아요. '선생님이 하필 오늘 이 얘길 꺼내서 화가 나. 내일 당장 휴가 갈 거면서……'." 세라가 말을 끊었다.

기억할지 모르겠지만 세라는 처음 이 주제를 꺼내면서 "어제는 죄송했어요. 자꾸 상담을 빼먹어서 화나셨나요?"라고 물었다. 우리 내면의 부분들이 서로 꼭 소통하지는 않는다는 모습을 잘 보여주는 예다. 그렇기 때문에 여러 부분이 서로를 알아차리고 소통하게 해서 뇌가 최적으로 기능하게 해주는 것이 좋다. 다만 아직은 세라의 주의를 분산시키지 않기 위해 이 얘기를 하지 않았다.

"계속 더 해봐요, 세라. 잘하고 있어요! 또 뭐가 있어요? 또 뭐가 있나요? 아주 좋아요!" 나는 활기차고 열정적으로 세라의 분노를 부추겼다. "내가 내일 휴가를 떠날 거면서 오늘 이 주제를 꺼내서 화가 났군요." 나는 세라의 말을 그대로 되받았다.

세라는 이제 피식 웃으면서 환하게 미소를 지었다. 변화의 과정이었다. 한때 괴로웠던 감정이 감당할 만해졌고, 재미있기까지

한 것이다.

"또 뭐가 있어요?" 내가 물었다.

"아, 아니에요." 세라가 고개를 숙이고 오른쪽을 보며 말했다. 그동안 지켜본 바로는 세라가 당황할 때 나오는 몸짓이었다.

나는 세라가 더 말할 때까지 기다렸다.

"아마도…… 모르겠어요. 상담료를 올린다고 하시니까…… 다른 때는 신경 쓰지 않았는데 새삼 내가 선생님한데 돈을 내고 있구나 하는 자각이 들어요. 그래서 별로 기분 좋지 않고 조금 화가 나요."

"잘하고 있어요. 다른 건요? 어려운 일인 거 알아요. 그래서 그것 때문에 화가 난다고 말해줘서 기쁘고요." 세라가 고개를 끄덕였다. "더 할 얘기 있어요? 당신의 모든 분노를 존중할 기회를 주고 싶어요."

"이걸로 분노는 된 것 같아요. 그런데 한편으로는 선생님이 저한데 이제 더는 오지 말라고 하실까 봐 걱정돼요. 그게 그러니까, 선생님이 날 치워버리려는 건 아닐까 하는 생각이 들어요." 세라는 어렵게 이 말을 꺼냈다. 세라는 다시 눈을 감았고, 거칠고 가쁜 숨을 내쉬었다. 세라는 걱정을 말하려 할 때마다 두려운 기색을 역력히 드러냈다.

"나한데 물어볼 게 있는 것 같은데, 솔직히 말해볼래요?"

나는 세라가 솔직해지고 자기주장을 펼치는 연습을 하기를 바랐다.

"내가 상담을 그만두게 하시려는 건가요?" 세라가 솔직하고 과감하게 물었다.

"그 질문에 솔직하게 답해주면 좋겠어요?" 나는 세라가 내 진심을 알아볼 용기와 욕구를 가질 수 있도록 먼저 허락을 구했다.

"네." 세라가 답했다.

"당신이 상담을 그만두게 할 생각은 전혀 없어요. 나는 세라를 만나는 게 좋고 어떤 이유로든 내칠 마음이 없어요."

"선생님은 상담을 주 1회로 줄이고 싶어요?" 세라가 이렇게 예고도 없이 직설적인 질문을 던져서 다른 걱정을 떨쳐내는 것도 바람직했다.

"아뇨. 다만 일주일에 한 번 오면서 2회분 상담료를 내는 문제에 관해서는 같이 얘기해보고 싶어요." 세라가 조금 안심이라는 듯 미소를 지었다.

"좋아요, 그 정도는 감당할 수 있을 것 같아요."

'부정적인' 감정을 처리하면 '좋은' 감정이 더 쉽게 빛난다. 세라는 이제 나를 있는 그대로 봐주고 내 진심을 짐작할 수 있었다. 그 순간 나는 더 이상 세라의 엄마가 아니었다. 오래된 렌즈가 벗겨졌다.

"지금 또 걱정이 들어요." 세라는 손으로 얼굴을 감싸고 소파에 기댔다.

세라는 변화의 삼각형 아래 꼭짓점의 핵심감정으로 내려왔나 싶더니 다시 불안 꼭짓점으로 튕기듯 되돌아갔다. 감정을 솔직하게 털어놓자 오래된 신경망이 되살아나 머릿속에 아직 살아 있는 트라우마에 대응하여 다시 불안이 증가한 것이다.

나는 이렇게 말했다. "잠깐, 잠깐! 무슨 일이죠? 기다려봐요! 다 괜찮을 거예요. 어떻게 된 일이에요? 우리 다시 조금 전으로 돌아가서 무슨 일이 일어났는지 살펴볼까요?"

나는 세라가 지금까지 거쳐온 모든 무의식적 계기를 알아차렸으면 했다. 일단 알아차리기만 하면 세라의 뇌에 과거는 지나갔고 현재는 안전하다고 알려서 신경계를 이완시킬 수 있었다.

나는 이렇게 물었다. "당신이 나한테 말하고 싶은 생각과 감정 때문에 얼마나 두려운지 보이나요? 우리가 당신의 생각과 감정을 나누고 내가 내 생각과 감정을 명확히 전달할 수 있기만 하면 나는 당신의 생각과 감정에 위협을 느끼지 않아요. 이런 게 건강한 관계예요."

세라가 나를 바라보았고, 우리는 눈이 마주쳤다. "선생님은 참 좋은 분이에요." 세라가 말했다.

"그저 그렇게 나쁘지는 않은 정도죠." 내가 농담처럼 나를 낮추자 세라가 웃었다. 세라는 발은 계속 바닥에 붙인 채 종종 그러듯이 몸을 옆으로 기울여 소파의 쿠션으로 파고들었다.

세라는 똑바로 앉아 활기차 보이다가도 이내 옆으로 쓰러져 태아처럼 웅크리며 보호받으려는 듯 소파 쿠션에 파고들기를 반복했다. 쓰러졌다가 다시 몸을 추스르고 일어나 앉을 때마다 얼굴에 미소가 번지고 표정이 밝고 평온해졌다. 잠깐 동안이지만 핵심 감정을 표출하고 나서 평온하고 평화롭고 열린 마음 상태가 된 것이다. 그러다 다른 무언가에 자극받은 듯 변화의 삼각형에서 불안이나 방어 꼭짓점으로 돌아가곤 했다. 하지만 이렇게 삼각형을 빙

빙 돌 때마다 세라의 뇌는 발화하면서 새로운 연결을 만들어냈다.

세라는 종종 내가 세상에서 그녀를 이해하거나 그녀에게 다정하게 대해주는 유일한 사람인 양 생각했다. 나는 세라에게 세상에는 다정하고 이해심 많은 사람이 무수히 많고 그들과 친구가 될 수 있다고 일깨워주었다. 다만 사람들과 가까워지고 상대가 다정하고 이해심 있는 사람인지 알아보려면 시간과 노력이 필요하다고 말해주었다. 또 못되게 구는 사람을 만나면 그 사람을 다시 보지 않아도 된다고도 해주었다. 사람들은, 특히 스스로 경계를 설정할 자격이 없다고 믿는 사람들은 자기에게 좋지 않은 일에 싫다고 말할 권리가 있다는 사실을 잊어버리곤 한다.

이제 세라는 현재에 훨씬 오래 머물고 안정되어 보였다. 나는 세라가 상담 중 현재에 머물려고 애쓰던 순간에 내면에서 무슨 일이 일어났는지 함께 알아보고 싶었다.

"무서워지면 어떻게 돼요?"

"모든 게 뒤죽박죽되고 혼란스러워져요. 거부당하는 감정 같은 게 일어나요. 선생님이 나를 거부하는 게 아닌데도 그냥 그런 느낌이 들어요." 세라가 말했다.

"당신의 내면에서 거부당하는 감정을 느끼는 그 부분이 나한테 무슨 말을 듣는지 들려요?"

"아무 말도 들리지는 않아요. 그야말로 완전 공황상태라서 내가 그냥 차단했어요."

화가 날 때 수동적으로 차단하는 것은 특이한 현상이 아니다. 일단 차단하면 감정에 압도당하지 않을 수 있고, 분노를 조절하지 못하는 양육자를 화나게 하는 일을 피할 수 있다. 세라에게 차단 반응은 엄마에게 학대당하면서 생긴 강렬한 수치심과 죄책감과 분노의 결과였다. 세라는 분노와 두려움, 슬픔 같은 핵심감정을 억제감정으로 덮어서 엄마의 분노로부터 스스로를 보호하고 기분 좋은 상태를 유지해 엄마와의 연결을 최대로 강화하려 했다.

"당신의 내면아이는 나한테 화가 났고, 다른 부분들은 그 상황을 무서워하는 것 같아요? 혹시 그런 건가요?"

"네, 그런 것 같아요." 세라는 미소를 지으며 고개를 끄덕였다. 내가 제대로 짚었다는 뜻이다.

세라뿐 아니라 유년기의 트라우마로 고통받는 사람들을 생각하면, 실제 위험이 없을 때에는 뇌가 위험신호 보내기를 멈춰줬으면 좋겠다. 그렇게만 되면 몸이 진정되고 '열린 마음' 상태가 되어, 명료한 사고 같은 적응적 이득을 모두 누릴 수 있을 텐데.

"당신의 내면아이에게 집중해서 그 아이가 몇 살이고 어떤 일을 겪었는지 알아볼 방법이 있을까요?"

세라는 몇 초간 내면에 집중했다. "그 애는 세 살이고 화가 나 있고 선생님을 밀쳐내고 싶으면서도 간절히 필요로 해요."

세라가 자신의 분노를 과거에서 온 세 살짜리 아이처럼 설명하자 어른 세라는 세 살짜리 아이의 이야기를 들어주고 달래주고 말을 걸어주고 무엇보다도 연민을 보여줄 수 있었다. 반면에 내면아이에게 압도당하면 겁에 질려 통제력을 잃을 수 있다.

우리는 마음의 에너지를 이용해서 어린 자기를 마음속에 그려서 그 아이가 몇 살이고 무슨 옷을 입었고 어디에 있는지 알아낼 수 있다. 그리고 그 어린 나와 거리를 두면 과거의 나와 현재 열린 마음 상태의 내가 소통할 수 있다. 하지만 어린 내가 현재의 나와 뒤엉키면 열린 마음 상태로 가는 길이 모호해진다.[4]

우리가 내면의 어리고 상처 입은 부분을 자기 자신으로부터 분리하지 못하면 어린 부분에게 말을 걸어주고 위로해주는 능력을 잃는다. 나는 상담 중에 내담자의 내면아이가 나타나면 대부분 알아챈다. 내담자가 실제로 어려 보이거나 어린아이처럼 행동하거나 말하기 때문이다. 자세를 바꾸기도 하고 머리카락을 만지작거리기도 하고 어린애 같은 말투로 말하기도 한다. 어떤 사람은 어린 자기로 머물고 싶어하고 어린 자기와 분리되면 마음이 편하지 않다고 느낀다. 하지만 자신감을 키우고 회복탄력성을 기르고 건강한 관계를 맺기 위해서는 어린 자기를 현재의 자기와 분리하는 것이 바람직하다.

나는 상담에서 세라의 세 살짜리 아이를 인정해주었다. 그러고는 세라에게 나는 아무 데도 가지 않을 테니 마음껏 나를 밀어내도 좋다고 말했다.

"좋아요!" 세라가 미소를 지으며 고개를 끄덕이더니 눈을 감고 내면의 세 살 아이와 대화를 나누었다. 상담시간에 수없이 연습한 방법이다.

"세 살짜리 세라는 아무리 화내도 괜찮아요." 내가 말했다.

사람들은 대개 자신이 무의식중에 어린 시절의 두려움·분노·슬픔·불안에 사로잡혀 있다는 것, 그리고 그것들이 현재의 감정과 행동을 부정적으로 지배한다는 사실을 모른 채 살아간다. 세라의 내면아이는 오랫동안 갈등을 피함으로써 세라의 삶을 통제해왔다. 그러나 세라가 세 살짜리 내면아이와 분리할 수 있게 되자 어른 세라에게로 힘이 넘어갔다. 세라는 갈등을 해결할 수 있다는 사실을 배워가고 있었다.

세라의 어린 자아의 상태에 관해 핵심감정과 억제감정과 방어를 중심으로 새로운 삼각형을 그려보자. 삼각형에서 보이듯이 세라는 내면아이와 거리를 두고 새롭게 바라보면서 여유를 찾고 현재의 '열린 마음' 상태, 곧 평온하고 호기심 있고 연결되고 연민을 느끼고 자신 있고 용기 있고 명료한 상태에 가까이 다가갈 수 있었다.

세라가 말했다. "그런데 그 아이는 누가 자기를 들어올려서 안

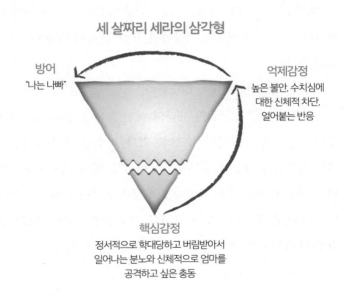

세 살짜리 세라의 삼각형

방어
"나는 나빠"

억제감정
높은 불안, 수치심에
대한 신체적 차단,
얼어붙는 반응

핵심감정
정서적으로 학대당하고 버림받아서
일어나는 분노와 신체적으로 엄마를
공격하고 싶은 충동

아줬으면 하는 마음도 있어요."

"그러면 그걸 상상할 수 있어요?" 나는 세라가 상상을 이용해서 과거의 트라우마를 치유하기를 바랐다. "당신 내면의 세 살짜리 아이를 떠올리면서 그 아이한테 다정한 엄마가 되어주는 상상을 해볼 수 있어요? 그 아이에게도 편안하고 현재의 세라 당신에게도 편안하려면 어떻게 해야 할지 알아봐요."

세라는 눈을 감은 채 한동안 내면에 집중하고는 입을 열었다. "그 아이에게 힐러리 선생님한테는 화가 나도 괜찮고 선생님은 널 사랑하고 버리지 않을 거라고 말해줬어요."

내가 물었다. "그 아이가 그 말을 받아들일 수 있을까요? 너무 어른스러운 말이 아닐까요?"

세라가 고개를 끄덕였다. "그 아이는 조금만 이해해요. 어려워요. 하지만 그 아이도 이대로 있는 건 싫어해요." 세라는 다시 소파에 엎드려 쿠션에 얼굴을 파묻었다. "이해해줘서 다행이에요." 세라가 말했다.

"물론 이해하죠." 내가 대답했다.

상담이 진행되는 동안 세라의 어린 부분은 점차 평온해졌고 두려움과 절박한 갈망이 수그러들었다. 마침내 세라는 상담에서 훨씬 자유롭게 나한테 자기주장을 펼쳤다. 얼어붙는 반응도 멈췄다. 세라는 내게 무엇을 좋아하고 무엇을 좋아하지 않는지 알려주었다. 나아가 일상에서도 친구들과 직장 동료들에게 자기주장을 더 많이 펼치고 더 주도적으로 살기 시작했다.

누구나 조금씩 상처를 입었다: 빅 트라우마와 스몰 트라우마[5]

당신이 무엇을 두려워하는지 내게 말해보라.
당신이 무슨 일을 겪었는지 말해주겠다.

– 도널드 위니콧_{Donald Winnicott}

프랜의 상담 사례는 트라우마가 어떻게 강렬한 감정과 느낌만으로도 생기는지 보여준다. 프랜은 여러 가지 이유로 내적으로든 외적으로든 슬픔을 견딜 수 있는 토대를 갖추지 못했다. 대신 프랜의 뇌는 슬픔을 차단했다. 당시로서는 감당하지 못할 슬픔이었기 때문이다. 하루아침에 부모를 잃은 사건은 빅 트라우마(빅 T 트라우마 big T trauma라고도 한다)였다. 여기서 빅 트라우마는 앞으로 수십 년간 프랜에게 영향을 끼칠 대재앙이라는 뜻이다. 그 밖의 빅 트라우마로는 강간과 전쟁, 사고, 자연재해, 신체적 학대와 성적 학대, 범죄를 목격하거나 범죄 피해자가 된 사건 등이 있다.

한편 전문가들이 스몰 트라우마(스몰 t 트라우마small t trauma라고도 한다)라고 부르는 트라우마도 있다. 사소해 보일 수 있는 작은 사건들이 반복해서 일어나고 오랜 시간 쌓여서 결국 트라우마성 스트레스 증상을 유발하는 경우다. 누구나 얼마간의 스몰 트라우마를 경험하며 살아가고, 누구에게나 치유력이 있다.

세라의 사연은 스몰 트라우마로 이루어졌다. 세라는 나를 만나기 전까지 평범한 유년기를 보냈다고 믿었다. 엄마가 소리 지른 것도 다 자기를 위해서라고 믿었다. 엄마가 자기한테 소리를 지르지 않았다면 착한 사람으로 성장하지 못했을 거라고 생각했다. 세라의 사례는 트라우마가 어떻게 자기에 관한 거짓 신념을 낳고 학대와 정서적 방치(아무리 사소해도)가 어떻게 수치심을 낳는지를 잘 보여준다. 내가 세라에게 스스로를 괴롭히면서 엄마가 그녀를 대하던 태도를 답습하지 말라고 말하자, 세라는 내 제안을 거부하면서 스스로 가혹한 기준에 맞추려고 애쓰지 않으면 엉망이 될까 봐 두렵다고 했다.

|스몰 트라우마는 어떻게 생겨나는가|

스몰 트라우마를 일으킬 수 있는 요인은 다양하다.

- 애정 결핍
- 눈 맞춤 부족
- 정서적 이해 부족
- 정서적 학대: 소리 지르며 야단치기, 욕하기, 심리적으로 조종하기, 이용하기, 버리겠다고 협박하기 등
- 따돌림
- 무시
- 고압적인 부모
- 과도한 관심(간섭), 과도한 자극
- 학교생활을 잘하지 못함
- 실직

- 부모의 기준이나 형제의 성과에 미치지 못하는 느낌: 공부나 운동을 잘하지 못하거나 외향적인 성격이 아니거나 사교적이지 않은 느낌
- 성별, 정신적이거나 신체적인 장애 또는 질병, 성적 지향, 학습장애, 체형, 체중, 사회경제적 지위, 문화적 문제 등에 대한 감정을 포함하되 이에 국한되지 않는 어떤 이유로든 '다르거나' 혼자라는 느낌
- 이사
- 이혼
- 부모의 재혼
- 재혼 가정
- 배우자의 부정
- 입양이나 출산
- 입양되기
- 가족 구성원 간의 갈등이나 소원한 관계
- 법적 문제
- 신체적이거나 정신적인 질병
- 상해
- 부모나 형제 등 가족 구성원이 병을 앓거나 사망함
- 죄를 짓고 투옥된 부모
- 투옥
- 중독에 시달리는 가족
- 우울한 부모

- 트라우마가 있거나 정신질환을 앓거나 자기애성 성격장애나 경계선 성격장애borderline personality disorder, BPD 같은 성격장애가 있는 부모[6]
- 가난
- 강박증
- 인종차별
- 여성혐오
- 편견이나 비판의 대상
- 이민
- 사회적 기대(종교, 지역사회)에 부응하지 못함

위에서 기술하지 않은 자기만의 스몰 트라우마가 있다면 적어보자.

○ _____
○ _____

스몰 트라우마는 대개 각자의 경험에 따라 다르다. 스몰 트라우마는 명백하게 멀쩡해 보이는 삶 속에 감춰져 있거나 의식되지 않는 사건으로부터 생겨난다. 스몰 트라우마는 정서적 학대에서 발생하며, 은밀하거나 노골적인 방치에서도 발생한다. 첫아이는 동생이 태어나면 방치당할 수 있다. 장애나 질병이 있는 형제나 자매와 함께 자라는 '순한' 아이는 방치당한다고 느낄 수 있다. 스몰 트라우마는 양육자가 적절히 보살펴주거나 반응해주거나 지켜봐주거나 돌봐주거나 보호해주거나 구조해주지 않아서 나타나는 미묘한 피해에서 비롯한다. 말하자면 스몰 트라우마는 고통과 상처에 대한 주관적인 감각에서 생기는 것이다. 부모·형제·친척·교사·성직자 같은 양육자가 악의가 없었더라도, 남들이 보기에는 사랑과 보살핌을 받고 잘 자랐더라도 스몰 트라우마를 가질 수 있다.

특히 영유아기의 아이들은 스몰 트라우마에 취약하다. 뇌가 완전히 발달하지 않아서 합리적으로 생각하지 못하기 때문이다. 그래서 상처와 불편에 크게 반응한다. 이때 양육자가 충분히 달래고 진정시켜주지 않으면 아기는 상황에 쉽게 압도당한다. 예를 들어 양육자가 기저귀를 오랫동안 갈아주지 않으면 아기는 양육자의 관심을 끌려고 울어댄다. 그런데도 아무도 봐주지 않으면 불편해하다가 분노를 느끼고, 격한 감정에 대처하기 위해 방어를 필요로 한다. 변화의 삼각형에서 아래로 내려가지 않고 위로 올라가면서 핵심감정에서 불안을 거쳐 방어로 넘어간다. 강렬한 감정에 대처하기 위해 '해리dissociation'와 같은 방어기제를 형성하는 것이다.[7] 하지만 아기가 울 때 양육자가 와서 봐주면 아기는 다시 평온한 상태로 돌아가 방어기제를 형성하지 않는다.

사실 '예민함'을 타고나서 달래기 어려운 아기도 있다. 타고난 기질이나 유전 탓에 부모가 아무리 잘 보살펴도 슬픔을 가누지 못하거나 항상 짜증을 내는 아이가 있다. 모두에게 괴롭고 힘든 상황이고 정답은 없다.

그러니 현재 자녀를 둔 부모이고 여기서 소개하는 사례에서 자기 모습을 발견하는 사람이 있다면 자기나 타인을 비난하거나 죄책감에 사로잡히지 말고 그냥 당신의 유년기와 당신이 겪었을 수 있는 스몰 트라우마에 공감하기를 바란다. 누구나 부모로서 주어진 조건에서 최선을 다한다. 이 책은 그런 당신과 당신의 자녀가 희망을 찾고 오랜 상처를 치료하고 새로운 상처를 예방하는 것이 목적이다.

트라우마는 특히 어리고 연약한 아이가 감당하기 힘든 강렬한 감정을 일으켜서 생긴다. 그렇기 때문에 스몰 트라우마도 빅 트라우마처럼 상처를 남긴다. 세라는 나를 불쾌하게 만들까 봐 몹시 불안해하면서 얼어붙었다. 내담자들에게 상담 중에 생겨나는 정서적·신체적 경험을 말로 표현하게 하면 대개 블랙홀에 빠지고 머리가 텅 비고 최면에 걸린 것 같고 어지럽고 무감각해지고 의식이 몸에서 빠져나가는 등의 불안정한 감각을 보고한다. 이런 기묘한 기분은 어린 시절의 빅 또는 스몰 트라우마가 남긴 상처다. 이런 상처는 변화의 삼각형으로 치유할 수 있다. 요컨대 방어를 극복하고 불안과 수치심과 죄책감을 달래고 핵심감정을 처리해서 몸이 휴식을 취하는 자연스러운 항상성(균형 잡힌) 상태로 돌아가게 해주는 것이다.

마틴이라는 내담자는 유능한 변호사 부부에게서 태어나 부유한 가정에서 자랐다. 부모는 마틴을 사랑했지만 관심을 거의 보여주지 않았다. 마틴에게는 더 많은 관심이 필요했다. 마틴은 집에서 정서적으로 방치되면서 수치심을 키우고 자기에게 문제가 있다고 믿게 되었다. 분노와 슬픔이라는 핵심감정의 이면에 수치심이 도사리고 있었다.

스테파니에게는 여동생들을 괴롭히는 오빠가 있었다. 오빠가 괴롭힐 때마다 스테파니는 두려움과 분노에 사로잡혔다. 두려움과 분노는 결국 불안을 낳고 가정은 안전한 공간이 될 수 없다는 신념을 형성했다.

브루스의 엄마는 세상을 경멸하는 사람이었다. 엄마의 이런 태도 때문에 브루스는 자기가 엄마의 인생을 망쳤다고 생각했다. 브루스는 엄마가 자기를 싫어한다고 느꼈다. 브루스는 혐오감과 분노와 슬픔을 느껴야 했지만, 끔찍한 기분을 피하기 위해 수치심과 불안으로 이런 핵심감정을 막았다.

마리아의 2학년 때 담임은 비열한 사람이었다. 학생들이 잘못하면 대놓고 면박을 줬고, 제멋대로 가혹하게 벌을 줬다. 마리아는 학교가 무서웠다. 아무도 이런 두려움을 진지하게 인정해주지 않자 마리아는 해리를 방어기제로 삼아 공포를 덮어버렸다.

동성애자이자 트랜스젠더인 코니는 성중립적 대명사인 '그들이/그들을/그들의'를 사용한다.[8] 코니는 오랫동안 은밀히 '그들'과 단절했다. 코니의 단절은 증상이자 방어였다. 수치심, 불안, 분노, 혼란스러운 성적 취향과 성 정체성에 대한 두려움, 주위 사람들과 다르다는 느낌이 뒤엉킨 압도적인 감정을 회피하기 위해서다.

마이클은 세 자녀 중 막내로 경미한 투렛증후군을 보였다. 마이클은 어릴 때 형제나 친구들과 동떨어져 상처받고 외로웠다고 기억한다. 청소년기에는 두려움을 '치료하기' 위해 마약에 손을

댔다.

　메리와 언니들은 접시를 깨뜨리는 정도의 사소한 잘못으로 아버지에게 호되게 야단맞으며 커서 스몰 트라우마 증상을 보인다. 메리는 현재 남자친구와 같이 사는데, 집안일을 깜빡하거나 유리컵 따위를 깨뜨리기만 해도 심한 굴욕감과 불안에 시달리면서 공포로 얼어붙어 아무 말도 하지 못한다. 남자친구는 메리가 왜 그에게 말도 못할 만큼 긴장하는지 이해하지 못한다. 사실 그는 메리가 접시를 깨도 아무렇지 않은데 말이다.

　과거의 트라우마와 유년기의 역경으로 고통받는 사람들은 아무 잘못도, 비난받을 이유도 없다. 트라우마 증상은 나약함의 신호가 아니다. 오히려 우리가 인간이라는 증거이고 인간의 생물학적 특징일 뿐이다.

▍알아차림은 모든 치유의 전제 조건 ▍

프랜이 부모를 잃은 슬픔을 분리하고 세라가 분노를 덮어버린 것처럼, 경험의 여러 측면을 구분하고 분리할 때 원래의 감정은 잊혀도 신경망의 회로는 여전히 살아 있다. 당시의 감정 에너지가 뇌에 고착되어 있기 때문이다. 신경망이 분리되어 있다가도 현재의 환경에서 낯익은 대상을 만나면 과거에 트라우마를 입은 신경망이 점화된다. 그러면 과거의 사건이 현재에 다시 일어나는 것처럼 느껴진다. 이처럼 기억에서 지워진 순간이 현재의 삶에 계속 영향을 끼칠 수는 있지만 치유하기 위해 반드시 오래전에 지워진 기억을 다시 들춰내야 하는 것은 아니다. 현재까지 남아 있는 감정의 느낌을 이해하고 변화의 삼각형으로 그 감정을 다루는 것이 더 중요하다.

외상후스트레스장애post-traumatic stress disorder, PTSD의 플래시백으로 고통받는 참전용사들 이야기는 많이 들어봤을 것이다. 가령 자동차의 폭발음을 들으면 뇌에서 공포의 신경망이 발화하여 총격전의 환청이 들리는 것이다. 현재는 안전한 환경에 있는데도 늘 위험 속에 사는 것처럼 느낀다. 트라우마 치료의 목표 중 하나는 안전할 때는 안전하다고 느끼게 해주는 것이다.

트라우마와 우울증, 불안과 기타 심리 증상에서 벗어나려면 자신의 감정과 신체 반응을 알아차리는 법을 배워야 한다. 시간을 내서 명상하거나 그저 발을 바닥에 딛고 심호흡해서 현재의 자기에 머무르기만 해도 마음이 평온해지고 알아차리는 데 도움이 된다. 이런 시간을 통해 다음과 같은 변화를 경험할 것이다.

- 생각을 알아차리는 상태에서 감정과 감각을 알아차리는 상태로 넘어간다.
- 과거를 돌아보거나 미래를 걱정하거나 예상하는 상태에서 지금 이 순간에 머무르는 상태로 넘어간다.
- 온전히 현재에 집중하고 자기 몸과 연결된 상태로 넘어간다.
- 여유를 가지고 마음을 알아차리는 상태로 넘어간다.

이런 변화를 거치면 좀 더 수월하게 내면을 관찰하고 변화의 삼각형을 다룰 수 있다. 반복해서 연습해보자.

알아차림에는 두 가지 방법이 있다. 하나는 자신의 전반적인 상태를 확인하는 방법이다. 스스로에게 '나는 지금 어떤가?'라고 물으면 전반적인 몸 상태를 보고 '좋아!'라거나 '지쳤어!'라는 답이 나올 것이다. 또 하나는 의식을 집중하는 방법이다. 특정 감각에 모든 관심을 모으고 그 감각을 가만히 관찰할 때 의식이 집중된다. 그러려면 우선 스스로에게 연민과 호기심을 갖고 의식에 들어오는 모든 것을 비판단적으로 수용해야 한다. 또 고요하고 평온하고 참을성이 있어야 하고, 앞으로 무슨 일이 일어날지 예측하지 않겠다는 의지가 있어야 한다. 이때 용기와 자신감을 갖고 감정은 감정일 뿐이며 아무리 불편한 감정이라도 어차피 우리를 죽이지는 못한다는 사실을 되새기면 도움이 된다. 혼자서는 자신이 없다면 믿을 만한 파트너를 옆에 두고 감정이 드러나게 놔두자. 그리고 감정이 드러날 때 당신이 알아차린 그대로 파트너와 공유하자. 감정이 움직이는 방식에 익숙해지면 감정을 이해하기도 쉬워져서 겁먹지 않고 열린 마음으로 새로운 감정을 받아들일 수 있다.

트라우마와 변화의 삼각형은 어떤 관계인가?

트라우마는 격렬한 감정을 끌어낸다. 누구나 살면서 고통스러운 경험을 피할 수는 없다. 이때 대다수는 힘든 시기를 잘 견뎌내며 마음에 심각한 상흔이 남지 않는다. 하지만 위로하고 용기를 불어넣어줄 사람이 없거나 필요한 자원이 충분히 주어지지 않으면 뇌는 주어진 상황에 방어로 대처한다. 그래서 트라우마의 증상으로 우울증과 불안장애가 생기고 자존감이 낮아질 수 있다.

사람들은 실수를 반복하고, 끊임없이 잘못된 선택을 하고, 스스로를 망치는 짓을 하거나, 남들과 잘 지내지 못하거나, 아니면 잠재력을 제대로 발휘하지 못하곤 한다. 스몰 트라우마는 이런 사람들이 왜 이러지도 저러지도 못하거나 강박적으로 잘못된 선택을 반복하는지 설명해준다. 오래된 신경망이 무의식중에 이들의 선택과 행동에 부정적으로 영향을 끼쳤기 때문이라고 말이다.

이런 트라우마도 변화의 삼각형으로 밝혀내고 치유할 수 있다. 물론 그 전에 자신이 방어를 사용하는지, 또는 자기 내면에서 뭔가가 발목을 잡아 잘 살지 못하게 방해하는지를 알아내야 한다.

인간은 연결되어야 한다: 애착의 과학

어린아이가 어떤 이유로든 엄마나 대리 엄마에게 지속적인 보살핌과 관심을 받지 못하면 일시적으로 불안해질 뿐 아니라 오래도록 영향받을 수 있다.

– 존 볼비John Bowlby

세라는 내가 끊임없이 안심시켜주는데도 어째서 나랑 같이 있으면 안전하다는 것을 믿지 못했을까? 어린 시절에 받은 보살핌은 살면서 사람들과 안전하게 연결하는 능력에 지대한 영향을 끼친다. 한 개인의 연결 패턴은 유아기에 시작해서 아동기를 거치며 서서히 굳어진다. 함께 발화하는 뉴런들은 서로 연결되어 있다는 것을 잊지 말자. 그래서 과거 사람들과의 관계 경험에 비추어 그 사람이 나중에 사람들에게 무엇을 기대할지 예측할 수 있다. 이는 성인이 된 현재의 관계를 어떻게 생각하고 관계 안에서 어떻게 행동하는지에 큰 영향을 끼친다. 뇌의 모든 연결은 무의식적이다. 그래서 우리는 과거가 우리에게 영향을 끼친다는 사실조차 인지하지 못하면서도 현실은 이러이러하다고 간주한다. 하지만 가정은 현실이 아니라 우리가 특정한 렌즈를 통해 삶을 바라보는 것일 뿐이다.

세라의 엄마가 어린 세라에게 자주 소리를 지른 탓에 세라의 뇌는 현재도 모든 사람이 자신에게 소리를 지를 거라고 예상한다. 또 세라의 엄마는 세라가 엄마의 정서적 욕구를 채워주도록 기대한 탓에 현재의 세라는 모든 관계에서 자기가 상대의 정서적 욕구를 채워줘야 한다고 믿는다. 머리로는 비합리적인 기대라는 점을 알지 몰라도 뇌는 남을 먼저 챙겨주지 않으면 나쁜 일이 생길 거라고 말한다. 엄마와의 관계에서 그랬으니까! 그리고 세라의 뇌는 과거와 연결되어 있기 때문이다.

인간은 본래 사회적 존재다. 따라서 남들과 어울려야 살아남을 수 있다. 우리는 본능적으로 우리를 돌봐줄 사람들을 찾아서 그들과 가까이 머물고 싶어한다.[9] 힘들 때는 양육자가 옆에서 위로해주는 것이 이상적이다. 대개 아기와 어린아이는 양육자가 함께 기뻐하고 흥분해줄 때 잘 자란다. 아기가 핵심감정을 표현하고 양육자가 그 감정을 받아주면 아기의 감정이 원활히 흐르고 정신건강이 향상되기 때문이다. 반면에 핵심감정을 표현하다가 양육자에게 무시당할 때마다 아이는 부모의 기분을 상하게 하지 않으려고 감정 표현을 차단하고 억제감정과 방어를 발달시킨다.

존 볼비가 1950년대에 내놓은 애착이론에서는 생애 초기의 환경과 관계가 나중에 사람들과 연결하고 애착을 형성하고 사람들과 함께 있을 때 안전하게 느끼는 능력을 어떻게 강화하거나 파괴하는지 설명해준다. 아이는 양육자가 음식과 신체적 안락과 정서적 연결 욕구를 적절히 충족시켜주면 안전감을 느낀다.[10] 또는 주위 사람들이 다정하게 대해주고 관심을 보여주고 격려해주고 공감해주고 마음을 열고 대해줄 때 안전하다고 느낀다. 그래야 있는 힘을 다해 노력하고 위험을 무릅쓰고 주변 세계를 당당하게 탐색한다. 아이는 언제든 돌아갈 수 있는 든든한 버팀목이 있을 때 마음껏 삶에 뛰어들어 활기차게 살아간다.[11]

안정된 아이는 안정된 성인으로 자라서 사람들과 만족스러운 애착을 형성한다. 반대로 양육자가 욕구를 해결해주지 못하면 아이는 남에게 위로와 도움을 구할 수 없다고 학습하고 두려움과 분노, 슬픔, 혐오감처럼 자연스럽게 일어나는 핵심감정을 온전히 느끼지 못한다. 또 아이가 핵심감정을 느낄 때 양육자가 위로하고 달래주지 않으면 아이는 혼자 힘으로 감정을 처리해야 한다. 그러면 불안과 수치심이 생겨나 위험하고, 외롭고, 자신이 무가치하다고 느끼게 된다. 핵심감정과 억제감정이 뒤섞인 감정은 아이 혼자 감당하기에 너무 버겁다. 그래서 아이의 뇌는 압도적인 감정을 감당하면서도 마음을 보호하고 양육자와의 연결을 잃지 않기 위해 감정을 의식에서 분리한다. 이런 식으로 스몰 트라우마가 일어나고 상처받은 자아가 탄생할 토대가 마련된다. 처음 나를 찾아왔을 때

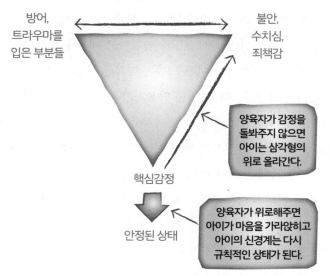

아이의 감정은 받아들여져야 한다

방어,
트라우마를
입은 부분들

불안,
수치심,
죄책감

양육자가 감정을
돌봐주지 않으면
아이는 삼각형의
위로 올라간다.

핵심감정

양육자가 위로해주면
아이가 마음을 가라앉히고
아이의 신경계는 다시
규칙적인 상태가 된다.

안정된 상태

'변화의 삼각형'의 관점에서 보면 아이는 보살핌을 제대로 받지 못할 때 불안해지고 수치심이 생겨나며, 이로써 핵심감정을 처리할 수 없게 된다.

세라는 분노를 제대로 느끼지 못했다. 세라의 분노는 자기self로부터 철저히 분리된 상태였고, 세라가 인식할 수 있는 것이라곤 불안과 자신에 대한 낙담뿐이었다.

양육자에게 위로받지 못한 아이는 방어를 사용해 혼자 대처하고 적응할 수는 있지만, 잘 자라기는 어렵다. 뇌에서 외로움과 압도적인 감정을 처리하느라 방어와 스몰 트라우마가 생기면서 세계를 탐색하는 데 쓸 에너지가 내면으로 향하기 때문이다. 버텨내더라도 그만한 대가를 치르는 셈이다. 세라처럼 양육자에게 제대로 보살핌을 받지 못한 아이가 자라서 어른이 되면 뇌는 남을 의지하거나 믿지 말라고 지시한다. 세라 같은 사람이 성인이 되면 높은 수준의 불안과 우울을 경험하는 것은 물론이고, 관계에서 생기는 곤경과 문제에 취약해진다.

애착 연구로 널리 알려진 심리학자 메리 메인Mary Main은 놀이방에서 부모가 아이를 두고 잠시 나갔다가 돌아올 때 아이가 어떻게 반응하는지 관찰하는 실험을 했다.[12] '낯선 상황 프로토콜Strange Situation Protocol'이라는 이 실험에서 메인은 아이와 성인에게 안정 애착과 불안정 애착의 두 가지 주요 애착 유형이 있다고 밝혔다. 그리고 불안정 애착을 다시 세 가지 범주로 나누어 의존, 회피, 혼란(의존과 회피가 결합된 형태)으로 분류했다. 이런 학습된 대처 양식들은 생각 이상으로 오래 지속되며 아이가 자라면서 사람들과 관계를 맺는 방식에 영향을 끼친다.

각 유형의 사람들은 관계 경험에 관해 다음과 같이 설명한다.

안정 애착 나는 나 자신에게 만족하고 친밀감을 편안하게 받아들인다. 상호의존적인 관계를 원한다. 대체로 사랑받고 있다고 느낀다. 나는 감정을 편안하게 표현하고 어려움에 처한 사람을 위로한다.

우리는 안전하다고 느낄 때 주변을 탐색하고 확장할 수 있다. 따라서 안정 애착 유형의 사람들은 일과 사랑 모두 잘해나가고 불가피한 난관에서도 회복탄력성을 발휘한다.

의존 애착 나는 지나치게 의존적이다. 과도한 친밀감을 원한다. 내 소망과 욕구를 거스르더라도 버림받지 않으려고 안간힘을 쓴다. 나는 관계에 집착한다.

의존 애착 유형의 사람은 혼자 남고 싶어하지 않으며 절박한 심정으로 무분별하게 사람을 만날 때가 많다. 또 상대가 다정하고 건강하게 대하는지를 객관적으로 판단할 힘이 없다. 관계 안에서 자기 감각을 잃어버릴 때도 많다. 관계를 유지하면서도 관계에서 충족감을 느끼지 못한다. 이들의 주된 목표는 남을 기쁘게 해주는 것이라서 대개 자신의 욕구를 잘 알아차리지 못한다. 결국 일도 사랑도 잘 풀리지 않는다.

회피 애착 나는 친밀한 관계가 불편하다. 나만의 관심사를 찾고 내 안에 몰두하는 쪽을 선호한다. 벽을 둘러쳐서 사람들로부터 나를 보호하는 데 뛰어나다. 지나치게 독립적이어서 다른 사람들이 필요하지 않다. 혼자 동떨어져 있는 듯 보일 때가 많다. 나는 감정을 나누는 것이 편하지 않다.

회피 애착은 의존 애착과 정반대다. 회피 애착 유형의 사람은 차분하고 냉담해 보여도 생리적으로는 불안해한다. 처음 만났을 때 프랜이 회피 애착 유형으로 보였다. 회피 애착 유형의 사람들은 관계에서 남에게 의지하지 못하므로 남에게 위로와 보살핌을 구하지 않는다. 이성관계에서 깊이가 부족하지만 일에서는 유능하다. 이들에게 직장은 에너지를 쏟을 수 있는 안전한 공간이다.

공포-회피 애착 나는 지독한 외로움과 절망에 빠진다. 자신을 잃어가는 느낌이다. 가끔 내가 누구인지 모르겠고, 내가 사라지는 것 같다. 사람들을 피하고 싶고 사람들과 가까이 있으면 무섭다. 나는 사랑하고 보살펴주는 관계를 맺을 자격이 없다. 이따금 남에게든 나 자신에게든 상처 주고 싶을 때가 있다. 손상되고 망가진 느낌이 든다. 나는 친밀감을 갈구하면서도 남에게 상처받을까 봐 두렵다.

공포-회피 애착 유형은 심각한 트라우마 증상을 보이는 사람들에게 흔히 나타난다. 아이가 부모를 몹시 무서워할 때 나타나는 애착 유형으로, 최악의 딜레마에 빠진다.

아이가 어떻게 의존하면서 동시에 회피할 수 있는지 의문이 들 것이다. 메인은 아이가 뒷걸음질로 부모에게 다가가는 특이한 행동을 예로 들었다. 아이가 등을 돌리고 부모에게 다가가는 모습을 떠올려보자. 아이가 부모를 원하는 동시에 두려워하는 마음이 가슴 아프고 생생하게 드러나는 장면이다. 이런 유형의 사람들은 사회적 상황에서 극심한 불안을 경험하므로 일에서도 사랑에서도 힘겨워한다. 세라가 처음 만났을 때 이 유형에 가장 가까웠다.

아이는 정서적으로 안전해야 잘 성장할 수 있다. 성인도 마찬가지다! 배우자와 함께 있을 때 그가 나를 다정하게 대할 거라는 믿음, 내가 부탁하면 내 선의를 믿어줄 거라는 믿음, 내가 필요로

할 때 옆에 있어줄 거라는 믿음, 배우자가 나를 버리거나 일부러 내게 상처 주지 않을 거라는 믿음이 있어야 안전하다고 느끼고 잘 살아간다.

안타깝게도 이런 관계를 맺지 못하는 사람이 많다. 안전한 느낌이 결핍되면 그 여파가 상당하다. 우리가 사람들에게 얼마나 사랑받고 인정받는지는 스스로를 얼마나 사랑하고 인정하는지와 직접적인 상관관계가 있다. 마음이 상했을 때 연민을 거의 또는 전혀 받지 못하면 고통스러운 일이 생길 때마다 스스로에게 거의 또는 전혀 연민을 보여주지 못한다. 가령 양육자가 아이의 신체적·정서적인 경계를 존중해주지 않거나 지나치게 가까워지거나 멀어지도록 요구해서 아이가 마음속으로 양육자를 차단해야 했다고 가정해보자. 아마도 그 아이는 나중에 자라서 같은 상황이 다시 벌어질까 봐 사람들을 마음으로 받아들이지 못할 것이다.

신경계의 발달은 어린 시절이 얼마나 안정적이었느냐에 따라 영향을 받는다. 그러니 불안정한 환경에서 뇌가 트라우마에 더 취약해지는 것은 한편으로 아이가 외로움에 시달리기 때문이기도 하다.

다음의 문항을 통해 자신이 안정 애착 유형인지 불안정 애착 유형인지 확인해보자.

1. 인간관계에서 얻어야 할 혜택을 온전히 누리는가? 그렇지 않다면 누가 방해하는가? 당신인가, 사람들인가?
2. 사람들과 같이 있을 때 마음이 얼마나 닫히거나 열리는

가? 어떤 행동으로 마음이 열리고 닫히는가?

위 질문에 대한 답으로 당신이 내적으로나 인간관계에서 좀 더 안전해지기 위해 무엇이 필요한지 알아볼 수 있다. 내 내담자들은 상담을 처음 시작할 때는 불안정 애착이었다가 상담이 끝날 무렵에는 획득된earned 안정 애착으로 넘어갔다. 이러한 변화는 불안정 애착 유형의 사람도 성인이 된 뒤에 안정 애착 유형으로 변할 수 있다는 것을 보여준다.

예를 들어 마사는 나와 상담을 시작한 첫해에 상담기간을 되도록 짧게 줄이고 싶다고 했다. "우디 앨런처럼 평생 심리치료나 받으며 살고" 싶지는 않다는 것이 이유였다. 마사의 전 치료사는 마사가 상담을 그만두겠다고 하니까 죄책감을 심어주었다. 마사는 그때처럼 죄책감을 느끼고 싶지 않다고 했다. 그러면서 내 사생활에 관해서는 자기에게 아무것도 말하지 말아달라고 미리 부탁했다. 내가 공감이나 긍정적인 감정을 보여줄 때면 마사는 움츠러드는 듯했다.

상담 초기에 나는 마사에게 매우 조심스럽게 접근했다. 마사의 회피 책략을 알아내서 질문하는 식으로 접근하면서도 지나치게 밀어붙이지는 않았다. 그래 봐야 마사의 방어만 부추길 게 뻔했다. 시간이 흘러 우리가 좀 더 연결되자 나는 마사에게 기분이 어떠냐고 물었다. 마사는 항상 혼란스러워했다. 좋긴 하지만 너무 가까워지면 나를 보살펴줘야 할 것 같아 걱정스럽기도 하다고 말했다. 나는 마사에게 '가까워지는' 것이 어떤 의미냐고 물었다. 마사는 나를 받아들이는 건 위험하다고 말했다. 그리고 우리 사이에 벽을 세워야 한다고 했다. 내가 벽을 세우는 게 어떤 의미냐고 묻자 마사는 "말 그대로 우리 사이에 벽이 있어야 내가 편안해지는 거예요"라고 답했다. 우리는 상담하면서 마사가 나와의 만남에서 느끼는 감정을 파고들었다. 그러자 마사는 '침범'당하는 느낌을 받으며 자기를 보호하기 위해 안간힘을 쓰는 듯 보였다. '심리적으로 침범당한다'는 것은 보통 이럴 때 일어난다. 누군가가 나의 거부 의사를 받아들이지 않고 사적인 경계를 존중하지 않을 때, 또는 건강한 경계를 경험해보지 못한 나머지 그게 무엇인지 이해하지도 못할 때. 마사는 가장 처음 침범한 사람이 누구냐고 묻자 머뭇거리며 "엄마요!"라고 답했다.

마사는 시간이 갈수록 서서히 안전한 느낌을 받아서 마음을 열고 벽을 허물어 나를 더 명료하게 보게 되었다. 그리고 내가 자신을 침범하고 싶어하지 않는다는 사실을 확신했다. 마사가 "싫다!"고 말하면 내가 그 말을 존중해줄 거라는 사실 말이다. 내가 무심코 너무 가까이 다가가면 마사는 내게 알려주었다. 마사는 내가 그녀의 경계를 존중해줄 수 있다고 믿기 시작했다. 그리고 나 역시 내 경계를 존중받고 싶어한다는 것도 이해했다. 나는 존중받는 것이 어떤 느낌인지 함께 알아보면서 마사에게 존중받는 경험이 신체적으로 어떻게 느껴지는지 표현해보게 했다. 마사는 배 속이 편안해지는 느낌이라고 말했다. 우리는 마사의 내면아이가 존중받지 못해서 엄마에게 느꼈던 분노를 함께 다루었다. 그러자 마사는 사람들이 자신의 경계를 존중해줄 수 있다고 믿기 시작했다. 그리고 마침내 마사는 사람들에게 경계를 존중해달라고 편하게 말할 수 있게 되었다. 회피 애착에서 안정 애착으로 넘어간 것이다.

보통 아래의 행동을 자신 있게 할 수 있으면 안정 애착으로 넘어갔다고 본다.

1. 경계를 설정하고 주장할 수 있다.
2. 원하거나 필요한 것을 요구할 수 있다.
3. 모든 관계에서 자연스럽게 나타나는 좋은 시기와 나쁜 시기를 감당할 수 있다.

누구나 새로운 기술을 학습해서 긍정적인 인간관계를 유지하는 능력을 기를 수 있다. 그럼 상대방에게 자신의 소망과 욕구, 두려움과 경계를 당당하고 효과적으로 전달할 수 있게 된다. 여기에 도움이 되는 기술로는 잠시 뜸을 들였다가 반응하기, 자극받은 감정의 원인을 찾아보기, 발을 바닥에 딛고 심호흡하면서 감정과 반응을 가라앉히기, 변화의 삼각형 다루기 등이 있다. 모두 마음을 진정시키고 관계가 자기에게 어떻게 도움을 주거나 상처를 주는지 돌아보는 데 도움을 주는 방법이다. 감정이 올라오면 이러한 기술로 마음을 진정시키자. 평온해질수록 합리적으로 생각하고 현실을 토대로 생각할 수 있다. 그런 다음에 과거와 현재를 분리하고 현재 상황에 맞게 문제를 해결할 수 있다.

나는 세라가 고통스러워하는 순간에 속도를 늦추어 나와의 갈등으로 어떤 감정이 올라오는 순간을 알아차리도록 이끌었다. 그리고 세라가 어린 시절의 감정에 휘둘리며 살아온 사실을 깨닫자 다음 방법을 사용했다. 우선 호흡으로 마음을 진정시키고 천천히 내면의 자극받은 부분들을 알아차려갔다. 세라는 이 경험을 토대로 우리 관계의 본질적 성격을 되새길 수 있었다. 또한 지금의 현실이 안전하고 과거처럼 위험이 도사리고 있지 않다고 인지했다. 세라는 내면아이에게 말을 걸어 이제 안전하다고 알리고 진정시킬 수 있었다. 한 사람의 성인으로서 열린 마음 상태에 머물면서 그녀 자신과 내면아이를 동시에 만나고 스스로를 진정시킬 수 있게 된 것이다.

상호의존성interdependence은 (두 사람이 서로 독립적이면서도 의존하는 상태로서) 안정된 관계의 척도다. 상호의존적인 관계에서는 서로 대등하며 각자 자신의 욕구와 상대의 욕구를 모두 알아차리고 둘 사이의 균형을 유지하려고 노력한다.

상호의존적인 누군가를 만나면 불안정한 상태를 치유하고 안정된 관계를 구축할 수 있다. 다만 스스로 변화하고 성장하려는 욕구가 있어야 한다. 상대를 믿으려면 과거의 안 좋은 경험 탓에 몸속의 모든 세포가 믿지 말라고 아우성치는 상황에서도 용기를 내야 한다. 성장하려면 기회를 잡아야 한다. 우리에게는 문제와 갈등에 관해 함께 대화하고 풀어갈 배우자나 친구, 치료사가 옆에 있다. 이들이 여러분 옆에서 상처를 치료해줄 것이다. 그리고 그 속에서 우리는 관계의 작은 균열과 흠집난 부분을 꾸준히 손보면서 점점 신뢰하는 법을 배운다. 문제를 해결하면서 일상의 자잘한 불화를 해소하는 일이 쉽지는 않다. 세라와 나도 상담하면서 이런저런 갈등에 부딪혔다. 우리는 우리 사이에 틈새가 벌어질 때마다 함께 메우려고 노력했다. 나는 계속해서 세라에게 무슨 일이 있어도 그녀를 이해하고 관계를 이어가고 싶은 마음을 명확히 전달했다. 대화가 잘 풀리지 않을 때는 누구나 사용할 법한 기술들을 사용했다. 억지스럽게 느껴지더라도 대화가 삐걱거려서 생기는 자잘한 불화와 신뢰의 추락을 꾸준히 보완하는 습관을 들이면 신뢰가 더 굳건해지고 친밀감이 커진 관계를 만들 수 있다.

실험: 자기에게 연민 보여주기

우리가 애착에 관한 연구와 이론을 통해서, 그리고 직관적으로 알고 있듯이, 인간은 무조건적으로 인정받고 사랑받아야 최선의 역량을 발휘할 수 있다. 그래서 고통스러울 때도 자기를 인정하고 위로하고 다정하게 대할 수 있어야 한다. 상처받았을 때는 더 그래야 한다. 사실 우리는 슬프거나 두려울 때만이 아니라 화가 나거나 불쾌할 때도 상처를 입는다. 심지어 기쁘고 흥분되고 자부심이 들 때도 불안이나 수치심이 일어나 상처받는 사람도 있다.

이때 대개는 스스로에게 연민을 느끼기가 쉽지 않다. 하지만 자기에게 연민을 느끼고 자기를 인정해주면 기분이 나아진다. 생각해보자. 마음이 괴로울 때는 나 자신에게 어떻게 해야 기분이 나아질까? 이해하고 인정하고 연민을 줘야 할까, 아니면 가혹하게 비판해야 할까? 우리의 뇌는 안전한 상황에서 누군가 우리를 봐주고 인정해줄 때 평온해진다.

최근에 고통스러운 감정을 유발한 사건이나 기억을 떠올려보자.

○ _____
○ _____

사랑하는 친구가 힘든 일을 겪으며 괴로워할 때 무슨 말을 해주거나 어떻게 대할지 생각해서 적어보자.

○ _____
○ _____

다른 사람에게 연민을 보여주는 것을 상상해보았다면 이번에는 최근에 힘든 일을 겪은 당신 내면의 한 부분에 연민을 보내는 연습을 해보자. 당신의 상처받은 부분을 위에 적은 말과 행동으로 직접 위로해도 좋다. 그저 이런 연민을 무조건적으로 수용하도록 마음에게 허락만 하자.

심호흡을 한다. 연민을 들이마시고 괴로움을 토해내는 상상을 본다. 몸과 마음이 어떻게 반응하는지 관찰한다. 이 실험이 어렵게 느껴져도 괜찮다. 잘하고 있다는 뜻이다. 자기연민은 어려울 수 있다!

이 실험에 대한 반응(당신이 알아차린 생각이나 감정이나 신체감각) 두 가지를 적어보자. 자기연민을 수용하면 대개는 마음이 따뜻해지거나 편안해진다.

1. _____
2. _____

실험: 스스로에게 부모가 되어주기

감정을 다루면서 마음속에서 발견한 감정을 더 받아들이고 인정하고 아껴주는 마음가짐을 연습해야 한다.

안정적이고 평온한 부모가 우울하거나 화가 난 아이를 달래주는 장면을 떠올려보자. 부모가 아이를 따뜻하게 안아주면 아이는 안전하게 감정을 느껴서 기분이 나아진다. 이런 부모는 감정에 관해 아이가 모르는 다음과 같은 중요한 사실을 안다.

1. 감정은 지나간다.
2. 감정 때문에 죽지 않는다.
3. 부모가 평온한 태도로 옆에서 지켜주면 아이는 감정을 견디고 살아갈 수 있다.

어릴 때 누군가가 당신에게 상처 주거나 마음을 닫아버려서 기분이 상했던 기억이 있는가? 이제 어른이 된 당신이 어리고 상처받은 아이에게 다가가는 장면을 상상해보자. 내면아이는 안아주기를 바라거나 그저 격려의 말 몇 마디를 듣고 싶어할 수 있다. 내면아이를 진심으로 지켜봐주고 그 아이의 말을 귀담아 들어주자.

과거를 바꾸려는 것이 아니다. 이미 벌어진 일은 어쩔 수 없다. 앞으로 느끼게 될 감정을 바꾸려고 노력하는 과정이다. 스몰 트라우마를 치유하려고 노력하는 것이다. 과거를 견디고 자라서 어른이 된 지금은 상처받은 자아를 위로하고 연민을 보내줄 수 있다. 이제 당신은 감정에 관한 중요한 세 가지를 안다. 따라서 우리의 목표는 얼마나 오래된 기억이든 과거의 고통스러운 순간에 연민을 보여주고 안심시켜주는 상상을 해보는 것이다. 상처받은 내면아이와 안전하게 연결해서 당신에게 필요한 방식으로 그 아이에게 부모가 되어주려고 노력하는 것이다.

상상력을 동원해서 내면의 여러 부분에 위로를 전하고 위로를 경험하기 위해 다음의 방법을 시도해보자.

- 대화하기
- 말로 위로해주기
- 안아주기
- 담요로 몸을 감싸주기
- 눈 맞추기
- 등이나 어깨를 토닥여주기
- 물 한 잔을 주거나 쿠키와 우유 같은 음식 주기

위로를 전하기 위한 방법을 두 가지 더 생각해서 적어보자.

1. _____

2. _____

이 연습이 어땠는가? 지금 이 순간 당신이 내면에서 알아차린
두 가지를 적어보자. 생각도 좋고 감정도 좋고 신체감각도 좋다.

1. _____

2. _____

4

핵심감정을
만나다

당신이 억압해온 마음의 파도

보니의 격렬한 분노

어느 날 나는 보니라는 내담자에게 음성 메시지를 받았다. 부모의 이혼 문제로 상담하고 싶다는 것이었다. 우선 전화로 간단한 내용을 들었다. 스물다섯 살의 대학원생 보니는 뉴욕 교외의 중산층 가정에서 전통적인 교육을 받고 자랐다. 갈등을 좋아하지 않고 수줍음 많은 보니는 어린 시절에는 가끔 우울해하곤 했지만 학교생활에 지장을 줄 정도는 아니었다. 하지만 사람들과의 관계에서 위축될 때가 있었다. 그래서 학부생일 때는 2년 정도 '정기적으로' 심리치료를 받았다. 그런데 최근 이혼하겠다는 부모의 말에 충격을 받아 우울해졌다. 부모가 불행한 줄은 꿈에도 몰랐다고 했다.

우리는 이렇게 전화 통화로 첫 상담을 마치고 그다음 주에 만났다. 온화한 태도가 몸에 밴 보니는 인사를 나누고 상담실까지 가는 동안 내내 미소를 지었다. 보니는 상담실을 둘러보며 소파에 시선을 두었다가 안락의자를 발견하고는 그 의자에 앉았다. 내가 앉아 있는 곳에서 가장 멀리 떨어진 자리였다. 나는 보니에게 거리가 주는 의미가 무엇인지 궁금했다. 흐트러지지 않으려고 몸에 잔뜩 힘을 주고 똑바로 앉아 있는 보니의 자세는 단정하고 적절했다.

상담실에 처음 오는 날은 누구나 당연히 긴장한다. 그래서 나는 찬찬히 불안의 징후를 살피고 설명해서 내담자들이 처음부터 편안하게 상담받도록 도와준다.

사람의 자세를 눈여겨보면 그 사람의 소망과 욕구, 트라우마, 그리고 인간관계를 이해하는 데 도움이 된다. 이를테면 자존감이 높은 사람과 낮은 사람의 전형적인 자세를 떠올려보자. 자기를 좋게 생각하는 사람은 대개 자세가 꼿꼿하다. 이런 사람은 몸을 구부정하게 웅크려 자기를 숨기거나 작게 만들려고 하지 않는다.

나는 활짝 웃으며 말했다. "반가워요. 시작하기 전에 같이 얘기하고 싶은 게 몇 가지 있어요. 대부분 당신도 알거나 예상하는 것이겠지만 우리가 함께 상담하는 데 아주 중요한 내용이니까 명확히 해두고 싶어서요."

보니는 내 눈을 보았고, 나는 말을 이었다. "우선 여기는 어떠한 판단도 하지 않는 공간이라는 점을 알아줬으면 해요. 나는 당신이 하는 모든 이야기를 호기심과 연민의 마음으로 경청할 거예요. 그리고 당신에게도 나와 같은 태도로 임해달라고 부탁할 거고요. 판단은 우리 사이를 가로막고 기분을 상하게 만들거든요. 이 공간에서 판단은 도움이 되지 않아요. 다음으로는 당신이 안전하고 편안하게 느끼는 것이 무엇보다 중요해요. 언제든 기분이 좋지 않거나 불편하거나 힘들거나 내가 한 말이 마음에 들지 않으면 말해줘요. 할 수 있겠어요?"

"네." 보니는 고개를 끄덕였다.

나는 보니가 사람들에게 얼마나 순종적인 편인지 모르기 때문에 이런 측면을 조금 더 명확히 해두고 싶었다. 경계를 정하는 일은 심리치료에서든 인생에서든 중요하다. 내키지 않으면서도 싫다고 말하는 걸 힘들어하는 사람이 많다. 지나치게 대립하는 것 같아서 거절하지 못하는 것이다.

"마음이 괴롭거나 기분이 좋지 않을 때 나한테 편하게 표현할 수 있어요? 말이든 손짓이든 상관없어요."

"'기분이 좋지 않아요'라고 말할 수 있을 거 같아요."

"그럼 연습 삼아 한두 번 해볼까요? 곤란하게 만들려는 게 아니라 서로 솔직하게 소통하는 게 중요해서 그래요. 한번 해볼 수 있어요?"

보니는 망설이다가 이렇게 말했다. "기분이 좋지 않아요."

"잘했어요! 연습 삼아 한 번 더 해봐요."

"기분이 좋지 않아요." 보니가 더 힘주어 말했다.

"잘했어요! 끝으로 일러두고 싶은 게 하나 더 있어요. 당신은 나나 내 감정을 살피지 않아도 된다는 거예요. 내 감정은 내가 알아서 할게요. 내가 여기 있는 건 당신이 감정을 잘 다루도록 도와주기 위해서예요. 알겠어요?"

"솔직히 반가운 말이네요. 난 늘 남들을 돌보는 사람이거든요. 선생님한테는 그러지 않으려고 해볼게요."

"당신이 그런 사람이라고 생각해요?"

보니가 고개를 끄덕였다.

"좋아요! 그럼 어떤 이유로든 나에게 신경이 쓰인다거나 내가 당신이 하는 말을 판단하는 것 같으면 알려줘요. 그러면 그런 마음이 드는 순간에 같이 그 마음을 살펴볼 수 있으니까요."

"좋아요." 보니는 활짝 웃었지만 나와 그녀의 거리는 여전히 먼 느낌이었다.

"이렇게 시작해볼까요. 지금 당신에게 무슨 일이 일어나고 있는 것 같아요?"

"별거 아니에요. 부모님이 이혼하신다고 하고부터 정말 힘들어요."

"편하게 말해요."

보니의 얼굴이 벌겋게 달아올랐다. 눈에 눈물이 고이고 입가가 굳어졌다. "석 달 전쯤이에요. 부모님이 같이 저녁 먹자고 하더니 곧 이혼할 거라고 하시더군요. 사이가 틀어진 지 한참 됐는데 이제 나도 다 컸으니 두 분이 갈라서기로 합의했다면서요. 집을 팔고 같은 지역에서 각자 집을 살 거라고 했어요. 다 괜찮을 거라고 했어요." 보니의 목소리가 커졌다. "그런데 전 괜찮지가 않아요. 전 평생 그 집에서 살았다고요!"

그 순간 보니가 의식하든 아니든 많은 일이 일어났다. 보니가 여러 가지 감정을 느끼는 것처럼 보였다. 나는 보니가 눈물을 보인다고 해서 지레 슬퍼한다고 가정하지 않았다. 사람들은 여러 가지 이유로 운다. 슬픔·분노·공포·혐오·불안·수치심·죄책감이 들 때, 또는 이런 감정들이 두 가지 이상 함께 올라올 때도 울 수 있다. 나는 보니가 느끼는 특별한 감정이 어떤 감정인지 알아차리게 해주고 싶었다. 왜냐하면 스스로 어떤 감정을 느끼는지 알아차리면 그 순간 감정이 가라앉고 그 감정을 둘러싼 불안이 누그러지기 때문이다. 그래야만 자신에게 유익하고 고통을 덜어주고 생산적이고 바람직한 행동이 무엇인지 알 수 있다.

보니는 부모가 이혼하면 자기는 "괜찮지 않다"고 했다. 하지만 이것은 감정이 아니라 생각이었고, 또한 모호했다. 나는 보니가 경험을 훨씬 구체적으로 알아차리도록 도와주는 것을 목표로 삼았다.

"내게는 '괜찮지 않다'는 말이 무엇을 의미하는지 알겠는데, 당신한테는 어떤 의미일까요?" 내가 물었다.

"정말 힘들다는 뜻이에요."

"자세히 말해줄 수 있어요? 가장 힘든 게 뭔지."

보니는 잠시 말이 없었다. 생각하는 건지, 말하기 전에 생각을 정리하는 건지, 그냥 아무 생각 없이 멍한 건지 알 수 없었다. 마침내 보니가 미소를 지으며 말했다. "잘 모르겠어요."

"방금 아무 말 없이 뭐 하고 있었어요?"

"그냥 생각하고 있었어요."

"무슨 생각을 했는지 말해줘도 될까요?" 나는 조심스럽게 물었다. 보니가 말하고 싶지 않거나 말할 수 없는 것처럼 보였기 때문이다.

"전부 다 짜증난다고 생각했어요. 또 이런 일이 일어나지 않으면 좋겠다고 생각했어요." 더 모호해졌다! 화가 난 건가? 슬픈 건가? 무서운 건가? 혐오감이 드는 건가? 불안한 건가? 수치심이 드는 건가? 죄책감이 드는 건가?

"그래요. 짜증나죠." 내가 말을 받았다. 짜증나는 게 당연하지만 이런 감정은 보니의 내밀한 경험에 관해서는 아무것도 말해주지 않았다. 나는 부모가 이혼하면 왜 짜증이 나는지 여러 가지 이유를 떠올릴 수 있다. 나도 열아홉 살 때 부모가 이혼해서 그 일이 내게 어떤 식으로 짜증나는 경험인지 안다. 그런데 보니한테는 어떤 의미인지 모른다. 넘겨짚는 것은 효과적인 의사소통을 방해할 때가 많다.

감정과 마음을 다룰 때는 구체적으로 접근해야 한다. 구체적인 감정이나 이미지나 기억이나 신체감각이나 신념을 불러내서 다루어야 치유될 수 있다. 나는 보니가 모호함을 방어기제로 삼아 진실한 감정을 다루지 못하도록 차단하는 동시에 감정을 정확히 알면 무의식적으로 따라올지도 모르는 부정적인 결과로부터 자신을 보호하려 한다는 생각이 들었다.

내가 나지막이 말했다. "보니, 당신이 나한테 더 말해줄지 말지 갈등하는 것 같아요."

"맞아요!" 보니가 힘주어 말했다.

"갈등하는 두 마음을 모두 표현할 수 있어요. 나누고 싶은 마음과 나누고 싶지 않은 마음요."

보니는 다시 눈물을 보였다. "내가 무슨 말을 꺼내놓으면 그 말에 얽매이는 느낌이 들어요. 마치 그렇게밖에 될 수 없는 것처럼요."

보니의 말이 무슨 뜻인지 완벽하게 이해하지는 못했지만 중요한 말이라는 걸 알 수 있었다.

"꼭 그래야만 할 것 같다고요? 그리고 또 어때요?"

"선생님이 그 말로 날 재단할 것 같아요."

"그렇군요." 나는 고개를 끄덕였다. "당신이 하는 말을 내가 재단할 거라는 생각이 들면 당연히 나한테 말하기 어렵겠죠. 얘기해 줘서 고마워요. 중요한 얘기예요."

나는 보니의 모호한 태도가 얽매이거나 재단당하지 않기 위한 방어라는 점을 이해했다.

보니는 일단 말을 꺼내놓으면 거기에 얽매일까 봐 두려워했다. 나는 보니에게 뭔가를 물어볼 때마다 보니가 더 옭죄는 느낌을 받을까 봐 말하기가 두려웠다. 보니의 먼 과거부터 깊은 의미가 있었을지도 모르는 이 소통방식에서 어떻게 해야 벗어날 수 있을까? 나는 가만히 생각하고 감정을 느껴본 후 다시 입을 열었다. "질문에 구체적으로 답하면 얽매이는 기분이 들어요?"

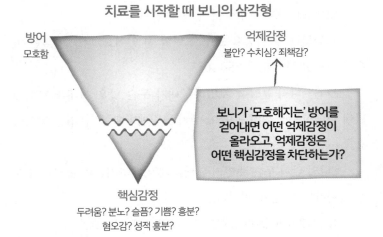

치료를 시작할 때 보니의 삼각형

방어
모호함

억제감정
불안? 수치심? 죄책감?

보니가 '모호해지는' 방어를 걷어내면 어떤 억제감정이 올라오고, 억제감정은 어떤 핵심감정을 차단하는가?

핵심감정
두려움? 분노? 슬픔? 기쁨? 흥분?
혐오감? 성적 흥분?

보니는 고개를 끄덕이면서 휴지를 한 장 뽑았다. 이제 보니는 어린아이처럼 보였다. 휴지를 뽑으려고 몸을 내미는 동작이 어딘가 불안정하고 어색했다.

"이제부터 아주 많이 속도를 늦춰봐요. 중요한 뭔가가 일어나고 있어요." 나는 보니가 편안해 보일 때까지 기다렸다. "당신 내면에서 얽매이는 느낌을 받는 부분을 밖으로 꺼내 소파에 앉혀놓으세요. 그리고 나서 가장 평온하고 자신감 있는 당신의 모습으로 그 부분을 볼 수 있을까요? 어떤 게 보여요?" 나는 1분쯤 기다렸다.

잠시 후 보니가 "내가 어린아이로 보이네요"라고 말했다. 보니는 한숨을 크게 쉬고 어깨를 축 늘어뜨리며 안도감을 드러냈다.

우리의 뇌는 내면의 상처받은 부분을 꺼내서 어른이 된 현재의 눈으로 바라보는 장면을 시각적으로 그려볼 수 있다. 그러면 여러 가지 현상이 일어난다. 우선 현재의 자기와 상처받은 부분 사이에 거리가 생겨서 곧바로 마음이 평온해진다. 불편한 감정을 품은 내면의 일부를 밖으로 끄집어내서 말을 걸 수 있으면 곧바로 수치심과 죄책감과 불안이 줄어든다. 가장 효율적으로 상처받은 부분에 관해 알아보고 치유하는 방법이다. 많은 사람에게 첫 상담부터 이런 방법을 시도할 수 있지만, 때로 그러지 못하는 경우도 있다. 집중력과 인내심과 의지가 필요한 과정이기 때문이다.

"잘했어요! 당신의 내면아이가 우리랑 같이 저기 앉아 있다고 상상하면 어떤 기분이 드는지 느껴보세요." 나는 상상 속의 어린 보니가 앉아 있는 소파를 가리켰다. "그 아이를 계속 지켜보면서 아이에게 집중해봐요. 그 아이는 몇 살이에요? 무슨 옷을 입고 있

> ## 내면아이를 별개의 존재로 상상할 때 주어지는 치료 효과
>
> - 내면아이와 거리가 생겨서 곧바로 안도감이 생긴다.
> - 내면아이와 사이좋게 지내고 내면아이에 관해 배우고 소통하면서 그 아이를 달래주고 도와줄 수 있다.
> - 내면아이의 감정을 지켜봐주고 막혀 있던 감정 에너지를 다시 흐르게 만들어서 치유가 일어나게 해준다.
> - 소통의 다리를 놓아 내면아이를 다시 의식으로 통합해서 신경계를 진정시킬 수 있다.

어요? 어디에 있어요?" 나는 보니가 기억을 최대한 선명하게 떠올려서 함께 그 기억을 다룰 수 있기를 바랐다. 보니가 상처받은 아이 곁에 오래 머물러 현재의 눈으로 바라보려고 노력할수록 그 아이가 더 선명하게 보일 것이다. 어린 시절의 트라우마 경험이 새겨진 뇌의 일부(신경망)에 불을 밝히는 과정이다.

"이상해요. 여덟 살짜리 내가 보여요. 타이츠를 입고 있어요. 부엌이고요. 좀 전에 아버지한테 발레 레슨을 그만두고 싶다고 해서 머리를 맞았어요. 아버지가 나한테 고마운 줄 모른다고 야단쳤어요. 난 발레가 싫어요. 다른 애들도 싫고 선생님도 싫고 더 이상 가고 싶지 않아요."

나는 보니의 처지에 마음이 아팠다. 기억 속의 보니는 자기가 원하는 것을 부모에게 말하는 아이였다. 보니는 원하는 것을 말해서 아버지에게 머리를 맞았을 뿐 아니라 고마운 줄 모른다는 야단

까지 들었다. 이것은 스몰 트라우마다. 보니의 아버지는 딸을 손찌 검한 순간 딸에게서 솔직함을 앗아간 줄 몰랐을 것이다.

그날 보니 아버지는 딸에게 다음과 같은 생각을 심어주었다.

1. 내가 어떤 기분이고 내게 무엇이 중요한지 남에게 말하면 안 된다.
2. 사람들은(아이의 마음은 부모와 모든 사람을 동일시하므 로) 내가 어떤 기분인지 관심이 없다.
3. 내가 원하는 것이나 내게 중요한 것을 당신에게 말하면 나는 상처받고 창피당할 것이다.

이런 기억을 듣자 내가 보니에게 부모의 이혼을 어떻게 생각 하는지 물었을 때 보니가 얽매이는 느낌을 받은 이유를 잘 이해할 수 있었다. 보니의 마음속에서 부모의 이혼에 관해 어떻게 느끼는 지 나에게 말하는 것은 아버지에게 발레에 관해 어떻게 느끼는지 말하는 것과 같았다.

내면아이가 깨어나 보니를 다시 과거에 데려다놓았다. 나는 더 이상 그곳에 존재하지 않았다. 보니는 여덟 살짜리 아이의 눈으 로 나를 과거의 아버지로 보았다. 그리고 상담실에는 우리와 함께 보니의 또 다른 부분이 있었다. 바로 여덟 살짜리 아이를 보호하는 보니였다. 양육자 보니가 우리의 대화에 끼어들었다. "안 돼! 힐러 리 선생한테든 누구한테든 말하면 안 돼. 아빠한테 상처받은 것처 럼 또 상처받을 거야." 그 순간 나는 보니의 아버지이고, 보니는 여덟 살 아이였다.

보니가 마음을 솔직하게 표현하고 욕구를 충족하려면 양육자 보니가 이제 나는 보니의 아버지가 아니고 보니는 나와 함께 있어 안전하다는 사실을 이해해야 했다. 하지만 여덟 살 아이는 과거에 얽매여 있었다. 그래서 나는 보니에게 내가 아버지가 아니고 그녀도 더 이상 스스로를 보호할 힘이 없는 여덟 살 아이가 아니라는 점을 일깨워주어야 했다. 어린 보니는 궁지에 몰렸다. 하지만 어른 보니는 궁지에 몰리지 않는다. 어른 보니는 "마음에 들지 않아요!"라거나 "나한테 그런 식으로 말하지 말아요!"라거나 "그만할래요"라고 말해서 스스로를 보호할 수 있다. 이제 보니는 스스로를 방어하고 보호하고 대변할 수 있는 어른이므로 안전하다는 사실을 다시 학습해야 했다.

나는 보니가 이 기억을 다루면서 여덟 살 아이를 치유하고 과거에 얽매인 보니를 안전한 현재로 데려오도록 준비시켰다.

나는 보니에게 이렇게 말했다. "지금 여기서 나랑 같이 앉아 과거의 그 장면을 들여다보니까 어린 보니나 아버지에게 어떤 감정이 들어요?"

나는 보니의 기억에 얽힌 핵심감정에 다가가려 했다. 여덟 살 보니는 분노와 슬픔을 억눌러야 했다. 두 가지 감정은 모두 우리가 신체적으로 공격당할 때 자연스럽게 일어나는 핵심감정이다. 이제 나는 어른이 된 현재의 보니가 아버지나 여덟 살 보니에게 어떤 감정이 드는지 살펴보게 했다. 나는 어른 보니가 어린아이였을 때는 허용되지 않던 감정을 안전하게 느껴보기를 바랐다. 핵심감정을 온전히 느끼면 자유로워진다. 같은 기억이 더 이상 정서적으로 억눌리지 않는다. 억눌린 분노를 풀어주면 기분이 좋아진다. 나아가 보니가 자기를 보호하기 위해 사용하는 방어기제로, 욕구와 소망을 효과적으로 전달하는 능력에 영향을 끼치던 '모호함 방어'가 불필요해진다.

보니는 기억 속 아버지에게 어떤 감정이 드느냐는 내 물음에 답했다.

"아버지한테 화가 나요."

"잘했어요. 당신의 분노가 중요해요!" 내가 말했다.

드디어 보니는 과거에 얽매인 내면아이를 옆으로 밀쳐놓을 수 있었다. 사실 상담을 시작할 때부터 마음의 중심을 차지한 채 대화를 주도한 사람은 여덟 살 보니였다. 그 아이를 불러내서 소파에 앉히고 나서야 어른 보니는 현재를 안전하다고 느끼고 나를 아버지가 아닌 나로 보고 내게 감정을 털어놓을 수 있었다.

'모호함 방어'는 어떻게 삶에서 문제를 일으키는가?

- 진실을 계속 감춘다.
- 의미하는 것과 필요로 하거나 바라는 것에 관해 혼란에 빠지게 만든다.
- 의견을 정확하고 구체적으로 말하지 않아서 관계의 갈등을 해결하기 어렵게 만든다.
- 어떤 대상에 대한 진실한 느낌을 말하기 어렵게 만든다.
- 구체적인 상황과 연결된 핵심감정을 찾기 어렵게 만든다.

핵심감정인 분노를 인식하는 것이 보니에게는 결정적인 단계였다. 내담자가 오래된 분노에 접근하면 나는 속으로 쾌재를 부른다. 이제 남은 과제는 내담자가 핵심감정을 온전히 느끼게 해주는 것이다.[1]

"보니, 몸에서 어떤 반응이 일어나요? 당신이 지금 화가 난 걸 알리는 반응 말이에요. 어떤 반응이 일어나는지 가만히 살펴보고 몸에서 느껴지는 감각을 말로 표현해봐요. 머리부터 발끝까지 몸을 관찰하면서 어떤 감각이 느껴지는지 살펴봐요. 몸에서 느껴지는 에너지와 체온 변화, 긴장, 압박, 떨림, 그 밖에 분노를 알리는 모든 감각에 주목해요." 그러자 보니는 현재의 순간에 자신의 몸에 머물고 내면에 집중했다. 아직 몸의 경험에 주목하는 방법을 배우거나 몸의 감각을 알아차리는 것이 익숙하지 않은 단계라면 이 책 부록에 있는 단어 목록에서 적절한 표현을 고르는 방법도 괜찮다.

20초쯤 지나서 보니가 말했다. "배 속에 활활 타는 불구덩이 같은 게 있어요."

"잘했어요! 또 뭐가 느껴져요? 마음의 여유를 갖고 미세한 감각까지 느껴봐요."

"어떤 에너지 같은 게 올라와요." 보니가 주먹을 꽉 쥐었다. 나는 보니가 스스로 주먹을 쥔 것도 알아차리기를 바랐다. 분노 충동이 주먹으로 표현된 의미 있는 행동이었다.

"잘했어요. 배 속에 불구덩이가 있고 에너지가 위로 올라오는군요. 맞아요?"

"네." 보니가 말했다.

"가만히 그 감각에 머무르면서 호기심을 가져봐요. 지금은 분노를 반갑게 맞이해서 뭘 하고 싶어하는지 알아보려는 거예요. 지금 그 분노가 아주 중요해요. 당신 손을 봐요. 손의 감각을 느껴봐요. 그 주먹이 뭘 말하는 걸까요?"

보니가 집중력이 깨진 채 나를 보았다. "안 될 것 같아요." 보니가 얼굴을 찡그리며 말했다.

보니는 몸에서 핵심감정인 분노를 느꼈다. 그러다 변화가 일어났다. 억제감정이 올라온 것이다. 나는 그 변화를 어떻게 알아차렸을까? 보니가 분노에 머무르다 말고 내게 안 될 것 같다고 말했기 때문이다.

보니는 변화의 삼각형 아래 꼭짓점에 있는 핵심감정에서 다시 오른쪽 위 꼭짓점의 억제감정으로 올라왔다. 이제는 우리가 함께 하던 작업을 멈추고 보니의 내면에서 올라오는 감정을 관찰해야 한다는 신호였다.

핵심감정인 분노가 올라와서 표출되려 하자 억제감정이 억누르면서 두 감정이 충돌했다. 이런 충돌은 보니의 무의식에서 오래전부터 일어났지만 드러나지 않게 영향을 끼쳤다(모호함 방어). 그리고 이를 알아차리는 과정은 치료에서 중요했다.

나는 이렇게 말했다. "좋아요, 여기서 중단합시다. 잘했어요. 당신은 분노에 관해 많은 걸 알아차렸고, 이제는 분노를 어떻게 경험하는지도 알았어요. 그보다 중요한 건, 당신이 나한테 우리가 하려던 게 안 될 거 같다고 말해줬다는 점이에요. 솔직하게 말해줘서 정말 고마워요. 이제 화내면 안 될 거 같다고 한 당신의 그 부분에

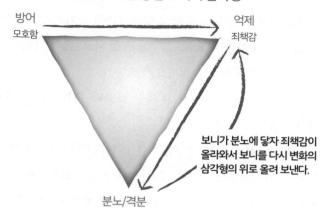

분노를 처리하는 동안 보니의 삼각형

방어 → 억제
모호함   죄책감

분노/격분

보니가 분노에 닿자 죄책감이 올라와서 보니를 다시 변화의 삼각형의 위로 올려 보낸다.

보니는 '모호함 방어'를 걷어내고 방어 꼭짓점(모호함)에서 억제 꼭짓점(죄책감)으로 이동했다. 이제 죄책감을 접기만 하면 아버지를 향한 핵심감정인 분노를 느낄 수 있었다. 그러나 보니가 분노를 느끼려는 찰나, 다시 죄책감이 올라와서 핵심감정인 분노를 억제하고 보니를 억제 꼭짓점(죄책감)으로 올렸다. 아직은 보니가 분노를 경험할 만큼 안전하다고 느끼지 못했기 때문이다.

관해 알아보죠. 당신의 그 부분이 뭐라고 해요?"

"기분이 안 좋아요. 아버지한테 상처 주고 싶지 않아요."

"기분이 안 좋을 때는 어떤 느낌이 들어요? 감정 단어로 말해 볼까요?"

"죄책감 같아요. 사람을 때리는 건 나쁘잖아요!"

'누가 때린다는 얘길 했지?' 하는 생각이 들었다. 이제 분노에서 발산된 충동이 뭔지 확실해졌다. 분노가 아버지를 때리고 싶어 했다. 하지만 그전에 보니가 죄책감이라는 억제감정을 다루도록 도와주어야 했다.

다시 변화의 삼각형을 살펴보자. 우리는 모호함 방어를 해결했고, 보니는 (일시적으로) 방어를 중단하고 싶어했다. 이어서 핵심감정으로 내려갈 수 있었다. 그러나 분노가 지나치게 가깝거나 강렬해지고 아버지를 때리고 싶은 충동이 의식으로 올라오자 보니는 죄책감에 가로막혔다. 우리의 목표는 보니가 분노를 마음껏 느끼고 자연스럽게 분출하는 데 있었다.

1. 억눌린 분노 에너지를 풀어주고 뇌에서 해당 신경망을 통합하게 해주어서 보니가 그 기억에 전만큼 영향을 받지 않거나 전혀 영향을 받지 않게 해준다.
2. 뇌를 재구성해서 앞으로 보니가 분노를 느낄 수 있게 해준다. 지나친 죄책감으로 분노를 억누르지 않고 오히려 분노를 자유자재로 활용한다면 건강하게 자기주장을 펼치고 자신의 한계를 설정할 수 있다.

내가 다시 말을 이었다. "당신 말이 맞아요! 실제로 사람을 때리는 건 나빠요. 그런데 지금은 그냥 때리는 척하는 거예요. 바깥에 나가서 할 행동을 연습하는 게 아니라 이 안에서만 하는 거예요. 그저 상상하는 거예요. 아버지는 지금 어디 있어요?"

"직장에 계신 거 같아요." 보니가 미소를 지었다.

"아버지를 때리는 장면을 상상하면 정말로 아버지가 다칠 것 같아요?" 나는 이 질문으로 보니의 현실감각을 검증했다.

"아뇨." 보니가 단호히 말했다.

"좋아요! 죄책감이 죄를 지을 때 생기는 감정이라면, 아버지를 때리는 상상을 하는 건 어떤 죄일까요?"

보니가 잠시 생각에 잠겼다. "죄는 아닌 것 같지만 그러면 안 될 것 같아요."

"더 얘기해볼래요? 때리는 상상을 하면 왜 안 될 것 같아요?"

"나쁜 생각을 하는 건 나쁘지 않나요?"

"그런 건 어디서 배웠어요?"

"모르겠어요. 가끔 오빠가 밉다고 말하면 엄마한테 혼났어요. 엄마는 '넌 오빠를 미워하지 않아, 오빠를 사랑해'라고 하셨죠."

"바로 그거예요! 당신이 발레가 싫다고 말하면 대가가 따랐던 거랑 같아요. 당신이 '나쁜' 생각은 위험하다고 학습한 것도 당연해요. 그래서 내가 당신의 분노에게 권한 대로 아버지를 때리는 것을 떠올리는 게 '나쁘다'고 느껴지는 거예요."

"맞는 말 같아요."

"나는 궁극적으로 건설적인가 파괴적인가, 당장의 문제가 해결될까 악화될까를 중심으로 생각해요. 지금 우리가 하려는 방식으로 분노를 처리하는 것은 여러 모로 건설적이에요. 마음속에 분노를 품지 않으니까 기분이 좋아질 수 있어요. 몸에서 분노가 빠져나가면 몸이 진정돼요. 몸이 진정되면 부모님에게 당신의 감정을 말할 때도 좀 더 합리적이고 사려 깊고 다정하게 할 수 있어요. 부모님과의 관계에 도움이 되죠. 또 이 공간에서 상상으로 안전하게 분노를 표현하면 누구도 험한 말이나 폭력에 상처 입지 않아요. 상상은 분노와 연결된 에너지를 안전하게 분출하는 방법이에요. 우리의 뇌는 감정을 처리하는 문제에서 사실상 상상과 현실을 구분하지 못하거든요.[2] 그래서 상상은 아주 유용한 방법이죠. 그러니까 당신 몸에서 분노를 끄집어내자는 거예요."

"일리가 있네요. 그래도 아버지를 때리면 나쁜 사람이 될 것 같아요."

"그래요. 그러니 진짜로 아버지를 때리지 않는 거예요. 자, 당신 내면의 죄책감에게 잠시 비켜달라고 말해볼래요? 그래야 어릴 때 아버지에게 맞으면서 정당하게 화가 난 당신의 부분을 만나볼 수 있어요. 죄책감이 잠시 우리를 믿어주지 않을까요? 그러다 우리가 하는 게 영 마음에 들지 않으면 죄책감이 다시 나타나서 알려줄 거예요. 해볼래요?"

"해볼게요." 보니가 말했다. 나는 보니의 의사를 받아들여서 밀고 나갔다. 결과에 자신감이 있었다. 전에도 이런 작업을 여러 번 해봐서 보니가 분노를 온전히 표출할 수만 있으면 당장 변화와 안도감을 경험하리라는 것을 알았기 때문이다.

"좀 이상하게 들릴 수도 있겠지만, 당신의 죄책감한테 대기실에서 잠깐 기다려줄 수 있냐고 물어봐줄래요?" 내면 여러 부분을 존중하고 소통해서 안전하다는 느낌을 확보하는 것이 중요하다. 내면의 안전은 친구나 부모와의 안전한 관계와 같다. 내면의 여러 부분은 비판받거나 비난당하거나 버림받지 않으면 기분이 좋아지고 더 드러나고 소통하려 한다.

나는 잠시 기다렸다가 물었다. "죄책감이 뭐라고 하나요?"

"대기실에서 기다리겠지만 우리가 하는 꼴이 마음에 들지 않으면 다시 끼어들 거래요.”

“그럼 됐어요. 우리를 믿어줘서 고맙다고 전해줄래요?”

보니는 그렇게 했고, 우리는 다시 그녀의 분노로 돌아갔다.

처음 상담을 받을 때는 분노를 자유롭게 경험하는, 그러니까 분노의 신체감각과 충동을 온전히 느끼는 사람이 드물다. 누구나 사회화되면서 분노는 나쁘고 파괴적이라고 생각하지만 간혹 분노를 비롯한 여러 감정을 남들보다 더 위협적이고 무섭게 여기는 사람들이 있다. 하지만 보니는 이제 준비가 되었다.

보니가 죄책감을 제쳐두자 나는 보니에게 몸에서 분노가 느껴지는지 물었다. 단지 분노를 기억하는 것만이 아니라 몸에서 분노의 감각을 알아차려야 했다. 몸에서 분노를 느끼는 것은 분노를 경험하는 첫 단계다. 그리고 분노를 경험하는 것은 분노를 발산하는 첫 단계다.

“부엌에서 아버지한테 맞은 직후로 다시 돌아가볼까요? 아직 어린 당신 입장에서 분노가 느껴지나요?”

“네. 배 속이 긴장되고 그때랑 똑같은 에너지가 올라와요.”

“좋아요. 그럼 가만히 그 감각에 머물러요. 감각에 머무르면서 그 감각에 아버지를 향한 충동이 들어 있는지 살펴봐요.” 보니가 다시 주먹을 쥐었다.

잠시 후 보니에게 마음속에서 무슨 일이 일어났는지 물었다.

“분노가 어떻게 하고 싶어하는지 알았어요?”

“아버지를 때리고 싶어해요!”

“그 장면을 상상해볼 수 있어요? 분노가 하고 싶은 대로 하게 뇌두는 거예요. 당신이 실제로는 아버지를 때리지 않을 거고 아버지를 사랑하는 거 알아요. 그래도 분노 충동은 일어나요. 분노라는 게 원래 그래요. 복수하고 공격하고 싶어하죠. 당신을 열심히 보호하려는 거예요. 당신은 어때요?"

"아버지를 때리고 싶어요."

"잘했어요! 그걸 지켜보세요. 분노가 아버지의 어디를 때리고 싶어해요?" 나는 보니의 대답에 들떠 의자 끝에 걸터앉았다. 나도 보니의 분노 에너지에 맞춰 목소리가 더 커지고 힘이 났다.

"두 눈 사이요, 정신이 번쩍 들게 해주려고요."

"좋아요, 주먹이 얼굴에 닿는 느낌을 느껴봐요. 영화처럼 생생하게." 나는 잠시 말을 끊고 보니가 그렇게 하게 두었다. "아버지는 지금 어디 있어요? 아버지를 때렸어요?"

"네, 아빠가 바닥에 주저앉아 있어요."

"아버지를 보세요. 뭐가 보여요? 아버지가 지금 뭐 하고 있어요?" 즉흥적이면서도 감정의 생물학적 특징에 좌우되는 이 새로운 경험이 어떻게 끝날지는 우리 중 누구도 몰랐다. 하지만 나는 보니가 이런 상상을 하며 한 걸음씩 나아가 끝까지 가보기를 바랐다.

"망연자실한 표정이에요. 날 쳐다보고 있어요."

"이제 당신 몸에서 분노가 어떻게 느껴지는지 살펴보세요. 이제 뭐가 느껴져요?"

"가슴 위쪽에 뭔가 있어요." 보니가 말했다.

"그 느낌에 머무르면서 무슨 충동이 일어나는지 보세요."

"예! 소리를 지르고 싶은 충동이 일어나요."

"좋아요!" 나는 보니를 격려하고 지지했다.

감정 경험에 머무르는 법을 배우면 억눌린 감정을 풀어주는 데 도움이 될 뿐 아니라, 앞으로도 분노를 비롯한 핵심감정을 제대로 처리하는 능력이 길러진다. 보니 역시 분노를 잘 활용하면 현명하게 자기주장을 하고 건강한 관계를 맺으면서 명확한 한계와 경계를 설정할 수 있다.

"당신 가슴에서 느껴지는 감각에 마이크를 대고 말하게 해주면 아버지한테 무슨 말을 할까요?"[3]

"아빠, 대체 왜 그 모양이에요?"

"좋아요. 질문 말고 그냥 하고 싶은 말을 하게 해주고 당신 가슴에서 느껴지는 감각과 일치하는 강도로 표현한다면 어때요?" 질문은 분노를 회피하는 가벼운 형태다. 나는 보니가 솔직하게 말하기를 바랐다.[4]

보니가 소리를 질렀다. "이 망할 인간아! 난 그냥 여덟 살에 발레 수업을 그만두고 싶었을 뿐이라고. 그건 죄가 아니라 정상적인 요청이야. 내가 당신한테 누구랑 뭘 해야 한다고 강요하면 기분이 어떻겠어?" 보니가 나를 바라보았다. 자기가 소리 지르는 걸 보고도 괜찮은지 확인하는 눈치였다.

"잘했어요! 몸에서 느껴지는 분노로 다시 돌아가서, 아직 더 할 말이 있는지 보세요."

"아빠가 나한테 그러면 안 됐다고! 나쁜 짓이란 말이야!" 보니가 갑자기 소리쳤다. 아버지에게 말하는 듯 보였다.

"지금은 아버지가 어쩌고 있어요?" 내가 물었다.

"머리를 숙이고 계세요. 창피해하는 거 같아요." 보니의 목소리에 슬픔이 묻어났다. 분노가 달라졌다.

"그걸 보는 당신은 기분이 어때요?"

"아버지 때문에 나도 슬퍼요. 아버지가 불쌍해 보여요. 하지만 솔직히 내 기분은 좋아요."

"분노가 더 느껴지는지 한번 더 살펴봐요. 어때요?"

"이제 사라졌어요." 보니가 대답했다.

"그 자리에 뭐가 남았어요? 머리부터 발끝까지 온몸을 살펴봐요. 이제 뭐가 느껴져요?"

"마음이 평온해요."

보니는 이런 식으로 분노를 처리하면서 핵심감정을 거쳐 열린 마음 상태, 곧 평온하고 호기심 있고 연결되고 연민을 느끼고 자신 있고 용기 있고 명료한 상태가 되었다. 핵심감정은 진정한 자기의 열린 마음 상태로 들어가는 통로와 같기에 이토록 중요하다.

"평온한 마음이 몸에서는 어떻게 느껴져요? 아주 미세한 감각이라도 말로 표현해볼래요?" 내가 물었다.

"가벼워진 느낌이 들어요." 보니는 이런 감각을 알아차리면서 숨을 깊이 들이마시고 내쉬었다.

나는 보니가 의식을 다시 몸으로 옮기게 했다. "숨을 크게 내쉬었네요. 그게 무슨 뜻일까요?"

"안도감이 든다는 뜻이에요. 방금 큼직한 뭔가를 내보낸 것 같아요. 그래서 가벼워진 것 같아요."

"그러면 가벼워진 느낌에 그냥 머물면서, 그 느낌을 알아보고 무슨 일이 일어나는지 살펴봐요."

"평온한 느낌이에요. 부모님이 이혼하신다니까 부모님한테 정말 화가 나요. 모든 걸 엉망으로 만드니까요. 예전처럼 두 분이 같이 사는 걸 보고 싶어요. 하지만 여생을 새롭게 살아보고 싶어하는 부모님 마음도 이해가 가요."

"두 가지 마음이 다 있군요. 당신 인생을 엉망으로 만들어서 화가 나는 마음과 부모님의 욕구를 이해하는 마음."

"맞아요!" 보니가 크게 고개를 끄덕였다. 마음 깊은 곳의 진심을 스스로 알아차렸다는 뜻이었다.

"인정하니까 어때요?"

"좀 낫네요. 부모님이 이혼한다고 하시니 여전히 마음이 좋지는 않지만 이제는 그렇게 갑갑하거나 막막한 느낌은 들지 않아요."

"와! 굉장해요. 오늘 여기 들어올 때만 해도 나한테 이런 얘기 하는 거 힘들어했잖아요. 그러다 아무도 당신을 옭아매지 못하게 모호한 태도로 일관하던 당신의 한 부분을 제쳐둘 수 있게 됐어요. 그런 다음엔 생각을 말하면 안전하지 않다고 학습한 과거의 기억을 떠올릴 수 있었지요. 이어서 아무도 다치지 않는 안전한 방법으로 아버지를 향한 분노를 처리했고요. 그러고는 아버지에게 슬픔과 연민을 느꼈지요. 그다음에는 평온하고 가벼워진 느낌이 되었고요. 방금 전에는 부모님의 이혼에 화가 나면서도 이해하는 마음도 든다는 어마어마한 통찰에 이르렀어요. 대단한 일을 해낸 거예요! 당신은 대단해요. 오늘 이렇게 해보니까 어떤 느낌이 들어요?"

"정말 대단하네요. 굉장해요! 행복해요."

"행복하면 어떤 느낌이 들어요?"

보니가 웃었다. "피곤하기도 해요."

"아무렴요, 오늘 고생했으니까요. 여기서 마무리할 수도 있지만 1분 정도 더 시간을 들여 행복하면 어떤 느낌이 드는지 살펴볼까요? 힘들게 노력해서 이제 막 행복에 이르렀고, 행복한 감정은 뇌에 비타민 같은 역할을 하니까 탐색하면 도움이 되거든요."

보니는 행복한 감정을 내게 설명했다. "행복하니까 평온하고 평화로운 기분이 들어요. 가슴과 배가 열리는 느낌이에요."

보니와 나는 1년간 상담하면서 보니의 갇혀 있는 여러 부분을 다루었다. 보니는 새로 발견한 능력으로 감정을 기꺼이 수용했다. 가령 부모의 이혼을 어떻게 생각하는지 어머니 아버지에게 직접 말할 수 있었다. 또 세상에 더 참여하는 느낌이 든다고도 했다. 개인생활과 직장생활에서 인간관계가 더 만족스러워졌다. 자신의 감정과 타인의 감정을 모두 감당할 수 있다는 자신감이 붙으면서 갈등에 대한 두려움도 크게 줄어들었다. 우울증도 사라졌다. 상담 마지막 주에 보니는 이렇게 말했다. "그런 건 그냥 기분일 뿐이에요."

핵심감정을 처리하는 작업은 온몸을 반복해서 살피는 과정이다. 감각을 알아차리고, 감각에 귀를 기울여 충동을 발견하고, 충동이 어떻게 하고 싶은지 알아보고, 충동이 하려는 행동을 상상하고 다시 확인하면서 마침내 감정 에너지를 발산하여 평온한 느낌이 들 때까지 필요한 만큼 반복하는 과정이다. 개념은 간단하지만 막상 그 과정을 시작하는 것은 결코 간단한 문제가 아니다. 내담자에게 자기 자신과 치료사를 모두 신뢰하고 용기를 내고 비판단적으로 감정이 흐르게 해주려는 의지가 있어야 한다.

|분노는 왜 필요하며 어떻게 써야 하나|

보니는 어릴 때 양육자인 아버지와의 관계가 절대적이었다. 그래서 살아남으려고 분노를 부정할 수밖에 없었기에 자기 의견을 말하지 못했다. 하지만 어른이 되고도 (핵심감정인) 분노를 사용하지 못하자 갈수록 취약해졌다. 분노를 느끼지 못하면 싫다는 말을 못하고 사람들과의 관계에 적응하기 위한 한계와 경계를 정하는 식의 적절한 행동으로 스스로를 보호하지 못하기 때문이다.

이런 경우에 가장 효과적인 해결책은 분노와 접촉해서 건설적으로 표출하는 법을 배우는 것이다. 그러려면 분노와 건강한 관계를 맺어야 한다. 분노에 대한 두려움과 마주해 그 원인을 탐색함으로써 분노의 개념과 충돌하는 감정이 있으면 해결해야 한다. 끝으로 자기주장을 효과적으로 펼치는 방법을 배워야 한다. 그러면 사람들과의 관계에서 자신 있고 편안해질 수 있다.

어떤 내담자들은 화가 나면 주체하지 못할 정도로 격분할까봐 걱정한다. 이런 걱정을 해소하기 위해서는 이런 생각이 언제 어디서 생겼는지 탐색해야 한다. 나는 가끔 내담자들에게 이렇게 묻는다. "화를 주체하지 못해서 당신이나 누군가에게 폭력을 가한 적이 있어요?" 드물긴 해도 그런 적이 있다는 대답이 나오면 진행

속도를 늦추고 충동조절 문제부터 다루면서 내담자가 실제로 행동으로 옮기지 않고도 분노를 안전하게 경험하도록 도와준다. 반면에 분노에 대한 통제력을 잃은 적이 없다고 답한다면 앞으로도 통제력을 잃을 가능성이 적다는 뜻이다. 그럼에도 통제력 상실에 대한 두려움은 엄연히 존재하는 것이고, 대개는 내면아이에게서 나온다.

어른이지만 두 살짜리 아이처럼 강렬하게 분노를 느끼는 내담자도 있다. 어린 시절의 신경망이 활성화되기 때문이다. 그 사람이 스스로 그토록 통제 불능이라고 느끼는 이유는 그의 분노가 아이 때 처음 느낀 그대로 시간 속에 얼어붙어 있어서다.

모든 분노가 어린 시절로 거슬러 올라가는 것은 아니다. 사람은 일상의 이런저런 시련에 부딪히면서 늘 새로운 분노를 느낀다. 그런데 분노의 원인이 무엇이든, 사람들은 지레 겁먹고 분노를 덮어두려 할 때가 있다. 우울증 치료를 받으러 나를 찾아온 샐리를 처음 보고 키가 큰 편인데도 작고 연약하다는 인상을 받았다. 자기 이야기를 하는 동안에도 물을 주지 않은 꽃처럼 시들어 보였다. 샐리는 남들이 자기를 무시하며, 사람들이 화낼까 봐 거절하지 못한다고 말했다. 내가 샐리에게 나한테 이야기하면서 감정이 올라오는지 묻자, 샐리는 "그냥 그렇죠"라고 답하고는 긴 한숨을 내쉬었다. 나는 샐리의 수동적이고 체념하는 태도에 놀랐다. 친구와 가족이 그녀의 친절을 함부로 이용한다는 말을 듣고는 나도 이렇게 화가 치미는데 그녀의 분노는 어디에 있는지 궁금해졌다.

분노를 느낄 줄 알아야 남들한테 이용당하거나 무시당할 때를 알아차릴 수 있다. 뭔가 잘못되었고 바꿔야 한다는 걸 일깨워주는 것이 바로 분노다. 남에게 침해당하지 않도록 보호해주는 것도 분노다. 분노를 느끼지 못하면 불리한 처지로 내몰린다. 샐리는 이런 분노와의 연결을 잃어버렸다.

나는 샐리가 자신의 감정을 알아차리기를 바랐다. 샐리는 분노 충동을 알아차리고 제대로 활용해서 관계와 삶의 질을 향상시켜야 했으며, 그러기 위해서는 분노 충동을 건강하게 표출해 해소하는 방법을 배워야 했다. 하지만 샐리는 친구가 갑자기 저녁 약속을 취소하면 어떤 기분이 드느냐는 질문에 그저 슬프다고만 답했다. 하지만 샐리의 몸짓 언어는 아직 할 얘기가 더 있다고 말하고 있었다. 그래서 나는 샐리가 분노를 알아차리도록 유도하려 했지만 샐리는 자신이 분노를 느끼고 있다는 것을 단호하게 부인했다.

"머리부터 발끝까지 온몸을 살피면서 당신이 분노를 느낀다고 알려주는 아주 작은 감각이라도 있는지 찾아볼래요?"

잠시 후 샐리는 횡경막에서 뭔가가 느껴진다고 말했다. 그러더니 잠시 가만히 앉아 그 감각을 관찰하고는 좌절감이 든다고 말했다. 좌절감이란 사람들이 분노를 지각하지만 어떻게 처리할지 몰라 억누르거나 제한하는 일반적인 방법이다.

이후 몇 분간 샐리는 몸에서 분노를 알아차릴 수 있었고, 연습과 반복을 거쳐 분노를 편안하게 경험할 수 있었다. 많은 내담자가 이와 유사한 경험을 하고 분노와 친해진다. 분노를 척추로 옮기는 장면을 상상하면서 자신의 요구를 주장하고, 상대에게 무슨 의도로 자신을 괴롭혔는지 물어보고, 한계와 경계를 설정할 수 있다.

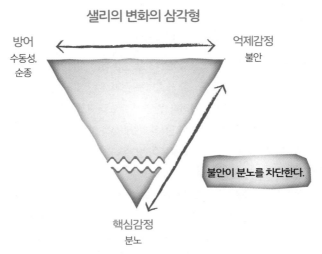

샐리의 변화의 삼각형

방어
수동성,
순종

억제감정
불안

불안이 분노를 차단한다.

핵심감정
분노

분노가 불안에 의해 차단당했다. 샐리는 분노와 불안을 모두 피하기 위해 수동적이고 순종적이 되었다(방어).

공격성이 아니라 주장의 힘과 설득력을 이용해서 자신의 소망과 요구를 단호하지만 다정하게, 그리고 좀 더 차분하게 전달할 수 있게 된다.

반대로 분노 충동을 더 통제해야 하는 내담자들도 있다. 고성이 오가고 벽을 치고 식탁을 내리치고 가끔 체벌도 가하는 집안 분위기에서 자란 밥이 그랬다. 밥에게 '분노'는 '분노를 행동으로 표출하는 것'과 동의어였다.

밥에게 충동을 표출하는 것과 알아차리는 것은 다르다고 말하자 밥은 흥미로워했다. "두 단계를 거친다는 건가요? 우리 아버지는 화가 나면 식구들과 주변 사람들에게 분노를 터뜨렸거든요."

분노를 경험하는 것과 표출하는 것의 차이

분노를 경험하는 것과 표출하는 것을 혼동하는 사람이 많다. 마음에서 분노를 느끼는 것은 분노를 표출하는 것과 정반대다. 분노를 경험하는 것은 순전히 내적인 경험이다. 반면에 분노를 표출하면 상대를 자극한다. 분노가 나를 화나게 만든 당사자에게 직접 향할 수도 있고, 잘못하면 앞에 있는 엉뚱한 사람에게 불똥이 튈 수도 있다. 결국 사람들이나 인간관계에 해를 끼친다.

폭력적인 가정이나 큰소리가 오가는 가정에서 자란 아이는 분노가 곧 파괴적인 행동이라는 잘못된 등식을 학습한다. 나는 내담자들에게 분노가 때리거나 주먹질하거나 악을 쓰는 게 아니라고 강조한다. 분노는 핵심감정으로서 신체감각과 분출의 충동으로 드러난다. 분노는 심술궂게 굴고 싶어하고 때로는 남을 때리거나 주먹질하거나 밀치거나 두들겨 패거나 박살내거나 찌르거나 파괴하거나 총으로 쏘고 싶어한다. 이런 충동을 수용해서 행동으로 표출하지 않고 상상으로 안전하게 분출하면 분노 충동을 통제하고 인간답게 성숙한 방식으로 분쟁을 해결할 수 있다.

"바로 그거예요. 미묘하지만 중요한 차이가 있어요. 분노 자체는 다른 사람이든 당신 자신이든 아무도 해치지 않아요. 하지만 분노를 행동으로 표출하거나 분노를 스스로에게 돌리면 문제가 생겨요."

내가 만난 거의 모든 내담자가 분노 문제에 시달린다. 자신의 분노가 다른 사람이나 인간관계에 어떤 결과를 초래할지 두려워하고, 타인의 분노가 자신에게 어떤 결과를 초래할지 두려워했다. 사람들은 분노로 인해 내면에 일어나는 느낌, 이를테면 몸이 바짝 긴장하거나 배 속에 뜨거운 불덩이가 뭉쳐 있거나 무서운 에너지가 상체로 올라오는 느낌을 좋아하지 않는다. 그리고 분노 에너지와 분노 충동을 올바로 표출하는 방법을 모른다. 이런 사람들이 변화의 삼각형을 다룰 줄만 안다면 분노와의 관계를 변화시켜 스스로를 파괴하는 강렬한 에너지를 다스릴 수 있다. 분노와 친해지는 것이 쉽지는 않겠지만 시도해볼 가치가 있다.

핵심감정에 관해 알아야 할 모든 것

진심으로 기쁘면 바로 웃고 슬프면 바로 우는 것은 뇌간 깊숙이 자리한 뇌 구조의 작용이다. (…) 우리에게는 이 영역의 신경 과정을 직접적이고 자발적으로 통제할 수단이 없다. (…) 재채기를 막지 못하듯 감정도 막지 못한다.

– 안토니오 다마지오Antonio Damasio

전에는 나도 강렬한 감정의 힘에 휘둘려 허우적대곤 했다. 몸과 마음이 분노나 두려움, 슬픔, 죄책감, 수치심에 사로잡힐 때 무력감이 들었다. 주로 남자친구나 부모님에게 격한 분노를 느끼면서 자제력을 잃고 분노를 표출했다. 불같이 화를 내거나 무기력해지는 내가 싫었지만 어쩔 수가 없었다.

내가 아는 나는 침착하고 사려 깊고 평온하고 자신 있고 다정한 사람이었다. 그런 나를 이렇게 바꾼 강렬한 힘은 무엇이었을까? 그럴 때 나는 어떤 인간이 된 걸까? 내가 좋아하고 인정하는 내 모습에 무슨 일이 생긴 걸까? 나를 찾아오는 내담자들도 감정과 우울과 불안에 사로잡힌 상태에 관해 이야기한다. 감정에 압도당하면 자아는 음울한 기분에 젖는다. 어떤 때는 다른 생각이라고는 아무것도 안 날 정도로 뇌가 감정에 휘둘리기도 한다. 감정과 기분과 상태는 우리의 구석구석까지 스며들어 전체를 지배하다가 마술처럼 지나간다.

변화무쌍한 감정의 풍경을 이해하려면 감정의 기본 속성을 알아야 한다. 핵심감정으로는 분노와 슬픔, 두려움, 혐오감, 기쁨, 흥분, 성적 흥분, 이렇게 일곱 가지가 있다. 누구나 핵심감정을 조금씩 다르게 경험하지만 여러 가지 공통점이 있다.

감정은 감정일 뿐

모든 사람의 뇌에는 일곱 가지 핵심감정이 장착되어 있다. 우리는 감정을 통제할 수 없고 감정이 우리의 몸과 마음에 일으키는 반응을 막을 수도 없다. 무의식중에 일어나는 감정은 위험과 쾌락 모두를 알리는 비상경보처럼 수많은 신체적·생리적 반응을 자극해서 그 순간에 살아남게 해준다. 감정은 그 자체로 긴급성이 있다.

감정은 감정일 뿐이다! 감정을 느끼면 안 된다고 생각하는 내담자들에게 내가 주문처럼 해주는 말이다. 많은 사람이 감정은 나약한 자들만의 것이라고 생각하지만 잘못된 생각이다. 누구도 핵심감정의 진앙인 뇌의 변연계에서 일어나는 감정을 막을 수 없다.[5] 슬픔에 대해 판단하는 내담자들에게 나는 이렇게 말한다. "슬픔은 슬픔일 뿐이에요. 좋은 것도 나쁜 것도 아니에요." 보니의 분노도 마찬가지였다. 그 기억은 옳다거나 그르다거나 하는 판단의 대상이 아니었다. 감정은 근절되는 게 아니라 좌절될 뿐이라는 특징을 인정하면 감정을 건강하게 다루는 힘이 생긴다. 감정은 감정일 뿐이라는 사실을 이해하면 더 이상 자기나 남들이 감정을 느낀다고 탓할 이유가 없어진다.

| 핵심감정은 스위치처럼 작동한다 |

보니의 아버지가 "고마운 줄 모른다"고 소리를 지르자 보니의 마음에서 '팟!' 하고 감정이 켜졌다. 보니의 분노가 켜진 것이다. 이처럼 위험이나 쾌락을 지각하면 뇌의 감정 스위치가 일곱 가지 핵심감정 중 하나를 켠다. 가령 회색곰의 공격을 받는다고 상상해보자. 어떤 감정이 켜질까? 두려움이다. 뇌에서 두려움이 점화되면 생각할 겨를도 없이 몸이 반응한다. 만약 우리가 심사숙고하고 도망쳐야 했다면 마음에서 도망치기로 결정하기 전에 이미 죽었을 것이다. 다행히 우리에게는 두려움이라는 힘이 있다. 누군가에게 겁을 먹고 도망친 기억을 떠올려보자. 두려움을 느끼는 순간 뇌가 위험하다고 지각하는 대상에게서 몸이 반사적으로 달아났을 것이다. 그리고 안전해지면 신피질(생각할 때 작동하는 뇌 영역)이 주변 환경에서 잠재적인 위험을 평가하고 위험을 일으킨 원인이 사라졌는지를 판단한다. 우리에게 큰 고통을 안겨주는 감정은 그렇게 무의식중에 자동으로 작동해서 생존에 도움이 된다는 사실이 진화의 역사에서 입증되었다. 핵심감정을 느껴서는 안 된다거나 감정이 이해되지 않는다거나 그런 감정을 느끼는 것은 잘못이라고 생각해봐야 의미가 없다. 감정은 감정일 뿐이고, 감정은 정서적 뇌가 환경에서 지각하는 내용에 따라 켜지고 꺼질 뿐이다.

감수성은 스펙트럼으로 분포한다

감정을 느끼는 감수성은 인간의 다른 모든 특질과 마찬가지로 스펙트럼으로 분포한다. 누군가는 감정을 적게 느끼고 누군가는 많이 느낀다. 원래 그렇게 타고난다. 가족이나 친구 중에 정서적으로 세심한 사람이 있고 세심하지 못한 사람도 있을 것이다. 어떤 사람이 무엇을 얼마나 느끼는지를 기준으로 보면 그가 타인의 감정을 얼마나 잘 다루는지 알 수 있다.

감정은 전염된다

아기들이 모인 공간에서 한 아기가 울음을 터뜨리면 어떻게 될까? 순식간에 모든 아기가 울어재낄 것이다. 아니면 영화를 보면서 웃음을 터뜨리는 사람들을 생각해보자. 누가 박장대소하는 소리를 듣고도 웃지 않기는 쉽지 않다.

배우자나 자녀가 우울해하면 감정이 전염되어 당신도 기분이 좋지 않을 것이다. 사랑하는 사람이 화가 나거나 슬프거나 겁먹은 듯 보이면 당신도 그런 감정에 휘말릴 것이다. 이런 감정의 전염을 편하게 받아들이지 못하면 상대에게 자극받아 일어나는 원치 않는 감정을 떨쳐내려고 지나치게 냉담해지거나 방어적이 될 수 있다. 일부 연구에서는 거울뉴런mirror neuron, 곧 우리를 감정에 전염

시키고 우리에게 공감능력을 주는 특수한 뇌세포가 존재한다고 밝힌다.[6]

| 핵심감정은 바다의 파도와 같다 |

핵심감정은 바다의 파도처럼 일어나서 정점에 이르렀다가 결국 떨어진다. 이런 원리를 알면 핵심감정을 온전히 받아들일 마음의 준비를 할 수 있다. 핵심감정은 처음에는 점점 거세지다가 서서히 약해질 것이라고 예상할 수 있는 것이다. 꾸준히 심호흡하면서 파도를 타듯이 모든 과정을 거치면 강렬한 감정이 가라앉고 마침내 평온과 안정이 온다. 발가락을 찧을 때와 같다. 발가락을 찧으면 통증이 극심해지다가 어느 순간 사라지지 않던가.

　앞서 프랜이 슬픔을 분출했을 때를 기억하는가? 프랜은 한 번에 몇 분씩 가는 파도를 몇 차례 견뎠고 마침내 안도감을 얻었다. 핵심감정은 원활히 흐르게 놔두면 대개 몇 분 내에 가라앉는다. 그리고 사람들은 머잖아 안도감이 온다는 걸 알기만 하면 몇 분쯤은 불편함을 견딜 수 있다.

| 감정은 이름 붙여지고 인정받기를 원한다 |

스스로 어떤 감정을 느끼는지 알아차리면 마음이 평온해진다. 실제로 감정을 말로 표현하면 뇌에서 변화가 일어나 감정의 각성 수준이 떨어진다는 과학적 증거가 있다.[7] 그래서 어린 시절부터 감정에 이름 붙이는 법을 학습해야 한다. 하지만 현실에서는 이런저런 이유로 스스로 감정 알아차리는 법을 배우지 못한다.

크레이그는 스물다섯 살인 딸과 즐거운 주말을 보냈다. 하지만 딸이 떠나자 불안해졌다. 처음에는 왜 불안한 마음이 드는지 전혀 몰랐다. 주말을 딸과 함께 즐겁게 보내지 않았는가. 그러다 내면에 집중해서 어떤 감정인지 살펴보고는 두 가지 감정을 알아차렸다. 고마운 마음과 기쁨이었다. 크레이그의 사례는 불안을 일으키는 감정의 힘을 보여주는 좋은 예다. 고마운 마음과 기쁨은 모두 좋은 감정이지만 두 가지가 같이 있으면 가끔은 과도해질 수 있다. 그래서 우리를 불안하게 만들어 변화의 삼각형의 핵심감정에서 억제감정으로 올라가게 만든다. 크레이그는 이런 감정의 실체를 확인하자 불안이 사라졌다.

나는 내담자들에게 감정에 이름을 붙여서 기분이 좋아지는 법을 가르쳐준다. 감정에 이름을 붙이고 인정하기만 해도 몸과 마음이 평온해질 수 있다. 이는 변화의 삼각형을 다루는 과정에서 중요한 단계다.

▎감정은 몸에 뿌리를 내리고 있다▎

뇌에 있는 무수한 감각뉴런과 운동뉴런이 감정의 뇌를 심장과 폐, 위, 피부, 소장, 대장, 근육 등의 모든 신체기관과 연결해준다. 어떤 감정을 느끼는 동안 잠시 돌아보면 몸에서 분명 무슨 일이 일어나고 있다는 것을 알 수 있다. 예를 들어 슬플 때는 심장에서 묵직한 감각이 느껴진다. 화가 나면 가슴이 조여들거나 배에서 생긴 에너지가 머리끝까지 올라가는 느낌이 든다. 두려울 때는 몸이 떨린다. 흥분하면 기운이 넘치고 간혹 찌릿찌릿한 느낌이 들면서 춤을 추거나 누군가와 하이파이브를 하고 싶은 충동이 일어난다.

핵심감정은 행동을 낳고, 행동은 적응을 낳는다

감정이 일어나면 그 순간 행동하게 된다. 우리가 감정을 충동으로 느끼는 것이다. 분노든 슬픔이든 두려움이든 혐오감이든 기쁨이든 흥분이든 성적 흥분이든, 모든 핵심감정은 우리에게 행동하도록 자극한다. 감정을 경험하는 순간에 몸에 집중하면 특정한 충동을 확인할 수 있다. 감정에 집중하면 충동은 저절로 드러나며, 각각의 핵심감정에는 보편적으로 나타나는 충동이 있다.

- 두려움의 충동은 달리거나 숨거나 때로는 얼어붙게 만든다.
- 분노의 충동은 싸우고 과격해지고 나쁜 말을 하고 공격하고 위협하고 자기나 타인을 보호하고 변화를 촉진하게 만든다.
- 슬픔의 충동은 속도를 늦추어 위안과 연결을 구하고 웅크리게 만든다.
- 기쁨의 충동은 미소 짓고 성장하고 남들과 기쁨을 나누게 만든다.
- 흥분의 충동은 흥분의 대상으로 향하도록 만든다. 벌떡 일어나 친구나 팀원과 하이파이브를 하거나 환호성을 지르게 한다.
- 혐오감의 충동은 흠칫 놀라거나 혐오감이 드는 대상에서 멀어지거나 구역질하게 만든다.

• 성적 흥분의 충동은 욕망하는 대상에게 다가가거나 성욕을
해소할 방법을 찾게 만든다.

감정과 충동은 우리가 환경에 어떻게 반응해야 하는지 말해준
다. 그런데 감정이 차단되면 위와 같은 충동이 일어나는지 우리는
알 수 없다. 감정을 느끼지 못하면 삶의 중요한 나침반을 잃어버린

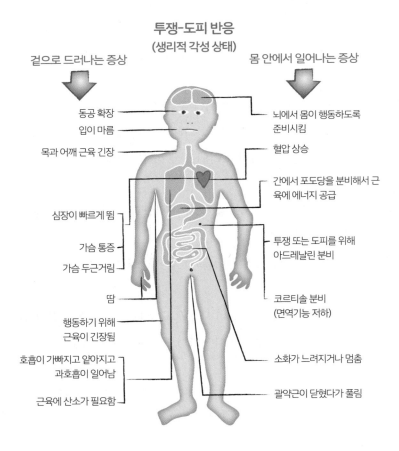

투쟁-도피 반응
(생리적 각성 상태)

겉으로 드러나는 증상   몸 안에서 일어나는 증상

동공 확장
입이 마름
목과 어깨 근육 긴장

뇌에서 몸이 행동하도록
준비시킴

혈압 상승

간에서 포도당을 분비해서 근
육에 에너지 공급

심장이 빠르게 뜀

가슴 통증

가슴 두근거림

투쟁 또는 도피를 위해
아드레날린 분비

땀

코르티솔 분비
(면역기능 저하)

행동하기 위해
근육이 긴장됨

호흡이 가빠지고 얕아지고
과호흡이 일어남

소화가 느려지거나 멈춤

근육에 산소가 필요함

괄약근이 닫혔다가 풀림

격이다.

어떤 감정을 느낄 때 스스로에게 이렇게 물어보자. "지금 나는 어떤 감정을 느끼고 어떻게 하고 싶은가?" 이렇게 알아낸 정보를 토대로 앞으로 어떻게 할지 결정할 수 있다.

|감정은 증폭한다|

감정은 강해지고 커질 수 있다. 우리를 압도할 정도로 커져서 화들짝 놀라거나 사라지고 싶게 만들 수도 있다. 감정을 증폭시키는 데는 외적 요인 말고도 내적 요인이 작용할 수 있다. 자기판단과 자기비판은 내적 증폭 요인이다.

예를 들어 내가 수업시간에 질문을 했는데 교사가 그 질문에는 이미 답했다고 말해서 창피하다고 해보자. 나는 속으로 '난 멍청이야'라고 자책할 수 있다. 이런 창피한 마음이 커지면 내가 점점 작아지는 느낌이 든다. 이때 고통을 키우고 싶지 않다면 이런 생각들을 그 자리에서 딱 멈추면 된다. 비판적인 자기대화를 연민 어린 자기대화로 바꾸면 곧바로 기분이 좋아진다. 예를 들어 위와 같은 상황에서 '나는 공개적으로 망신당해도 되는 사람이 아니야'라고 생각하는 것이 자기연민이다.

남들이 내 감정을 증폭시킬 수도 있다. 휴가를 떠나기 전날 밤에 내가 엄마한테 비행기 타는 게 무섭다고 하자 엄마가 겁먹은 눈으로 "맙소사, 그런 소리 하지 마"라고 대꾸한다면 나는 심장박동이 빨라지고 팔이 떨리고 호흡이 얕아지고 가빠진다. 두려움이 더 커지는 것이다.

분노는 쉽게 증폭되는 감정이다. 사랑하는 사람과의 싸움이 어떤 식으로 심각해지는지 보라. 가령 당신이 배우자에게 문제를 지적하자 배우자가 비난받는다는 생각에 방어적으로 나온다면 당신은 당신의 의견이 제대로 전달되지 않은 것 같아서 기분이 나빠질 것이다. 당신이 기분 상하면 배우자는 당신이 화가 난 것으로 해석하고 더 화가 날 것이다. 그러다가 양쪽 모두 화가 나고 방어적이 되어 자기만 옳다고 우기면서 분개한다. 갈등이 생길 때 잠시 멈추고 휴식을 취하거나 무엇보다도 싸움을 도발하는 분노 충동을 참아내서 조심스럽게 갈등을 줄이지 않으면 걷잡을 수 없이 소리를 지르며 싸우거나 심각한 상황으로 치달을 수 있다.

증폭되는 감정 에너지를 달래서 감당할 수 있는 수준으로 떨어뜨릴 수단이나 능력이 없다면 겁이 나게 마련이다. 이런 사람들은 대개 방어로 대처한다. 세라가 화가 날 때마다 마음을 닫고 상담실에서 도망치는 상상에 빠지는 것도 이런 이유였다. 세라에게는 감정을 다스릴 도구나 능력이 없었다.

반면에 기쁨이나 흥분 같은 긍정적인 감정을 느낄 때 다른 사람과 함께 감정을 나누어서 감정을 증폭시킬 수도 있다. 다른 사람과 긍정적인 감정을 나누면 양쪽 모두에게 좋은 감정이 쌓이고 안정 애착이 강화된다. 일상에서 행복하고 흥미진진한 순간을 배우자와 나누는 것은 삶의 중심이 되는 관계에서 흥분과 사랑을 북돋워주는 아주 괜찮은 방법이다.

감정에는 에너지가 있다

인간은 살아 있는 유기체다. 모든 생명체는 몸이 지나치게 뜨거워지거나 차가워져서 죽지 않도록 에너지의 균형을 유지해야 한다. 연료가 있어야 자동차가 달리듯이 우리도 에너지를 얻기 위해 음식을 먹는다. 호흡과 소화 작용은 우리 몸의 세포를 위한 에너지를 생성한다. 에너지가 생성되면 심장이 박동하고 폐가 호흡하고 위가 소화시키고 근육이 움직인다. 에너지의 생성과 소비가 균형을 이루어야 항상성과 조화를 유지할 수 있다.

자동차가 과열되면 작동을 멈춘다. 엔진을 멈추고 열을 배출시켜야 하기 때문이다. 핵심감정도 마찬가지다. 핵심감정은 에너지를 생성하는데, 이렇게 생성된 에너지는 발산되어야 한다. 그런데 억제감정과 방어를 지나치게 사용하면 감정 에너지가 차단되어 문제가 발생한다.

불안과 죄책감과 수치심은 에너지를 억눌러 핵심감정을 좌절시키는 세 가지 방법이다. 이런 억제감정은 사람들과의 연결을 유지시켜서 일시적으로 도움이 되지만 대가가 따른다. 감정 에너지가 갇히는 것이다.

조너선은 반려견이 죽은 걸 알고 배 속과 심장이 내려앉는 듯한 비통한 감각을 느꼈다. 이런 강렬한 감각은 순식간에 온몸으로 퍼져서 눈까지 올라갔다. 하지만 조너선은 울음을 참고 속으로 '남자답게 굴어!'라고 다짐했다. 그러자 눈물로 슬픔을 분출하기도 전에 몸에서 자동으로 근육이 수축되어 울음을 방해했다. 이렇게 슬픔을 느끼지 않는 태도가 그의 우울증을 유발한 한 가지 요인

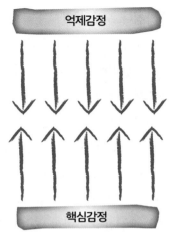

감정의 피스톤

억제감정

핵심감정

핵심감정은 외부로 에너지를 발산하려는 강력한 충동과 함께 위로 올라온다. 반면에 불안과 수치심과 죄책감은 표출되려고 밀려 올라오는 핵심감정 에너지를 억누른다.

이었다.

사람들은 핵심감정 에너지를 일상적으로 차단한다. 감정 에너지가 차단되면 변화의 삼각형에서 위로 올라가 억제감정과 방어로 이동한다. 그러나 에너지는 소멸되지 않고 불안을 야기하고 몸과 마음에 스트레스를 가한다. 하지만 그렇게 살 필요가 있는가? 다시 변화의 삼각형을 따라 아래로 내려가기만 하면 우리는 핵심감정을 경험하고 좀 더 건강한 방법으로 감정을 다뤄나갈 수 있다.

실험: 내적 경험 알아차리기

내적 경험을 알아차리고 이름 붙이는 연습을 시작해보자. 자기를 알아차릴 때는 정답도 오답도 없다. 오직 주관적인 인식만 중요하다. 필요하다면 부록(356~364쪽)의 감각 단어, 감정 단어 목록을 참조해서 각자의 감정과 감각을 표현해보자.

▍신체감각 ▍

가만히 앉아서 마음의 여유를 갖는다. 바닥을 디딘 발의 감각에 집중해서 네다섯 번(또는 원하는 만큼) 심호흡한다. 이번에는 피곤하거나 배고플 때 어떤 느낌이 드는지 떠올려보자.

몸에서 어떤 감각이 느껴지는가? 신체감각을 알아차리려면 생각을 알아차릴 때보다 오래 걸리므로 30초 이상 관찰한다.

배고프거나 피곤할 때 느껴지는 감각을 두 가지 적어보자.

1. _____

2. _____

▍머리부터 발끝까지 몸 살펴보기 ▍

천천히 호흡하면서 머리부터 발끝까지 몸을 살펴본다. 물에 들어갈 때 발끝부터 물에 넣어보고 물속으로 뛰어드는 것처럼 몸을 천천히 살피면서 어떤 느낌인지 관찰한다. 아주 미세한 감각이라도 괜찮다. 처음에는 아무런 감각이 느껴지지 않아도 심장과 배 부위에 잠시 머물면서 어떤 감각이 느껴지는지 확인한다. '몸이 평온하다'거나 '초조한 기분이다'라고 말해도 좋다.

당신이 알아차린 감각 세 가지를 적어보자.

1. _____
2. _____
3. _____

어떤 감각이 무섭거나 불편한 느낌으로 쌓이기 시작하면 잠시 휴식을 취한다. 계속 심호흡하면서 앞에서 발견한 나만의 안식처를 떠올리면 더 좋다. 감각을 설명할 준비가 되면 다시 시작한다.

주의 어떤 상태를 지각하든 평가해서는 안 된다. 항상 스스로에게 호기심과 연민을 보여주어야 한다. 신체감각에 집중하면서 스스로를 평가하지 않고 스스로에게 호기심과 연민을 유지하는 것이 어렵거나 불가능하게 느껴진다면 그냥 그 상태를 인정하자. 그런 다음 왜 그런 느낌이 드는지 스스로에게 물어본다. 이상하거나 불편한 상태가 감각인가? 스스로가 어리석거나 제멋대로라는 느낌이 드는가? 스스로에게 비판적이거나 험한 말을 하는가? 가만히 관찰해보자.

▌생각과 감정 사이에서 마음의 유연성 기르기▐
자기가 변화의 삼각형에서 어느 꼭짓점에 있는지 파악하려면 생각과 감정의 차이를 이해해야 한다. 생각이 도움이 될 때가 있지만 건설적이지 않을 때도 많다. 가령 반추와 강박사고와 걱정이 계속 뇌를 헤집어 기분이 나빠진 것조차 인식하지 못하는 경우도 있다.

그렇다고 생각을 멈추라는 뜻은 아니다. 온종일 감성적인 상태로 사는 건 현실적으로 불가능하다. 그렇다 하더라도 생각에만 집중하고 감정을 무시하면 안 된다. 생각과 감정을 자유롭게 오가는 유연성을 길러야 한다.

생각에 집중하라. 생각을 알아차려라. 어쩌면 지금 당신은 '이 정보는 흥미롭군'이라고 생각할 수도 있고, '거참 정신 나간 소리네'라고 생각할 수도 있다. 이따가 저녁에 뭘 먹을지 생각할 수도 있다. 생각에 대한 판단을 보류한 채 가만히 알아차려라. 그저 알아차리는 것이 목표다. 간단하다. 지금 이 순간 당신은 무슨 생각을 하는가?

당신이 알아차린 생각 세 가지를 적어보자.

1. ....
2. ....
3. ....

다음으로 목 아래로 관심을 돌려 몸의 중심으로 내려간다. 10초 정도 그 자리에 머문다. 숨을 참지 말고 심호흡을 한다.

당신이 알아차린 감정이나 신체감각을 설명할 수 있는가? 평온한가, 느긋한가, 긴장되는가, 스트레스를 받는가, 따뜻한가, 차가

운가, 행복한가, 슬픈가, 화나는가, 무서운가, 흥분되는가, 쾌활한
가, 멍한가, 초조한가?

당신이 알아차린 감정이나 감각 세 가지를 적어보자.

1. _____
2. _____
3. _____

이번에는 다시 머리로 올라와 생각에 집중하자. '나는 이 연습
을 어떻게 생각했는가?'

지금 드는 생각 세 가지를 적어보자.

1. _____
2. _____
3. _____

마지막으로 다시 몸의 중심으로 내려가서 어떤 느낌이 드는지
느껴본다. 앞에서 느낀 감각이 지금 느끼는 감각과 같을 거라고 가
정해서는 안 된다.

당신이 지금 알아차린 감정이나 신체감각 세 가지를 적어보자.

1. _____
2. _____

3. _____

이제 머리로 올라가서 생각을 감지하는 것과 몸으로 내려가서 감정과 신체감각을 감지하는 것의 차이를 알았는가?

| 내적 상태 확인하기 |

날마다 '몸 상태를 잊지 말고 확인하라'고 알려주는 알람을 설정해두면 좋다. 그러면 여유를 갖고 생각과 감정에 주목하는 습관을 들일 수 있다. 편안하고 좋은 느낌이 드는 상태를 발견하면 그 상태에 조금 더 머물러본다. 그 감각을 이해하는 것이 목표다. 호기심을 갖고 알아보자.

긴장, 초조함, 슬픔, 아픔처럼 뭔가 힘든 느낌이 들 때 그 감정이나 감각을 가장 적절히 설명해주는 말을 떠올릴 수 있는가? 당신이 경험하는 그 상태의 원인을 알 수 있는가? 스스로에게 '무슨 일 때문에 지금 이 순간 이런 감정이나 감각이 일어난 걸까?'라고 물어본다. 핵심감정인지 억제감정인지 확인할 수 있는가? 시간이 갈수록 자신이 변화의 삼각형에서 어느 꼭짓점에 있는지 점점 더 정확히 파악하게 될 것이다.

예를 들어 프랜은 슬픔을 차단하는 성향을 알고 규칙적으로 자기 상태를 확인했다. 뇌에서 반사적으로 슬픔을 덮거나 부정하는 것을 알기에 적극적으로 슬픔을 찾아서 끌어냈다. 그리고 슬픔을 존중했다. '존중'한다는 것은 그 감정을 우선순위에 둔다는 뜻이다. 프랜은 슬프다고 말하는 몸의 감각에 주목하고, 슬픔의 감각

일상의 습관

- 여유를 갖고 몸과 마음에서 일어나는 현상을 알아차린다.
- 방어적인 생각과 행동을 알아차리고 그런 생각과 행동의 이유를 찾아본다.
- 생각에 갇히지 말고 몸 상태를 확인하면서 방어를 중단해본다.
- 경험하는 상태를 말로 표현해본다.
- 감정을 인정한다.

이 그녀 자신에게 말을 걸 때까지 계속 그 감각에 집중했다. 그 결과 내면이나 외부환경의 어떤 요인이 그 순간에 슬픔을 끌어냈는지 알아냈고, 마침내 연민으로 슬픔에 다가갔다.

사람들은 흔히 기분 좋은 경험보다 불편한 경험을 말로 표현하는 것을 더 수월하게 여긴다. 부정적인 경험을 표현하는 단어는 금방 떠올릴 수 있지만 긍정적인 경험을 표현하는 단어는 그렇지 못한 것이다. 평온한 상태를 예로 들어보자. 사람들은 평온하면 그냥 별 느낌이 들지 않는다고 말한다. 하지만 평온함도 '부드러운, 고요한, 빛나는, 다정한' 같은 단어로 충분히 표현할 수 있다. 유쾌한 감정과 감각을 경험하면 그 감각에 머물러서 은유적인 표현이라도 적절한 단어를 추가해보자. 이렇게 단어를 추가하는 것은 뇌에서 곧 좋은 경험이 펼쳐질 것임을 나타내는 일종의 기준점 역할을 한다. 결과적으로 경험의 긍정적인 영향을 더 쉽게 얻을 수 있다.

이 실험을 꾸준히 시도해 습관으로 정착되면 뇌에서 긍정적인 변화가 일어난다.

실험: 핵심감정 찾아보기

머리부터 발끝까지 천천히 몸을 살피면서 미세한 감정이라도 모두 찾아보자. 감정이 느껴지면 다음의 질문을 해서 가장 적절한 핵심감정을 찾아본다. 시간을 충분히 가지고 천천히 한 번에 한 가지 감정을 확인한다(감정 하나에 30초가량 필요하므로 꽤 길게 느껴질 수 있다). 이때 당신이 알아차린 감정을 수용하고, 감정을 평가하고 싶은 유혹을 떨쳐내야 한다.

- 분노가 느껴지는가?
- 슬픔이 느껴지는가?
- 두려움이 느껴지는가?
- 혐오감이 느껴지는가?
- 기쁨이 느껴지는가?
- 흥분이 느껴지는가?
- 성적 흥분이 느껴지는가?

당신이 느끼는 핵심감정 한 가지를 찾았다면 감정 자체에 집중하는 연습을 하자. 감정에 관해 생각하지 말고 30초 동안 머물면서 오직 느껴보기만 하는 것이다.

당신이 알아차린 변화 세 가지를 적어보자.

1. _____
2. _____
3. _____

지금 느끼는 감정에 관해 다음의 문장을 완성해보자. 판단하거나 생각하지 말고 몸으로 알아차리면서 감정의 대답을 들어보자.

- 내가 _____ 에 화가 난 이유는 _____ 다.
- 내가 _____ 에 대해 슬퍼하는 이유는 _____ 다.
- 내가 _____ 을(를) 두려워하는 이유는 _____ 다.
- 내가 _____ 을(를) 혐오하는 이유는 _____ 다.
- 나는 _____ 으로 기쁘고 이 기분을 _____ 와(과) 함께 나누고 싶다.
- 나는 _____ 으로 흥분되고 이 기분을 _____ 와(과) 함께 나누고 싶다.
- 나는 _____ 에 의해 성적 흥분을 느끼고 _____ 을(를) 상상한다.

5

억제감정을
벗어나다

이 지독한 감정들은 어디서 왔나

스펜서의 사회불안

스펜서는 사랑이 부족한 가정에서 자랐다. 그의 아버지는 오만한 사람으로 친구도 거의 없고 남들을 모두 '짜증나고' '멍청한' 사람들로 보았다. 어머니는 수동적이고 말이 없는 사람으로, 긴장감과 적대감이 감도는 집안 분위기를 바꾸기 위해서 아무 일도 하지 않았다. 어린 시절의 스펜서는 방에서 혼자 그림을 그리면서 시간을 보냈다.

어른이 된 스펜서는 그래픽디자인 분야에서 일하지만 화가가 되고 싶어했다. 그러나 그림에 재능이 있지만 수줍음이 많아서 작품을 홍보하는 데 어려움을 겪었다. 스펜서는 내게 이렇게 말했다. "사회불안을 극복해야 새로운 사람을 좀 더 편하게 만나서 작품을 보여줄 수 있을 것 같아요." 그리고 사람들 앞에서 '엉뚱한 소리'를 할까 봐 말이나 행동을 머뭇거린다고도 했다.

상담 초반에 나는 스펜서에게 이렇게 물었다. "'엉뚱한 소리'라는 게 무슨 뜻이에요?"

"멍청한 말이나 짜증나는 말을 할까 봐 걱정돼요."

"그런 말을 하면요?"

"그럼 좋지 않겠죠!" 스펜서의 몸에서 공포 반응이 일어났다.

"좋지 않으면요?"

"다른 사람들이 날 멍청이로 보거나 나 때문에 화나게 하고 싶지 않아요."

스펜서가 왼쪽 다리를 떠는 걸 보고 내가 물었다. "왼다리를 떠네요. 무슨 의미일까요?"

"사람들이 나한테 화를 낼까 봐 두려워요. 난 그런 거 감당 못해요."

"지금 나한테 그 얘기를 할 때 머릿속에 어떤 이미지가 떠올라요?"

"나 혼자 서 있고, 모두가 날 보면서 멍청하다고 손가락질하고 화를 내요." 스펜서는 새로운 사회적 관계를 시작하려 할 때 늘 이런 장면을 떠올렸다. 그러니 밖에 나가기 싫은 것도 당연했다.

나는 스펜서를 처음 만날 때부터 깊은 인상을 받았다. 훈훈한 외모에 다정하고 점잖아 보였다. 매사에 정중하고 배려심이 넘치는 사람으로, 커피를 사올 때는 꼭 내 것도 챙겼다. 나는 스펜서를 보면서 모든 억제를 걷어내고 조금만 자신감을 키우면 보여줄 게 많은 매력적인 사람으로 거듭날 거라는 인상을 받았다. 하지만 안타깝게도 스펜서는 남들이 비난하고 화를 낼까 봐 두려워하며 인간관계에 제약을 두고 일상적인 친분만 겨우 유지했다.

스펜서는 실수해서 사람들을 화나게 할 거라는 두려움에 사로잡힌 나머지 애초에 사람들과 어울리면서 생길 불안을 차단했다. 스펜서의 뇌는 과민하게 반응하면서 늘 상상 속의 비판과 사람들의 분노로부터 자기를 지킬 방법을 찾느라 여념이 없었다. 그의 방어는 아마 이렇게 말했을 것이다. '누가 내게 뭘 원하는지 정확히 파악하면 그 사람이 원하는 대로 해줘서 그 사람의 분노로부터 안전해질 수 있어.'

안타깝게도 스펜서는 해결할 수 없는 문제를 해결하려 했다. 누구도 남의 마음을 읽을 수 없다. 그런데도 그는 남이 뭘 원하는지 예측하는 데 막대한 에너지를 쏟는 탓에 여가나 일에 에너지를 충분히 쓰지 못했다.

스펜서의 머릿속에 살고 있던 방어는 그가 불안의 신체 증상(구역질, 배 속 깊이 조여드는 느낌, 복부가 떨리는 느낌, 심장박동이 빨라지는 증상)에서 벗어나도록, 그리고 자기 모습 그대로가 편안하지 않다는 것을 외면하도록 도와주었다. 하지만 이 전략으로는 사회불안을 해결하지 못했다.

방어는 우리가 고통스러운 상태를 모면하게 해준다. 가령 불안, 수치심, 죄책감, 그리고 압도적일 수 있는 핵심감정을 피할 수 있게 해준다. 하지만 방어에는 대가가 따른다. 스펜서는 방어의 대가로 사람들과 편하게 어울리지 못했다. 사람들과 만날 때마다 마음속으로 이런 생각을 되풀이했기 때문이다. '아무도 날 좋아하지 않을 거야. 난 한심한 인간이야. 난 실수를 저지를 거야. 모두가 나한테 화를 낼 거야. 아무도 날 좋아하지 않을 거야. 난 한심한 인간이야. 난 실수를 저지를 거야. 모두가 나한테 화를 낼 거야. 아무도 날 좋아하지 않을 거야. 난 한심한 인간이야. 난 실수를 저지를 거야. 모두가 나한테 화를 낼 거야……' 강박적인 생각(반추)과 걱정은 고통스러울 뿐 아니라 쓸모도 없다.

이 밖에 사람들의 분노를 피할 방법에만 골몰하면 다음의 대가가 따라온다.

- 반추하는 동안 능률적으로 일하거나 여가를 즐겁게 보내거나 창의적이거나 세상에 호기심을 갖는 데 필요한 에너지가 소진된다.
- 반추하면 뇌의 투쟁-도피 영역을 자극해서 끊임없이 위험을 경계하는 상태로 만들 수 있다. 그러면 스트레스 호르몬이 분비되는 상태가 지속돼 건강을 해칠 수 있다.
- 반추하면 문제를 해결하는 능력이 손상된다. 불안해지면 마음이 제대로 작동하지 않는다. 반추하고 걱정하는 것은 마치 문제를 해결하기 위해 노력하는 것처럼 보이지만 비효율적인 시도일 뿐이고 애초에 문제 자체가 존재하지 않을 때도 있다.

상담을 시작한 지 석 달 정도 지나서 스펜서가 십대 시절의 이야기를 들려주었다. "아버지는 내 말이 못마땅하면 내가 아버지를 찌르기라도 한 것처럼 아주 끔찍한 인간 보듯 나를 봤어요. 내가 가끔은 미운 소리도 하는 평범한 십대라는 걸 이해하지 못하는 것 같았죠. 내 말을 마음에 담아두고는 '넌 나를 미워하는구나. 넌 나를 개만도 못하게 취급하는구나'라고 말했어요. 아버지는 항상 내가 나쁘다고 했죠."

"잔인하네요." 나는 공감과 보살핌이 부족했던 그의 어머니와 아버지 모두에게 화가 났다. 이런 식으로 경멸하고 방치하는 태도는 아이에게 몹시 해롭다.

"그런가요?" 스펜서가 말했다.

"음, 그래서 당신의 기분은 어땠어요?" 내가 물었다.

"나빴어요. 그래도 다 내 잘못이라고 생각했어요."

"내가 아버지가 잔인했다고 말하니까 기분이 어땠어요?"

"마음이 좀 놓였어요. 고마워요." 스펜서가 바닥을 보며 말했다.

"당신은 부모님하고는 많이 달라 보여요." 나는 그가 반려견을 키운 이야기를 떠올렸다. 그의 부모가 잘한 일 하나는 스펜서에게 강아지를 사줘서 13년 넘게 키우게 했다는 것이다. 스펜서가 강아지를 아끼고 보살펴준 이야기는 눈물겨웠다.

나는 스펜서와 상담하면서 그의 반려견 웨슬리와의 관계를 종종 활용했다. 두려움 없이 사랑받을 때의 느낌을 알려주기 위해 그가 웨슬리에게 느낀 감정을 떠올리게 했다. 사랑받고 인정받는 느낌이 어떤 건지 알아볼 때는 웨슬리가 그를 어떻게 생각하고 그가 웨슬리를 어떻게 생각했는지 기억하게 했다. 나는 그가 웨슬리를 대하던 모습과 그의 부모가 그를 대하던 모습을 비교하면서 그가 그의 부모와는 다르다고 일깨워주었다.

스펜서는 남들에게 공감하면서도 자기 자신에게는 공감하지 못했다. 나는 이런 이중 잣대로 관심을 끌고 싶었다. 그는 왜 남들에게 연민을 보여주고 남들의 실수는 눈감아주면서도 남들은 그에게 똑같이 해주지 않을 거라고 확신할까?

그의 한 부분이 아버지에 대한 기억에 갇혀 있고, 그 기억이 현재에도 무의식중에 재생되는 것 같았다. 다시 말해서 그의 뇌는 그것이 단순히 기억에 불과하다는 사실을 모르는 것 같았다. 스펜서는 내면아이의 눈으로 세상을 보았다. 그는 아버지에게 반응하듯이 사람들에게 반응했다. 어릴 때 생긴 아버지에 대한 핵심감정을 처리하고 상처받은 내면아이가 이제 안전하다고 느끼게 해줄 필요가 있었다. 그래야만 스펜서가 자신감을 키우고 오늘의 현실과 사람들을 명확히 볼 수 있을 것이다.

우리는 어른으로 자라면서 어릴 때와는 다르게 우리를 함부로 대하는 사람들로부터 스스로를 보호할 힘을 키운다. 하지만 스펜서는 어른이 된 이후에도 모든 사람이 과거 그의 아버지처럼 그를 대할 것이고 그로서는 대처할 수 없을 거라고 믿었다.

스펜서는 상담을 시작한 지 몇 달 만에 중요한 깨달음을 얻었다.

"나는 원래부터 모자라게 태어난 사람이라 아버지가 날 그렇게 모질게 대한 줄 알았어요."

"당신은 어릴 때 힘들게 살았어요. 정말 힘든 시간을 견딘 거예요. 아버지가 그렇게 거칠고 가혹했던 건 당신 탓이 아니에요. 아버지는 아마 당신이 태어나기 오래전부터 그런 분이었을 거예요. 아버지의 어린 시절에 관해 들은 적 있어요?" 내가 물었다.

"조금요. 좋진 않았다고 알고 있어요. 언젠가 어머니가 이모한테 하는 말을 들었어요. 할아버지가 술 때문에 문제가 있었다고 했어요. 술에 취해 난동을 부리다가 감옥에 끌려간 적이 있대요. 술

집에서 싸우다가 사람을 죽일 뻔했던 적도 있다더군요."

"그럼, 아버지도 화내는 아버지 밑에서 자랐겠군요. 그래서 화가 난 걸 거예요. 당신 때문이 아니라. 이해가 가요?"

"머리로는 알아요."

나는 머리를 가리키며 "여기로는 이해하는데" 그다음으로 심장을 가리키며 "여기로는 아니군요"라고 말했다.

"그런 것 같아요."

트라우마를 치유한다는 것은 곧 뇌의 '소프트웨어'를 현재로 업데이트하도록 도와주는 것이다. 과거의 사건은 뇌에 기억으로 저장되어야 한다. 또 실제로 위험한 순간에는 생존 감정이 일어나야 하지만 안전할 때는 평온한 마음으로 삶에 에너지를 쏟을 수 있어야 한다. 따라서 스펜서의 뇌 회로를 재구성해서 그가 어릴 때

치료를 시작할 때 스펜서의 변화의 삼각형

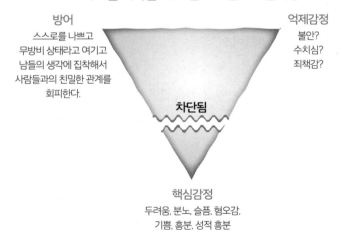

방어
스스로를 나쁘고
무방비 상태라고 여기고
남들의 생각에 집착해서
사람들과의 친밀한 관계를
회피한다.

억제감정
불안?
수치심?
죄책감?

차단됨

핵심감정
두려움, 분노, 슬픔, 혐오감,
기쁨, 흥분, 성적 흥분

겪은 일은 이미 끝났다는 사실을 일깨워주어야 했다. 또 스펜서는 친절함의 한계와 경계를 설정하는 법과 같은 사회성 기술도 배워야 했다. 어릴 때는 누구에게서도 보고 배우지 못했기 때문이다.

스펜서는 상담하면서 서서히 자신감을 키웠다. 아버지와의 관계를 학대 관계로 인식하고, 스스로를 스몰 트라우마의 생존자이며, 학대가 자신의 탓이 아니라 그의 아버지에게 책임이 있다는 사실을 진심으로 이해했다. 변화는 겉으로 드러날 정도였다. 그는 마음에 들지 않는 게 있으면 의견을 명확히 밝혔다. 구부정한 자세가 아니라 등을 꼿꼿이 세우고 어깨를 폈다. 목소리가 깊어지고 커졌다. 옷도 더 단정하게 차려입어서 스스로를 더 아끼고 세상에 비춰지는 자기 모습에 관심을 가졌다.

상담을 시작하고 6개월 정도 지난 어느 날 스펜서는 어릴 때 난방을 켜둔 채 창문을 열어놓았다고 아버지에게 억울하게 야단맞은 이야기를 꺼냈다. 아버지는 난방비가 많이 나왔다며 분통을 터뜨렸다. 스펜서는 창문을 연 사람은 자기가 아니라고 확신했다.

"아버지가 저한테 무책임한 멍청이라고 화를 냈어요."

"거참 억울하고 고약한 일이네요. 그 기억에 머물러 마지막으로 한 번 아버지를 상대할 수 있어요?"

"좋아요." 그가 동의하고 내 지시를 기다렸다.

"우선 가장 자신 있는 당신 모습으로 돌아가면 좋겠어요." 나는 미소 띤 얼굴로 말했다. "최근에 자부심이 들었던 기억을 떠올려볼까요?"

나는 스펜서가 현재의 자신이 강하고 유능하다고 느끼기를 바랐다. 최근에 스스로를 좋게 생각한 기억을 떠올릴 수 있으면 긍정적인 감정이 앞으로 나와서 내면의 어리고 상처받은 부분을 더 쉽게 달래줄 수 있을 터였다.

"직장에서 상을 받았을 때 같아요. 올해의 사원으로 뽑혔거든요. 회사 크리스마스 파티에서 수상자를 발표했어요. 직원들이 모두 모인 자리에서 상금을 받았죠. 사람들이 정말 마음에 드는 말을 해줬어요. 나보고 언제든 동료들에게 손을 내밀어줄 팀플레이어라고 하더군요."

가슴이 뭉클했다. 전에는 들어본 적이 없는 얘기였다.

"와! 그때를 생각하면 몸에서 어떤 느낌이 들어요?"

"강해진 느낌요. 키도 더 커지고 똑바로 선 느낌요." 그는 자세를 고쳐 앉으며 등을 꼿꼿이 세웠다.

"지금 자세가 달라진 거 알아요?" 그가 변화를 알아차리도록 내가 물었다.

"내가 똑바로 앉아 있네요."

"이제 강인하고 똑바르다고 느끼는 감각만이 아니라 나하고도 계속 연결된 채로 과거 아버지와의 기억으로 돌아가보죠. 그때의 기억을 최대한 생생하게 떠올려봐요. 옛날 TV 화면을 보듯이 여기로 그 기억을 볼 수 있어요?"[1] 나는 그에게서 2미터쯤 앞에서 TV 화면이 있는 것처럼 손바닥을 위로 펼쳤다. 스펜서의 뇌가 내면아이와 거리를 유지하고 기억과도 거리를 두어서 그의 감각이 기억에 얽힌 감정에 압도당하지 않기를 바랐다.

"네."

"뭐가 보여요?"

"욕실에 나하고 아버지가 있어요. 창문이 열려 있어요. 아버지가 창문을 가리키며 소리를 질러요. 난 고개를 푹 숙이고 있고요."

"지금 당신은 가장 자신 있고 강인한 모습으로 여기 나랑 같이 있어요. 지금 기억 속의 그 장면을 보니까 어떤 감정이 들어요?"

"아버지가 그렇게 거칠게 나오니까 내가 불쌍하고 아버지한테 화가 나요." 스펜서가 무겁게 말했다. 그는 한 발을 현재에 딛고 다른 한 발을 과거에 딛고 있었다. 트라우마를 안전하게 처리하는 방법이다.

"충동이 일어나요?"

"그 아이를 보호해주고 싶고, 아버지한테는 자식을 그렇게 대하는 건 나쁘다고 말해주고 싶어요." 스펜서가 당당히 말했다. 그의 뇌에서 변화가 일어나는 게 보이는 듯했다. 오래된 신경망과 새로운 신경망이 과거와 현재로 뚜렷하게 나뉘는 듯 보였다. 그의 목소리가 강인하고 안정적으로 들렸다.

"당신의 강인하고 당당한 어른의 자아를 그 장면에 넣어서 하고 싶은 대로 행동해볼까요?"

스펜서는 그의 앞에 펼친 내 손을 보았다. 화가 난 표정이었다. 입을 벌리고 미간을 찡그렸다.

"어떻게 했어요?" 1분쯤 지나서 내가 물었다.

스펜서는 상상 속의 TV를 바라보던 눈을 돌려 내 눈을 보았다. "욕실로 뛰어들어가서 아버지한테 나쁜 자식이라고 욕하고 코에 주먹을 날리고 그 아이의 손을 잡고 누구도 너한테 두 번 다시 그런 식으로 말하지 못할 거라고 말해줬어요."

이어서 우리는 둘 다 말없이 앉아서 강렬한 사랑과 보호로 가득한 경이로운 순간을 누렸다.

그는 숨을 깊이 들이마시면서 나를 보고 눈을 들어 위를 보았다가 다시 나를 보았다. 나는 그가 먼저 말하기를 기다렸다. "기분이 좋아요." 그가 말했다.

"마음속에 느껴지는 그대로 머물러봐요."

"조금 떨리는 느낌이에요. 온몸이 찌릿찌릿해요."

"견딜 수 있을 정도예요? 그 느낌에 머무를 수 있어요?"

그는 고개를 끄덕이더니 30초쯤 더 지나서 이렇게 말했다. "이제 가라앉아요. 좀 가벼워진 것 같으면서도 더 단단하고 무거워진 느낌도 들어요. 와!"

"와!" 나도 따라 감탄했다.

스펜서가 말을 이었다. "내 말은, 그 사람은 아버지이고 나는 아버지를 사랑하지만 그 사람을 참을 수가 없어요. 나한테는 엄청 재수 없는 인간이었어요. 그 인간한테 그런 식으로 맞설 수 있을 거라고는 상상도 못했는데 별로 어렵지 않았어요. 싸움도 못하더군요. 그 인간이 그만두길래 그냥 아이를 데리고 나왔어요. 어린 나 말이에요."

"지금 느껴지는 감정에 가만히 머물러봐요."

"떨리는 게 훨씬 줄어들었어요. 강해진 느낌이에요."

"몸의 어느 부분이 강해진 것 같아요?"

"허리부터 머리까지 쭉 단단한 느낌이 들어요. 그런데 앞쪽으로는 어딘가 열린 것 같아요. 이해하실지 모르겠지만 그런 느낌이 들어요." 스펜서는 몸을 꼿꼿이 세우고 똑바로 앉았다. 얼굴이 평온해졌다. 내 눈에는 그가 전보다 조금 성장한 듯 보였다.

"완전히 이해돼요. 가만히 몸에서 느껴지는 그대로 머물러서 다음에 어떻게 되는지 알아보세요."

"내가 이걸 했다는 게 믿기지 않아요!"

"당신이 해냈어요. 그러니까 어떤 감정이 들어요?"

"잘 모르겠어요. 나 스스로가 대견한 것 같아요."

나는 활짝 웃었다. "그게 어떤 느낌인지 살펴보세요. 새롭고도 놀라울 거예요."

"몸이 더 커진 것 같기도 하고, 흥분되면서도 불안하지는 않은 느낌이에요. 마음에 들어요. 그런데 조금 이상한 느낌도 들고요."

"이상해요? 이상하다는 게 나한테는 어떤 의미인지 아는데, 당신한테는 어떤 의미일까요?"

"기분이 좋으면서도 조금 무서운 느낌이에요."

"그렇군요. 좋으면서도 조금 무서운 느낌이군요." 나는 그의 말을 받아서 계속 그의 가까이에 머물렀다. 그리고 스펜서가 새로 올라오는 감정을 느낄 수 있도록 시간을 더 주었다. 그의 뇌와 몸이 새로운 감정을 모두 수용하고 해석해서 새로운 일상으로 만들게 해주고 싶었다. 1분이 흘렀다.

"이제 평온해진 것 같아요." 스펜서가 내 눈을 보았다. "고맙습니다. 이렇게 할 수 있게 해주셔서 고마워요."

"별말씀을요." 나도 행복했다. 우리는 잠시 말없이 앉아 있었다. 그러고는 내가 자주 하는 질문을 던졌다. "오늘 이렇게 같이 해보니까 어때요?"

"굉장해요. 희망이 생겼어요. 아버지한테 맞서는 상상을 해보니 실제로 사람들에게 맞설 수 있겠다는 생각이 들었어요. 지레 포기할 필요가 없어 보여요. 당당히 서서 위험을 감수할 수 있을 것 같아요."

"할 수 있어요. 이건 시작일 뿐이에요."

스펜서는 나와 연결된 채 열린 마음 상태로 넘어갔다. 자신 있고 평온하고 명료한 상태로 보였다. 무엇보다도 스스로에게 연민을 느꼈다는 것이 큰 변화였다.

그다음 주 상담에서 나는 스펜서에게 이 중요한 회기를 경험한 후 어떻게 됐는지 물었다. "함께 나누고 싶은 생각이 있어요?"

"네, 어릴 때 기억이 계속 떠올랐어요. 내가 늘 얼마나 겁먹고 지냈는지, 숨어 지내느라 얼마나 많은 시간을 흘려보냈는지 생각해봤어요. 이제는 그러고 싶지 않아요. 이런 기분이 계속 이어질지는 모르겠지만 확실히 달라진 느낌이에요. 화가인 친구가 소개해준 미술관 관장한테도 연락해봤어요. 메시지만 남겼어도 기분이 좋았어요. 정말 좋았어요!"

"그런 일을 당신은 어떻게 이해하고 있어요?" 나는 그가 지난 주 상담 이후에 내면에 어떤 변화가 생겼는지 내게 설명해주기를 바랐다.

"아버지한테 맞서본 경험으로 변화가 일어난 것 같아요. 상상일 뿐이지만 효과가 있었어요. 뭐랄까, 그냥 덜 무서운 느낌이라고 할까요. 누가 나쁘면 그건 그 사람의 문제지, 내 문제가 아니니까요."

스펜서와 나는 그 뒤로 2년 더 상담을 이어갔다. 어머니에 대한 감정을 다루면서 어머니와의 관계도 좋아졌다. 스펜서는 어머니가 그를 방치한 이유가 어머니 나름의 어린 시절 트라우마와 두려움 때문이라는 것을 이해했다. 어머니는 그의 아버지에게 맞서다가 반격당할까 봐 두려워서 쉽사리 나서지 못한 것이다. 어머니의 잘못이 전혀 없다고 생각한 건 아니지만 어머니에게 연민을 느끼고 어머니를 용서했다. 그들 모자는 아버지와 떨어져서 새롭고 친밀한 관계를 맺었다. 스펜서는 그래픽디자이너로 잘나가면서 오랫동안 미뤄온 임금인상을 요구하고 그만큼 책임도 많이 맡았다. 친구들과의 관계에서도 기쁨과 만족을 더 많이 느꼈다. 그와 잘 어울리는 사랑스러운 여자와 연애도 시작하고, 뉴욕 북부의 한 미술관에서 전시회도 열었다.

나는 여러 차례 스펜서에게 변화의 삼각형을 그려서 주었다. 그는 한 장을 지갑에 넣어 다니면서 시시때때로 두려움과 수치심이 들려고 하면 그 종이를 들여다보며 핵심감정인 분노를 경험해야 한다고 되새긴다. 내면아이가 두려움이나 수치심에 사로잡힐 것 같으면 당장 그 아이에게 무엇이 필요한지 확인하고 필요한 것을 준다. 누군가가 못되게 굴면 아이를 지켜줄 위로의 말을 던져주기도 하고, 등을 토닥여주거나 쑥스럽지만 힘껏 안아주기도 한다.

나는 스펜서가 내면아이를 무시하지 않고 연민하는 마음을 기르도록 도와주었다. 그렇게 막혀 있던 감정을 모두 처리하자 스펜서는 위안을 얻고 감정을 감당할 수 있다는 자신감이 생겼고, 열린 마음 상태에 점점 더 오래 머물렀다.

불안과 수치심과 죄책감 다루는 법

우리는 과거의 경험을 통해 어떤 핵심감정은 용납되지 않는다고 학습했을 수 있다. 그래서 현재 어떤 핵심감정이 일어나면 무의식중에 불안을 비롯한 억제감정을 드러낼 때가 있다. 억제감정은 "멈춰. 그렇게 느끼지 마"라고 빨간불 신호를 보낸다. 그러면 감정 경험은 핵심감정에서 억제감정으로 넘어간다. 핵심감정은 불안, 수치심, 죄책감이라는 세 가지 억제감정으로 가로막힌다.

│불안 다루기 연습│

나는 심리치료사가 되기 오래전부터 불안이 무엇인지 알았다. 십 대 시절과 성인 초기에 일요일이면 늘 월요일을 생각하면서 걱정했다. 내가 "내일 학교 가야 해서 불안해요"라고 말하면 부모님은 "무슨 일 때문에 불안한 것 같니?"라고 물었다. 이유를 알아낸 적도 있다. 하지만 대개는 '어차피 다 지나갈 거야'라고 되뇔 뿐, 어떻게 해야 기분이 좋아질지 몰랐다. 변화의 삼각형을 알기 전에는 그랬다.

내가 처음 참가한 AEDP 워크숍에서 강사들은 우리에게 '경험 연습'이라는 걸 소개했다. 우리는 몸의 차원에서 감정을 다루고 그 경험을 처리하면서 워크숍에서 배운 것을 실습했다. 세 명이 한 조를 이루었다. 한 사람은 치료사 역할을 하고, 한 사람은 내담자 역할을 하고, 나머지 한 사람은 참관인이 되어 모든 과정을 기록하고 도움이 필요한 순간에 강사를 부르는 역할을 했다. 내가 내담자 역할을 맡았을 때 치료사 역할을 맡은 학생이 "지금 이 순간 기분이 어때요?"라고 질문했다.

'지금 이 순간'이라는 표현이 중요했다. 내 감정을 다루기 전에 현재의 순간으로 돌아와서 달팽이처럼 느리게 가야만 감정과 신체감각을 실시간으로 알아차릴 수 있다.

나는 이런 연습을 처음 해봐서 긴장한 터라 "긴장되네요!"라고 답했다.

그러자 상대가 "몸에서 긴장감이 어떻게 느껴져요?"라고 물었다.

긴장감이, 전문용어로는 불안이 내 몸에서 어떻게 느껴지냐고? 참신한 질문인데! 나는 숨을 깊이 들이마시고 몸속에서 느껴지는 것에 주목하면서 머리부터 발끝까지 살펴보았다.

"가슴에서 심장이 빨리 뛰는 느낌이 들어요. 여기저기에서 진동하는 느낌요."

그러자 상대가 이렇게 부추겼다. "몸에서 느껴지는 감각에 잠시 머물러볼래요? 호흡하면서 가만히 관찰해봐요. 변화가 일어나면 말해주세요. 그냥 알아차리기만 하면 돼요."

나는 상대의 말에 따라 몸의 경험에 머물렀다. 솔직히 겁이 났다. 심장이 뛰는 감각에 집중하면 더 빠르게 뛸 것 같았고, 그러면 더 불안해지고 통제력을 잃을 것만 같았다. 다른 학생들이 보는 앞에서 내 취약한 모습을 보이고 싶지는 않았다. 하지만 나는 두려움을 안고 용기와 믿음을 끌어내서 심장이 뛰는 감각에 집중했다. 그런데 놀랍게도 심장이 진정되었다. 내면에 집중하는 사이 심장박동이 느려지고 평온해졌다. 나는 새로운 깨달음을 얻었다.

그때부터 나는 불안감이 들면 바로 의식을 몸에 집중한다. 의식이 머리로 올라가서 생각하려는 욕구, 곧 자연스럽게 나오는 반사적인 반응에 저항한다. 몸으로 느끼는 방식에 주파수를 맞추고 나 자신을 판단하거나 압박하지 않는다. 불안의 신체감각에 머물러 천천히 심호흡하면서 변화가 일어날 때까지 가만히 관찰한다. 그러면 워크숍에서 연습할 때처럼 평온해졌다. 이렇게 불안을 처리하자 나 스스로를 더 잘 통제하는 느낌도 들었다. 한편으로 핵심 감정을 찾기 위한 과정에 발을 잘 들일 수 있었다.

불안은 다양한 감각으로 경험된다

불안은 여러 가지 형태로 나타난다. 내 내담자 중에는 어지럼증이나 유체이탈을 경험하는 사람도 있다. 배 속이 조이거나 오그라드는 느낌을 호소하는 경우도 있고, 심장박동이 빨라지고 호흡이 가빠진다는 사람도 있다. 또 팔다리가 찌릿찌릿하다는 사람도 있다. 불안은 창의적이라 다채로운 증상으로 표출될 수 있다.

- 어지럼증
- 멍한 느낌

- 유체이탈
- 혼란스러움
- 이명
- 시야가 흐려짐
- 배 속이 오그라드는 느낌
- 소화기 질환: 설사, 메스꺼움, 구토
- 열이나 오한
- 갑자기 소변을 보고 싶은 욕구
- 발한
- 편두통
- 심장박동이 빨라지거나 거칠어짐
- 얕은 호흡
- 숨이 참
- 가슴 통증
- 팔다리가 찌릿찌릿함
- 하지불안증후군(다리가 후들거림)
- 떨림

우리가 변화의 삼각형에서 불안 꼭짓점에 있는 것을 확인했다면 다음 단계는 불안을 진정시키는 것이다. 신체감각과 호흡과 발을 바닥에 단단히 딛는 연습에 집중해 불안을 가라앉히고 평온하게 만든다. 그런 다음 핵심감정을 찾아본다. 항상 명확히 알아차릴 수 있는 것은 아니다. 감정 상태를 알아보려고 시도만 해도 내적 경험과 자아 사이에 거리와 균형이 생기기 때문에 도움이 된다.

불안은 핵심감정의 신호

불안은 우리가 핵심감정을 경험한다고 알려주는 불편하면서도 유용한 신호다. 불안한 느낌을 감지한다면 잘된 일이다! 변화의 삼각형을 다뤄야 한다는 신호로 삼아 기본적인 핵심감정을 찾아서 이름 붙이고 인정하고 경험해보자. 핵심감정을 찾아서 인정하는 과정은 그 자체로도 중요하지만 불안이 줄어든다는 점에서 특히 중요하다.

여러 감정이 동시에 들면 불안해진다

주위에서 벌어지는 상황에 따라 핵심감정과 억제감정이 동시에 나타날 수 있다. 다양한 감정이 동시에 일어나면 감정에 압도되어 불안해질 수 있다. 감정에 압도당한 느낌을 줄이려면 알아차릴 수 있는 모든 핵심감정에 하나하나 이름 붙여서 감당하고 다룰 수 있는 부분으로 분해해야 한다.

　변화의 삼각형을 다룰 때는 한 번에 한 가지 감정을 다루어야 한다. 감정을 하나씩 알아차리고 각 감정들 사이에 공간을 두면 불안이 줄어든다. 각 핵심감정은 마음속에서 찾아보아야 한다. '내 마음속에서 알아차린 감정은 흥분과 두려움과 기쁨과……'라는 식으로 말이다. 핵심감정에 하나씩 이름을 붙일 때는 '그리고'로 연결하면 뇌가 감정을 유지하면서 분리하는 데 도움이 된다. '하지만'으로 연결하면, 가령 "나는 슬프지만 기쁘기도 해"라고 말하

감정이 서로 충돌할 때
불안이 일어난다

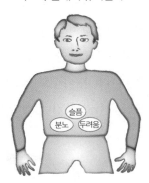

각각의 핵심감정을 알아차리고
따로 구분해서 유지한다

면 슬픔의 강도가 약해지므로 "나는 슬프고 기쁘기도 해"라고 말해야 한다. 그런 다음 인정할 감정이 더 있는지 계속 확인한다.

상반된 감정이 충돌하면 불안해진다

정반대의 감정을 동시에 느낄 수 있다는 말이 내게는 새로운 깨달음을 주었다. 예를 들어 사랑하는 누군가에게 상처받고 '난 널 사랑하고 미워해'라는 사랑과 분노 감정을 동시에 느끼는 것은 특이한 현상이 아니다. 그런데 사랑[2]과 분노라는 상반된 감정을 동시에 마음에 담는 것은 결코 쉽지 않다. 이 양립할 수 없는 두 감정은 충돌해서 불안을 일으키기도 한다. 이때 두 감정을 모두 인정해주면 불안이 크게 줄어든다. 마음속으로 '나는 아내/남편을 사랑하고, 지금 이 순간에는 아내/남편을 미워하거나 아내/남편에게 화가 난다'고 말해보자. 이런 식으로 말을 조금만 바꿔보면 감정이 훨씬 편해지고 감당하기가 수월해진다.

또 불안해질 때는 다음과 같은 연습을 해보자. 먼저 사람의 형상을 그리고 머리와 몸에 적어넣을 자리를 마련한다. 그러고 나서 머릿속에서 불안한 생각을 알아차려 머리 부분에 적는다. 다음으로 의식을 목 아래로 옮긴다. 불안할 때 발견되는 핵심감정에 하나하나 이름을 붙인다. 한 번에 한 가지 감정을 살펴보자. 나는 지금

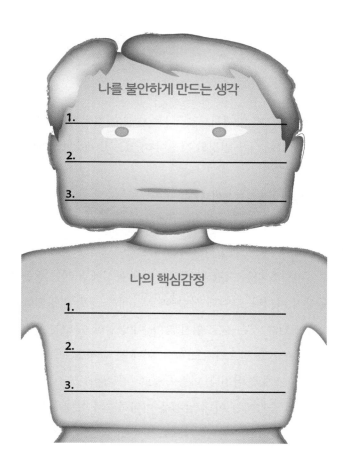

나를 불안하게 만드는 생각

1. _____

2. _____

3. _____

나의 핵심감정

1. _____

2. _____

3. _____

슬픈가? 무서운가? 화가 났나? 흥분했나? 몸통 부분에 당신이 알아차린 감정을 모두 적는다.

이 연습을 하면서 매번 잘 안 될까 봐 두려워하지 말자. 계속 해봐야 한다. 시도만 해도 뇌에 좋다. 연습하면 분명 나아진다!

▎수치심 다루기 연습▎

수많은 사람이 조용히 절망하면서 살아간다.
－ 헨리 데이비드 소로 Henry David Thoreau

내 영혼에 한 발짝씩 다가갈 때마다 내 안에서 악마들과
비열하게 속삭이는 자들과 독을 섞는 마녀들의 비웃음소리가 들린다.
－ 카를 융 Carl Jung

변화의 삼각형을 다루면서 방어를 느슨하게 풀어주면 수치심이 드러난다. 수치심은 보편적이고 복합적이고 고통스러운 감정이다. 수치심이 일어나면 견딜 수 없이 고통스러워서 마음은 온갖 수단(방어)을 동원해 우리를 보호하려 한다. 용기를 내고 정신 에너지를 쏟으면 스스로 수치심에서 해방될 수 있다. 우리가 수치심에 관해 가능한 한 많이 알아야 하는 이유다.[3]

누구나 언제든 이런저런 일로 묵살당하거나 거부당하거나 무시당하거나 간절한 순간에 '싫다'는 거절의 말을 듣거나 믿고 의지하던 사람에게 반박을 당한다. 이럴 때 누구나 수치심을 느낀다.

누구도 예외가 아니다.

수치심에 관해 말하고 싶어하는 사람은 없다. 당연하다. 마음이 편하지 않기 때문이다. 수치심에 관해 말하면 실제로 수치심이 일어난다. 수치심이라는 말만 들어도 몸이 반응할 수도 있다.

수치심이란 정확히 무엇일까? 수치심은 어떻게 일어날까? 수치심을 어떻게 알아차릴까? 수치심을 어떻게 변화시킬까? 수치심을 이해하려면 먼저 우리에게 유용하고 건강한 수치심과 상처를 주는 해로운 수치심 두 가지가 있다는 것을 알아야 한다.

건강한 수치심은 우리가 집단의 좋은 시민으로 살아가도록 도와준다. 집단은 개인을 도와주고 협력하고 보호하면서 생존을 위한 다양한 혜택을 제공한다. 그런데 집단이 유지되려면 개인은 타고난 자기보호 본능을 억제해야 한다. 지나치게 탐욕스럽거나 공격적이거나 폭력적이거나 태만하지 않아야 하는 것이다. 그렇게 좋은 사람이 되려는 동기를 불어넣어주는 것이 건강한 수치심이다. 그 결과 개인은 집단의 가치관에 따라 행동하면 기분이 좋아지고, 집단의 가치관을 거스르면 스스로 부끄러워한다.

공감 역시 인간이 서로를 불쌍히 여기고 서로에게 관심을 가져서 지구상에서 하나의 종으로 살아남는 데 도움이 되는 자연스러운 방법이다. 공감은 상대의 입장에 서보는 능력으로, 상대의 감정을 이해하고 함께 나눌 수 있게 해준다. 공감할 줄 알면 남에게 상처 줄 때 기분이 나빠지므로 강간과 살인, 인권침해처럼 인류애에 반하는 행위를 저지를 수 없다. 상대가 어떤 기분일지 상상이 가서 아무에게도 그런 기분을 안겨주고 싶어하지 않는다.

반면에 해로운 수치심은 마음 깊은 곳에서 '나는 나빠, 나는 충분히 착하지 않아, 나는 사랑스럽지 않아'라고 느끼는 감정이다. 해로운 수치심은 종의 생존에 필수 요소이기는커녕 오히려 없어야 더 잘 살 수 있다. 우울증과 중독, 섭식장애, 자기애성 성격장애와 경계선 성격장애를 비롯한 갖가지 심리적 고통의 원인이 되기 때문이다. 또 해로운 수치심은 완벽주의와 경멸, 오만, 과대망상, 편견 등 우리가 불안정함에 대항하기 위해 내세우는 모든 방어의 원인이다. 무엇보다 해로운 수치심을 느끼면 진정한 자기를 자유롭게 드러내지 못한다. 해로운 수치심은 우리에게 숨길 것이 있다고 말한다. 해로운 수치심은 우리가 고장이 났거나 결함이 있거나 남들과 다르다고 말한다. 나아가 우리가 수치스러워하는 부분을 누군가에게 들키면 거부당할 거라고 말한다.

한때 나는 수치심이 뭔지 전혀 몰랐다. 이따금 창피당하는 일 정도로만 생각했다. 수치심의 생물학과 심리학을 공부하고서야 수치심이 무의식적이고도 은밀히 사람들에게 어떤 영향을 끼치는지 알아차릴 수 있었다. 그러자 어디서나 수치심이 눈에 띄었다. 사람들은 자신의 삶과 감정과 경험을 솔직히 말하려 하지 않았다. 내가 친구들에게 힘든 일을 털어놓거나 그들의 삶에 대해 캐묻듯이 질문을 던지면 매우 불편해하기도 했다. 그러나 내가 나의 수치심을 발견하고 내게든 남들에게든 수치심을 드러내면 어느 정도는 그 위력이 사라진다. 그때 얼마나 마음이 놓이는지는 이루 말할 수가 없다.

다행히 해로운 수치심을 예방하고 치유할 방법은 많다. 우선 해로운 수치심이 무엇인지 알아보고 증상을 알아차리고 서로 솔직하게 말할 수 있어야 한다. 변화의 삼각형은 해로운 수치심을 변화시키는 데 도움이 된다. 다음의 몇 가지 방법으로 가능하다.

- 스스로에게 수치심이 존재하고 수치심 때문에 계속 방어에서 헤어나지 못할 수 있다는 점을 일깨워준다.
- 우리 내면에서 수치심을 느끼는 부분을 적극적으로 찾아보고 알아차린다.
- 스스로를 있는 그대로 인정한다.
- 내가 스펜서와 시도한 것처럼 수치심을 일으키는 기억으로 다시 돌아가서 그때 일어난 핵심감정을 해방시킨다.

우리가 해야 할 일은 수치심을 낳은 오해를 풀고, 잘못된 믿음을 일으킨 빅 트라우마와 스몰 트라우마를 이해하고, 자기감의 핵심이 무시당하거나 공격받아서 생기는 핵심감정을 느껴보는 것이다. 이 과정의 끝에는 안도감이 기다린다. 우리의 진정한 자기와 더 많이 연결된다. 사람들에게 더 많이 마음을 연다. 우리는 이 과정을 거치며 자유로워진다.[4]

스펜서를 보자. 스펜서가 나를 찾아온 이유는 원래 심각한 사회불안 때문이었지만 아버지 이야기를 꺼내자 극심한 수치심에 사로잡혔다. 스펜서는 아버지가 자신에게 퍼부은 것처럼 스스로를 고마워할 줄 모르고 못돼먹은 데다 변변치도 못한 나쁜 아들이라고 생각했다. 사실 스펜서는 배려심이 넘치고(내게 커피를 사다

수치심은 죄책감과 다르다

수치심과 죄책감을 혼동할 때가 많다. 죄책감은 나쁜 짓을 저질렀을 때 그 행동에 대해 드는 감정이다. 반면에 수치심은 스스로 나쁘다고 느끼는 감정이다. 예를 들면 다음과 같다.

- 나는 충분히 괜찮지 않아.
- 나는 멍청해.
- 나는 쓸모없어.
- 나는 결함이 있어.
- 나는 못생겼어.
- 나는 사랑스럽지 않아.
- 나는 상처받았어.
- 나는 부적격자야.
- 나는 실패했어.
- 나는 나쁜 사람이야.

준다) 협조적이고(회사에서 팀플레이에 뛰어난 올해의 직원으로 선정되었다) 고마워할 줄 알았다(내게 도와주어서 고맙다고 말했다). 하지만 수치심 때문에 반대로 생각하고 아버지의 학대를 학대로 보지 못했으며 자기가 나빠서 아버지가 자신을 그렇게 대한 것이라고 오해했다.

수치심은 어떻게 만들어지는가

수치심은 타고나는 것이 아니라 타인에게서 학습하는 것이다. 상대와 적극적으로 연결하려고 다가갔다가 거부당하면 수치심이 생긴다. 수치심은 원초적인 거부에 대한 신체적·심리적 반응이다.

수치심은 구체적인 삶의 경험과 얽혀 있다. 누구나 수치심을 느끼지만 수치심을 느끼는 상황과 이유는 저마다 다르다. 성인들은 대부분 수치심이 어떻게 생겨났는지 기억하지 못하겠지만 수치심은 항상 구체적인 사건과 연결된다. 수치심을 일으키는 수많은 경험은 말을 시작하기 전 유아기 때부터 일어난다. 가령 18개월 된 아기가 방긋방긋 웃으면서 두 팔 벌리고 엄마에게 뛰어가는 모습을 그려보자. 아기는 무방비하고 취약한 상태다. 아기의 신경계는 엄마가 자신의 감정에 맞춰서 자기와 똑같이 환하게 웃으면서 반겨줄 것으로 기대한다. 그런데 엄마는 고단한 하루를 보내고 지친 상태다. 어쩌면 경미한 우울증을 앓거나 고령의 부모를 모시거나 그 밖에 삶의 이런저런 난관에 부딪혀 있을 수도 있다. 이렇게 정서적으로 여유가 없는 엄마는 무덤덤하고 심지어 귀찮다는 표정으로 아기를 맞아준다. 엄마의 이런 시큰둥한 반응을 탓할 수는 없다. 엄마도 나름 최선을 다하고 있다. 그럼에도 엄마가 아기를 반갑게 맞아주지 않으면 아기에게 수치심이 생긴다. 아기의 활기찬 태도와 엄마의 무덤덤한 반응의 부조화가 아기에게는 거부로 느껴지고, 아기는 자기가 흥분한 것이 나쁘다는 느낌을 내면화한다. 분노와 슬픔 같은 핵심감정도 일어난다. 이처럼 누구든 거부당하는 느낌을 좋아하지 않으므로 거부당하면 화가 나고 반항하게 되고 더 나아가 수치심을 느끼게 만든 사람과 '자기Self' 사이의 연결이 끊어진 데 대한 슬픔이 일어난다.

분노와 슬픔은 사소한 거부에서도 일어난다. 특히 어릴 때는 더 그렇다. 화가 나거나 슬플 때 긍정적인 반응이 돌아오면 신경계가 진정되고 다시 평온한 감정으로 돌아간다. 반면에 핵심감정을 공감받지 못하고 무관심만 돌아오면(심하게는 보복당하면) 수치심이 일어나 자기를 보호하기 위해 내면으로 숨어든다. 거듭 거부당하면 아이의 마음은 모두 자기 탓이라고 확신한다. 그러면 수치

비난이 아니라 책임을 지자

내 경험으로 보건대 사람들은 부모나 가족이 자기에게 상처를 주거나 큰 실수를 저질러도 그들을 탓하고 싶어하지 않는다. 탓해봐야 도움이 되지 않는다. 나 역시 부모로서 많은 실수를 저질렀는데, 실수의 대가는 내 아이들이 치렀다. 내가 죽어도 하고 싶지 않은 일이 있다면, 부모님을 수치스럽게 만드는 것이다. 그럼에도 '누구에게 책임이 있는가'라는 관점에서 얘기를 해보고 싶다. 부모는 성인이므로 자녀의 행복에 책임이 있다. 부모라면 자신의 실수를 책임질 수 있으며 또 그래야 한다. 그리고 스스로를 용서할 수도 있다. 그러려면 수치심(나는 나쁘다)에서 벗어나 죄책감(나는 가끔 나쁜 짓을 저지른다)을 느낄 수 있어야 한다. 달리 말하면 자신이 해를 끼칠 생각도 없었고 나쁜 사람도 아니지만, 그럼에도 실수를 저지르고 상처 주는 행동을 해서 후회한다고 인정할 수 있어야 한다. 그런 뒤에야 자신이 저지른 실수와 모르고 한 일을 인정하고 사과해서 보상해줄 수 있다.

심이 일어나 아이는 내면으로 숨어들고 그 뒤로 분노와 슬픔을 알아차리지 못한다.

'최고의' 어린 시절을 보내도 수치심은 피할 수 없다. 아이의 사회화 과정에서 부모가 어쩔 수 없이 아이의 감정 표현을 막아야 할 때가 있기 때문이다. 공공장소에서 시끄럽게 웃거나 떼를 쓰는 것처럼 감정을 요란하게 표출하는 경우가 그 예다. 그럴 때는 누구든 "쉿!" 하고 주의를 듣는다. 하지만 그럴 때 부모가 아이와의 손상된 관계를 회복하려고 하지 않으면서 거듭 아이에게 모욕감을 느끼게 한다면, 아이는 '○○을 하면 수치심이 들 거야'라고 학습할 것이고, 그래서 그 행동을 그만두게 된다.

해로운 수치심은 주로 두 가지 경우에 생긴다.

1. 사랑과 신체적·정신적 보살핌과 수용을 받으려고 노력해도 항상 무관심이나 무시나 보복이 돌아올 때
2. 내가 누구이고 무엇을 필요로 하고 어떻게 느끼는지에 대해 주관적으로 비난이나 거부를 경험할 때

학대와 방치는 만성적인 수치심을 낳는다. 아이는 학대당하면 자기 잘못이라고 생각한다. 자기는 나쁜 아이가 분명하며 그렇지 않다면 나쁜 기분이 들 리가 없다고 가정한다. 아이들은 아직 어려서 부모도 잘못할 수 있다는 생각을 하지 못한다.

앞에서 세라의 엄마는 딸이 어릴 때 아파서 보살핌을 받아야 할 때 소리를 질렀다. 세라가 장난감을 빼앗기고 반항해도 엄마는

소리를 질렀다. 이렇게 엄마가 수치심을 안겨준 탓에 세라는 기본적인 욕구와 감정을 느끼는 스스로를 나쁘다고 생각했다. 세라의 엄마가 자기 행동이 훗날 어떤 결과를 초래할지 알았다면 아마 더 조심하고 자신의 감정 반응을 조절하려고 노력했을 것이다.

보니의 아버지는 보니가 발레 수업을 좋아하지 않는다는 이유로 면박을 주었다. 그가 수치심이 어떤 여파를 낳는지 조금이라도 관심이 있었다면 딸에게 대꾸하기 전에 잠시 멈추어 보니의 말에 왜 그렇게 화가 나는지 돌아봤을 수도 있다. 어쨌든 보니는 힘없는 어린아이였을 뿐이니까. 그러나 발레를 좋아하지 않는다는 보니의 악의 없는 말을 보니의 아버지는 막대한 도전으로 느끼고 그토록 격하게 반응하고 말았다. 이렇게 과도한 반응은 분노 이면에 수치심이 도사리고 있다는 단서가 될 수 있다. 보니에게 발레를 계속하면서 꼭 발레를 좋아하지 않아도 된다고 차분히 설명해줄 수도 있었지 않은가. 이렇듯 보니의 아버지가 분노를 터뜨리는 모습은 보니보다 아버지 자신에 관해 더 많은 이야기를 들려준다. 그가 자기 자신을 좀 더 이해했다면 보니에게 수치심과 트라우마 증상이 나타나지 않았을 것이다.

수치심을 심어주는 대화는 아이에게 나쁜 아이라는 메시지를 전한다. 아이에게 수치심을 심어주지 않고 키우려면 부모의 책임을 아이에게 떠넘기지 말아야 한다. 스펜서의 아버지는 어린 시절 학대를 당해 수치심을 안고 살면서 아들의 욕구와 감정에 창피를 주는 식으로 수치심을 대물림했다. 사람들은 무의식적이고 자동적으로 남에게 수치심을 떠넘긴다. "넌 나빠! 넌 이상해! 넌 틀렸어!"라면서 트라우마와 수치심을 다음 세대로 전한다. 수치심에 관해 이야기하고 서로를 교육하고 궁극적으로 수치심을 치유하는 노력이 우리만이 아니라 우리 자식과 이후의 세대에도 중요한 이유다.

해로운 수치심: 나만 다르거나 동떨어졌다고 느낄 때

수치심은 사회와 제도에서 비롯되기도 한다. 우리의 문화와 종교, 교육제도, 공동체에는 명시적이든 암묵적이든 개인이 어떻게 살아야 한다는 것에 관한 온갖 규칙이 있다. 스스로 이 규칙들을 따르지 못한다는 생각이 들면 자연히 수치심이 생긴다. 사랑하고 지지해주는 가족이 있어도 가난하거나 백인이 아니거나 기독교도가 아니라는 이유로, 또는 성전환자나 동성애자라는 이유로, 또는 병에 걸리거나 장애가 있다는 이유로 수치심을 느낄 수 있다. 그 밖에 사회적으로 낙인찍히거나 부당한 대우를 받는 집단도 마찬가지다. 가령 부모들은 딸들이 자신의 몸을 인정하고 사랑하도록 가르쳐주고 싶어한다. 하지만 (빼빼 마르고 몸에 털도 없고 포토샵으로 수정한 여자들 사진으로 도배된 잡지 표지와 같은) 문화의 힘으로 인해 그렇게 생기지 않은 사람들이 수치심을 안겨주는 사회 현상에 맞서기란 거의 불가능하다. 참고로 앞에서도 언급한 섭식장애는 내면의 한 부분이 해로운 수치심에 사로잡혀 나타나는 증상이다. 이런 증상을 극복하려면 수치심을 해결해야 한다.

수치심이 자라는 또 하나의 환경은 학교다. 교사가 강단에서 일방적으로 가르치는 환경에서는 제대로 배우지 못하는 사람이 많다. 이들은 환경과 소통하고 환경 안에서 실험해야 한다. 칠판에 2+2를 적어놓고 배우는 것이 아니라 오렌지 두 개를 들고 두 개를 더 집으면 네 개가 된다고 배워야 한다. 학습 성과가 좋은 아이는 성적이 좋은 것 이상으로 이득을 누린다. 그렇지 못한 아이들보다 더 많이 배울 뿐 아니라 수치심도 덜 느끼는 것이다. 반면에 현재의 교육제도에서 학습에 어려움을 겪는 아이들은 학교에서 공부를 잘하지 못하는 원인을 지능 탓으로 돌린다. 자기 자신을 탓하는 것이다. 하지만 아이들이 공부를 잘하지 못하는 건 교육제도 탓이지 아이들 탓이 아니다.

남성성과 여성성에 대한 문화적 정의도 우리가 해로운 수치심을 느끼는 데 크게 기여한다. 예를 들어 말보로 맨Marlboro Man 문화에서는 남자는 강인해야 한다고 강조하면서 공격성과 폭력이야말로 남자다운 것이라고 말한다. 남자가 슬픔이나 두려움처럼 다른 사람들에게 의지하는 취약한 감정을 드러내면 '겁쟁이' '계집애'처럼 노골적으로 수치심을 건드리는 말로 낙인찍힌다. 반대로 여자는 분노를 표현하면 안 된다. 실제로 여자가 화를 내면 '나쁜 년'처럼 수치심을 불러일으키는 말로 낙인찍힌다. 또 분노나 성적 흥분을 표현하면 '난잡한 여자'라거나 '노는 여자'라는 욕을 들으면서 수치심을 느낀다.

재니는 원래 성적 흥분 수준이 높은 사람이다. 성적 흥분은 핵심감정이고 핵심감정은 스펙트럼 형태로 존재하므로 성적 흥분을 많이 느끼는 사람도 있고 적게 느끼는 사람도 있다. 재니가 성관계를 원하는 이유는 자존감이 낮아서도 아니고 다른 어떤 부정적인 이유 때문도 아니다. 그저 성관계를 좋아해서다. 하지만 우리의 문화와 재니의 종교에서는(재니는 성당에 나가지 않는 가톨릭 신자였다) 기질상 욕구를 잘 조절하지 못하는 재니에게 수치심을 심어주었다. 감정은 감정일 뿐이다! 안타깝게도 재니는 스스로를 부끄럽게 여겼다. 고등학교 시절에는 색정증이니 걸레니 창녀니 하는 욕을 들으면서 자존감에 심각한 상처를 입었다. 사실은 이렇게 욕하는 사람들이야말로 변화의 삼각형을 통해 재니의 성생활에 대해 보이는 방어(욕하면서 드러내는 공격성)의 이면에 어떤 감정이 숨어 있는지(두려움인가? 성적 흥분인가? 혐오감인가? 수치심인가? 불안인가?) 알아보아야 한다.

한편 영화에서 성과 남녀관계가 비현실적으로 그려지는 것도 수치심을 부추긴다. 우리는 영화에서 그리는 삶이 정상이라고 믿고 자라면서 영화를 기준으로 스스로를 평가한다. 자신의 성이나 관계가 영화에서 제시하는 기준에 맞지 않으면 수치심을 느끼고 자기가 아닌 다른 사람인 척 꾸미려 한다.

'정상'이라는 단어 자체 역시 도움이 되기보다 수치심을 야기한다. '정상'이 무엇인가? '정상'이 왜 중요할까? 정상이라는 개념은 수치심을 자극하는 토대를 제공한다. 당신에게 '정상'이 중요하다면 왜 중요한지 스스로에게 물어보자. 당신의 대답이 수치심을 설명해줄 것이다.

이러한 문화적 기대를 우리가 타고난 현실이나 핵심감정과 어떻게 융합할까? 우리가 현실적으로 우리 자신을 향한 기대를 충족시킬 수 없다는 사실을 어떻게 해야 할까? 성장 과정은 한편으로 진정한 자기를 부끄럽게 여기는 과정이라고 받아들여야 할까? 우리의 모습과 타고난 감정, 사랑하는 사람들, 좋아하는 것, 필요로 하는 것이 부끄럽다는 현실을 그냥 받아들여야 할까?

주변을 둘러보면 볼수록 수치심을 불러일으키는 기준들이 수도 없이 눈에 들어올 것이다. 그러니 자신의 참모습을 숨기고 터무니없고 독단적인 기준에 맞추는 척해야 한다고 생각하는 사람이 많은 것도 당연하다. 수치심을 이해하고 이겨내는 법을 배우지 못하면 우리는 계속 자기를 숨기고 제약하고 방어의 대가에 시달리게 될 것이다.

무엇이 수치심을 유발하나?

빈칸을 채워보자.

모두가 나의 _____을(를) 안다면 나는 얼굴을 들고 다니지 못할 것이다.

당신의 가장 은밀한 비밀이 밝혀질지 모른다는 공포는 뇌에서 위험신호를 작동시킨다. 그러면 당신은 겁을 먹는다. 수치심과 두려움은 이렇게 함께 일어난다.

예를 들어보자. 내 내담자 마사는 애정결핍으로 보일까 봐 두려워했다. 마사는 어릴 때 "마사는 애정결핍이 심해"라는 말을 자주 들었다. 마사는 어른이 되어서도 애정을 갈구하면 수치스러워졌다. 애정을 구하는 건 나쁘다는 가족의 신념을 내면화한 것이다.

친구들과 배우자는 마사에게 애정을 원해도 된다고 위로했지만 마사는 스스로를 나쁘다고 생각하지 않을 수 없었다. 마사는 수치심 때문에 사랑하는 사람들과 멀어졌을 뿐 아니라 애정의 요구가 충족되지 않으면 억울한 생각이 들었다. 어릴 때 요구를 들어주지 않은 부모를 향한 원망을 친구나 배우자에게 투사한 것이다. 수치심으로 현실 지각이 왜곡되어 친구와 배우자는 부모가 아니고 너그럽게 베풀어주는 사람들이라는 사실을 알아차리지 못했다.

다름difference은 수치심을 유발하는 또 하나의 중요한 요인이다. '난 이걸 좋아하는데 넌 저걸 좋아한다' '난 이걸 원하는데 넌 저걸 원한다' '나는 이런데 넌 저렇다' '난 이렇게 느끼는데 넌 저렇게 느낀다'라는 생각이 왜 수치심을 유발할까? 뇌가 다름을 어렵게 느끼기 때문이다. 우리는 다름이 무엇을 의미하는지 잘 모른다. 우리 중 한 사람이 나쁜가? 우리 중 한 사람이 더 나은가? 나는 위협을 받는가? 나는 '정상'인가?

- 나는 정신질환이 있다. 사람들이 나를 피할까?
- 내 자식은 동성애자다. 사람들이 비난할까?
- 나는 암에 걸렸다. 이제 사람들이 나를 어떻게 볼까?
- 나는 중독에 걸렸다. 나는 비난받을까?
- 나는 불안하다. 누가 알아챌까? 그러면 그 사람이 나를 비난할까, 이해해줄까?
- 내 고통을 두고 사람들이 뭐라고 수근거릴까?
- 내 성적 환상과 성적 취향이 나에 관해 무엇을 말해줄까?

'완벽'이라는 신화

내가 상담한 내담자들은 대부분 완벽해지려고 발버둥쳤다. 나는 그들에게 묻는다. "누굴 위해 완벽해지려는 건가요?" 누군가에게는 완벽해도 다른 사람에게는 완벽하지 않을 수 있다. 누구에게나 부족한 면이 있다. 누구나 주관적인 렌즈로 세상을 본다는 점을 이해하면 완벽이라는 개념 자체가 성립되지 않는다. '완벽'이라는 단어에는 대개 '한때 나는 중요한 사람에게 인정받고 창피당하지 않기 위해 특정한 방식으로 행동해야 했다'라는 의미가 담겨 있다. 애초에 그 중요한 사람이 누구였는지 밝히면 완벽주의의 기준에서 벗어나는 데 도움이 될 것이다.

- 내 부모와 형제자매, 친구들은 모두 결혼했는데 나는 결혼하지 않았다고 뭐라고 하는 사람이 있지 않을까?
- 내가 아이를 낳고 싶어하지 않거나 아이를 낳지 않는다고 말하면 가족은 뭐라고 할까?
- 내가 이혼했다고 손가락질하는 사람이 있지 않을까?
- 내가 돈을 많이 벌지 못한다고 말하면 친구가 나를 업신여길까?
- 내가 재산을 물려받아 일하지 않아도 된다고 말하면 친구들과 멀어질까?
- 내가 대학을 나오지 않았다고 하면 친구들이 나를 멀리할까?
- 장애가 있으면 사람들이 나를 외면할까?

- 내 말투가 특이하거나 이민자라고 누군가 놀리지 않을까?

남들과 다른 점에 대한 걱정을 적어보자.

○ _____

수치심이 일어날 때 벌어지는 일

진화는 영리해서 인간이 어떻게든 피하고 싶을 정도로 수치심의 고통을 극대화했다. 그 결과 인간은 원초적인 본능과 이기적인 욕구를 부정하고 집단의 요구에 순응할 수 있게 됐다.

어떤 말이나 행동을 하면서 부정적인 반응이 돌아올 거라고 예상하면 억제감정인 수치심(또는 이보다 약한 형태의 당혹감)이 신경계에 말이나 행동을 중단하라는 신호를 보낸다. 그러면 핵심 감정을 느끼지 못하게 되고 사람들과의 소통이 차단된다. 수치심이 일어나면 숨거나 도망치거나 방어하고 싶어진다. 스스로 무가치하거나 나쁘거나 부적절하거나 당혹스럽거나 어울리지 않는다고 느낀다. 외롭거나 고립된 느낌도 들 것이다. 또 소심해지고 움츠러든다. 부정적으로 비치는 자기를 견디지 못해서 타인의 시선을 피한다. 얼굴이 빨개지고 끔찍한 기분이 든다. 속으로 이렇게 생각할 수도 있다. '그냥 나를 최대한 작게 만들고 숨어 지내면 아무도 내게 상처 주지 못할 거야. 괜히 나를 넓히고 세상으로 나가서 새로운 것을 발견하려고 하면 또 거부당할 거야. 조용히 숨어서 안전하게 지내자.' 그러고는 그 생각대로 하고 만다.

수치심이 지속될 때 나타나는 또 하나의 심리 반응은 소심한 마음을 자만이나 공격성으로 덮으려는 시도다. 예를 들어 아이든 어른이든 남을 괴롭히는 사람의 내면을 들여다보면 마음 깊이 부끄러워하는 자아가 있다. 그들은 이런 자아를 견디지 못하고 공격성이라는 방어를 써서 격렬히 부정하고 자신을 지켜낸다. 그들이 공감능력이 떨어지는 이유는 남에게 공감을 받아본 적이 아예 없거나 아니면 공감하는 것이 너무 고통스러워서 차단해버려서일 수도 있다. 양육자가 아이에게 공감해주지 못하고 아이의 감정을 묵살하거나 거부하거나 경멸하는 것은 지독한 수치심의 주된 원인이 된다는 것을 잊지 말자.

우리는 대부분 보니나 스펜서처럼 여기저기에 수치심 주머니를 숨기고 있다. 이런 주머니는 우리가 세상에서 느끼고 존재하는 방식에 영향을 끼친다. 이 주머니가 너무 큰 사람은 공허하고 단절되고 외롭고 자신이 나쁘다는 생각에 사로잡힌 채 조용히 살아간다. 어떤 사람은 공허감에 빠져 물질이나 칭찬으로 빈자리를 메우려 한다. 하지만 아무리 채워넣어도 마음속의 허공은 메워지지 않는다. 고통스러운 수치심을 느끼지 못하도록 다채로운 방어기제를 개발해 갑옷으로 입고 살아가는 사람도 있다. 비밀을 품거나 자기 자신이 아닌 다른 무엇인 척하는 사람, 악행을 저질러 수치심을 마비시키려는 사람, 오만이나 공격성과 같은 성격의 갑옷으로 고통을 방어하는 사람이 그 예다.

긍정적 감정을 수용하는 태도와 수치심의 관계

변화의 삼각형으로 현재의 내면세계에 주목해보면 자신이 (수치심으로) 움츠러드는 상태인지 아니면 마음이 열리고 진정한 자기가 되려는 상태인지 알아차릴 수 있다. 주어진 순간에 스스로에게 이렇게 물어보자. '나는 지금 나 자신을 억누르는가? 내가 어떤 사람인지 솔직하게 표현하는가? 사람들에게 나를 드러내면서 건강한 위험을 감수하는가? 내가 작게 느껴지는가, 크게 느껴지는가? 나 자신에게 공간을 차지하도록 허용하는가? 나 스스로 칭찬과 사랑, 기쁨, 그 밖에 즐거운 감정을 진심으로 받아들이도록 허용하는가?' 무조건 진정한 자기를 억누르거나 남들에게 진심을 드러내지 못하거나 사람들과 연결되는 위험을 감수하지 못하거나 스스로를 초라하게 느끼거나 긍정적인 경험을 받아들이지도 심지어 알아차리지도 못한다면, 방어와 억제감정에 머무르기 쉽다.

수치심이 일어나면 우리는 습관적으로 (신체적으로 확장되는 감각을 주는) 좋은 감정을 무시하고 스스로를 작게 만들어 현상 유지로 보호하려 한다. 이렇게 소심한 채로 살아가는 데는 크게 두 가지 이유가 있다.

사회문화적 메시지

우리는 건강한 자부심과 오만이나 자만의 차이에 관한 교육을 제대로 받지 못했다. 학교에서 좋은 감정을 인정하는 것이 얼마나 중요한지 가르쳐주는 것도 아니고 칭찬을 진실로 받아들이는 본보기가 있는 것도 아니다. 좋은 감정이나 칭찬을 받아들여도 괜찮다고 허락하거나 격려해주는 사람도 없다. 오히려 사회는 '네 주제를 알라'거나 '자만하지 마라'는 메시지로 가득하다. 그래서 사람들은 좋은 말을 들어도 기쁨이 온몸으로 퍼져나가게 놔두지 않는다. 물론 계속 움츠린 채로 지내면 자만한다거나 자신만만하다는 비난을 듣지 않고 창피당하지 않을 수 있을지도 모른다. 그러나 좋은 기분을 마음 깊이 느끼면서도 겸손하게 남들을 배려할 수도 있다. 긍정의 말을 받아들이지 않고 살다 보면 결국 자신감에 타격을 입기 십상이다.

소심한 상태일 때 느끼는 주관적 안전감

소심하게 사는 것을 주요 방어기제로 삼는다면 칭찬과 찬사, 그 밖에 인정해주는 말을 진심으로 받아들이지 못한다. 자기를 확장해주는 좋은 감정을 느끼는 상태와 자기를 초라하게 만드는 수치심을 느끼는 상태의 충돌은 해소되지 않는다. 크면서도 동시에 작을 수는 없다. 보통은 보호하려는 심리가 이기게 마련이다. 하지만 좋은 감정을 진심으로 느껴야 자기가 확장되고 무방비 상태가 되고 남들에게 의지할 수 있다. 통제를 느슨하게 풀고 수치심을 치유하고 자부심과 기쁨을 비롯한 좋은 감정을 느끼는 방법을 학습하자. 자신감이란 이렇게 생겨나는 것이다.

변화의 삼각형과 수치심

기분이 좋아지려면 변화의 삼각형 아래 꼭짓점의 핵심감정으로 내려가야 한다. 수치심으로 가로막힌 상태라면 수치심의 통제를 느슨하게 풀어주어야 핵심감정으로 내려가서 열린 마음 상태에 머물 수 있다. 수치심을 치유하려면 우선 수치심과 분리되어야 한다. 수치심이 나에 관해 하는 말을 곧이곧대로 믿으면 안 된다. 수치심이 나를 지배하지 못하도록 수치심을 느끼는 내면의 일부를 나와 별개의 존재로 떼어놓고 보아야 수치심을 더 건강하고 치유 가능한 방식으로 이해할 수 있다.

스펜서는 친구를 만나고 싶어하고 인간관계를 맺을 수 있었지만 수치심에 휘둘린 탓에 세상과 단절된 채 살았다. 그러다 수치심을 알아차리고 태어날 때부터 수치심을 느낀 것이 아니라는 사실을 깨닫자 무엇 때문에 수치심이 생기는지에 관심을 가졌다. 궁금증이 생기는 순간 수치심을 느끼는 부분을 떼어놓고 보는 과정은 시작된 셈이다. 이제 그는 수치심과 대화하면서 수치심을 줄이려고 노력할 수 있다.

수치심을 극복하려면 수치심의 근본 원인을 알아야 한다. 어른으로 성장하면서 사람들의 마음이 어떻게 작동하는지에 관해 배운 상식과 지식을 활용하여 과거를 평가해야 한다. 앞선 세대를 돌아보아도 도움이 된다. 우리가 앞선 세대의 수치심을 물려받았을 수도 있기 때문이다.

조지의 집안에서는 이혼을 수치스러운 일로 여겼다. 조지는 결혼생활이 불행해서 갈라서고 싶지만 어떤 이유에서든 이혼은 불가능하다는 신념의 덫에 걸렸다. 조지가 이혼한다고 해서 본질적으로 나쁜 사람이 될까? 아니다! 가치판단은 주관적인 것이지

객관적인 진실이 아니다. 의문을 품고 깊이 성찰해야 한다. 조지는 그의 집안이 이혼을 수치심과 연결한 연유를 알아봐야 했다. 그의 부모는 어떻게 이혼을 수치스러운 일로 여기게 됐을까? 그의 집안에서는 이혼하면 어떤 말을 듣는다고 믿었을까? 조지는 이혼을 어떻게 내면화했을까? 그가 부모에게 이혼이 어떤 의미인지 묻자 부모는 하느님께서 가혹한 심판을 내릴까 봐 두렵다고 말했다. 이렇게 이혼에 대한 수치심의 기원을 파악하고 나자 수치심의 위력은 수그러들었다. 이렇게 내면의 갈등하는 부분들을 다루면서, 조지는 자신의 가치관에 따라 더 자유롭게 결정할 수 있게 되었다.

일단 수치심이 (진실처럼 느껴져도) 진실이 아닐 수 있다는 가능성을 열었다면, 그다음 목표는 수치심을 느끼는 내면의 일부와 새롭고 안전한 관계를 맺는 것이다. 그러면 자기 안에서 고통받는 부분을 이해하고 연민하고 위로하는 법을 배울 수 있다.

비판단적으로 이해해주는 사람에게 수치심을 털어놓아도 도움이 된다. 수치심은 외로움을 먹고 자라기 때문이다. 안 좋은 감정을 누군가와 나누고 그 사람에게 공감을 받거나 그 사람도 자신의 수치심을 나눈다면 서로 안전하고 연결된 느낌이 생긴다. 취약성과 취약성이 만나면 안전하고 연결된 느낌이 생기는 것이다. 연결은 수치심의 해독제다. 내 안의 수치심을 느끼는 부분과 나 자신을 연결해도 되고, 나 자신은 사랑받지 못할 존재라고 여기는데도 나를 사랑해주고 받아들여주는 누군가와 연결해도 된다.[5]

수치심을 물리친 경험을 기억해내는 방법도 수치심을 줄이는 데 도움이 될 수 있다. 사랑받고 연결되고 안전하고 칭찬받던 때를 떠올려보자. 이런 기억을 떨쳐내지 말고 받아들이려고 노력해야 한다. 비록 정신적인 에너지가 필요하지만 이런 긍정적인 기억을 수용하면 수치심을 치유할 수 있다. 뇌는 좋은 일을 잘 잊어버리므로 열심히 생각해내야 한다. 핵심감정을 수용할 때처럼 좋은 감정에 머물러 호흡하면서 불안이 올라오면 있는 그대로 견디며 변화를 알아차려야 한다. 몸이 확장되는 느낌이 드는 사이 이상한 기분이 들거나 조금 무서워질 수도 있다. 계속 심호흡하면서 한 번에 몇 초씩 견뎌보면 서서히 감당하는 힘이 커지면서 확장된 감정을 처리하는 능력이 생길 것이다. 그러면 세상에서 공간을 더 많이 차지한다는 감각과 함께 몸이 커지는 느낌이 들 것이다.

이러한 연습은 한편으로 우리의 맹점, 곧 무엇이 현실이고 무엇이 현재에 투사된 과거인지 구분하기 어려운 상황을 이해하는 데 도움이 된다. 마땅히 느껴야 하는 수치심인지 해로운 수치심인지 헷갈릴 때가 있다. 이럴 때는 남들의 의견을 듣고 상황을 판단하는 것이 가장 바람직하다.

예를 들어 나는 어린 시절의 경험 때문에 내 얘기를 많이 하면 남들이 나를 자기중심적인 사람이라고 생각할까 봐 두려워한다. 그래서 대체로 내 얘기를 많이 하지 않고 나서지 않으려고 애쓴다. 그런데 막상 친구들에게 이런 걱정을 털어놓았더니 내가 나 자신에 관한 얘기를 충분히 하지 않는다는 친구들의 대답을 들었다. 친구들의 의견은 내가 수치심을 더는 데 도움이 됐다.

누구든 일단 수치심을 느끼면 창피를 준 상대에게 화가 난다. 이때 변화의 삼각형을 통해 억제감정 이면에 감춰진 핵심감정을 발견하면 수치심은 사라진다. 남들에게 창피당할 때 느낀 핵심감정을 찾아 자신의 약점과 수치심을 유발하는 요인을 파악하면 수치스러운 순간을 견딜 수 있다. 가령 핵심감정인 분노를 찾아내 안전하게 표출한다면 그 순간의 수치심은 사그라든다.

최근에 나는 트리샤라는 지인과 저녁을 먹으러 갔다. 나는 트리샤에 관해 더 알고 싶어 "요즘 하시는 일은 어때요?"라고 물었다. 트리샤의 회사가 큰 변화를 겪고 있어서 직장생활이 쉽지 않을 것 같아서였다.

트리샤는 내 질문에 "참 치료사다운 질문이네요"라고 대꾸했다.

처음에는 놀랐다. 그러다 무너지기 시작했다. 얼굴이 화끈거리고 몸이 움츠러드는 것 같았다. 억제감정으로 수치심이 올라왔다. 나라는 존재, 치료사다운 질문을 하는 인간에게 수치심이 일었다. 나에게 치료사처럼 군다는 핀잔은 수치심을 일으키는 요인이었다. 이런 말을 수없이 듣다 보니 유독 이런 표현에 민감했다. 돌아보면 트리샤는 내가 느끼는 것만큼 거슬리게 말할 생각이 없었던 것 같지만 나는 모욕감과 굴욕감을 느꼈다.

나는 그 순간을 모면하고 그날의 식사 자리를 망치지 않기 위해 일단 양해를 구하고 화장실로 갔다. 그러고는 변화의 삼각형을 이용해 수치심을 옆으로 치워놓았다.

우선 나 자신에게 연민을 보여주었다. "불쾌해. 넌 헐뜯는 말을 들을 이유가 없어. 넌 그냥 기분 좋고 연결된 상태를 유지하려고 노력하기만 하면 돼." 자기연민은 곧바로 큰 도움이 되었다.

삼각형에서 위로 이동

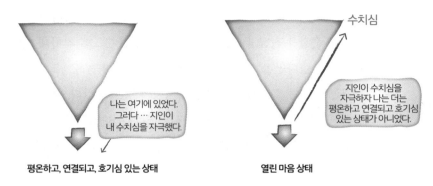

삼각형에서 다시 아래로 이동

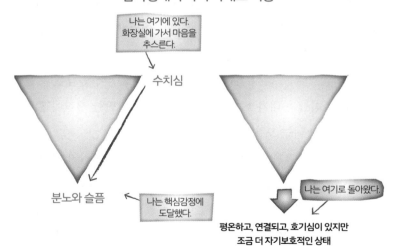

다음으로 나 자신에게 이렇게 물었다. "수치심으로 차단된 핵심감정은 뭘까?" 이렇게 묻기만 해도 수치심의 소용돌이가 멈추었다. 나는 핵심감정을 찬찬히 살피면서 '화가 났나?'라고 자문했다. 그렇다! 친절하게 대하려다가 되레 기분이 나빠진 게 못마땅했다. '두려운가?' 아니다! '슬픈가?' 그렇다! 트리샤가 내 감정을 상하게 했고, 그 바람에 나는 슬퍼졌다. '혐오감이 드는가?' 약간. 트리샤가 내게 한 행동에 혐오감이 들었다. 무례한 행동이다! 이런 식으로 일단 핵심감정을 분류하자 마음이 평온해졌다. 그제서야 나는 마음을 추스르고 저녁식사를 이어갈 수 있었다.

수치심을 다루는 아홉 가지 방법

1. 우리는 수치심을 느끼도록 태어나지 않았다. 수치심은 학습된 감정이라는 사실을 알아야 한다.
2. 수치심이 우리를 탓해도 우리 잘못이 아니라는 점을 알아야 한다.
3. 어른이 되면서 거절에 대처하는 법을 배우듯이 수치심을 감당하는 방법을 배우고 남들에게 도움을 받을 수 있다는 사실을 알아야 한다. 그래야 변화하려고 노력하고 숨지 않고 밖으로 나갈 만큼 자신감을 얻을 수 있다.
4. 나를 있는 그대로 받아주고 사랑해주는 친구와 배우자를 곁에 둘 수 있다는 점을 알아야 한다. 내가 성공하든 실패하든 안전하게 결과를 나눌 수 있는 사람들을 찾을 수 있

다. 기쁨과 흥분을 함께 나누고 솔직하고 진실하게 관심
사를 공유할 사람들을 찾을 수 있다.

5. 습관적으로 움츠러들고 숨으려는 반응을 바꾸는 연습을
    해보자. 기쁨과 자부심, 흥미, 흥분과 같은 열린 감정이 일
    어나면 그 감정을 알아차리면서 서서히 실험을 시작해본
    다. 좋은 감정이 들면 곧바로 억누르려 하는지 살펴보자.

6. 오만과 경멸, 완벽주의, 가식, 약자를 괴롭히는 행동, 공격
    성은 대개 핵심감정 이면의 수치심을 숨기기 위한 행동
    인 경우가 많다는 점을 알아야 한다.

7. 가장 고통스러운 순간에 수치심을 느끼거나 기분이 상한
    내면에 연민을 보여주는 연습을 해보자.

8. 마음속에서 수치심을 느끼는 부분과 대화해보자. '수치
    심을 느끼는 법을 어떻게 배웠니? 누구에게 또는 어디서
    이런 메시지를 받았니?' 그런 다음 인내심을 갖고 수치심
    을 느끼는 부분에 귀를 기울여본다. 새로운 이야기를 들
    려줄 수도 있다.

9. 현재에든 과거에든 창피를 당했을 때 느낀 핵심감정을
    알아차려서 인정하는 연습을 해보자.

▋죄책감 다루기 연습▋

수치심은 우리 자신이 나쁘다고 느끼게 만들지만 죄책감은 우리
가 나쁜 짓을 저질렀다는 걸 알려준다. 죄책감은 남에게 해를 끼치
지 않는 데 도움이 되며 사람들과 어울려 살 수 있도록 우리를 견

제해준다. 하지만 우리는 누군가의 감정을 건드린 것 말고는 잘못한 게 없는데도 죄책감에 시달릴 때가 있다.

변화의 삼각형을 써서 죄책감을 다룰 때에는 죄책감을 두 유형으로 분류하면 도움이 된다. 실제로 나쁜 짓을 저질러서 생기는 죄책감과 나쁜 짓을 저지르지 않았지만 스스로 잘못했다고 느끼거나 남들에게 잘못했다는 말을 들을 때 생기는 죄책감(이를테면 특정 욕구나 기호, 생각, 감정을 가져서 생기는 죄책감)으로 말이다. 자기가 느끼는 죄책감이 둘 중 어떤 유형인지 파악하는 것이 첫 번째 과제다. 그런 다음 두 유형의 죄책감을 각기 다르게 다루어야 한다.

우리는 남들의 욕구보다 자신의 욕구를 앞세울 때 죄책감을 느낀다. 남들의 욕구를 우선시하는 편이 실제로 나을 때도 있고, 대체로 그렇게 하도록 교육받고 자랐기 때문이다. 하지만 자신의 욕구를 중시하는 태도가 자신의 행복뿐 아니라 원만한 관계를 위해서 가장 현명한 경우도 많다. 남들의 욕구만 중시하면 정신건강에도 관계에도 좋지 않다. 억울한 마음이 들기 때문이다.

나는 2002년 지금의 남편 존을 만났을 때 내 욕구보다 남들의 욕구를 먼저 챙기는 양육자 유형이었다. 내 자존감은 양육자 역할을 잘 수행하는지에 달려 있었다. 연애 초기, 존에게 나는 "잘 퍼주는" 사람인 것 같다고 말했더니 존이 "잘 됐네! 난 받는 걸 좋아하는 쪽이거든!"이라고 말했다. 그때는 농담인 줄 알고 웃었다. 하지만 시간이 갈수록 농담이 아닌 게 드러났다. 알고 보니 남편은 내가 사랑한 사람들 중 처음으로 내가 베풀 수 있는 것보다 더 많이 원하고 요구하고 아무렇지 않게 받는 사람이었다. 나는 나날이 지치고 억울해졌다. 그리고 내게도 욕구가 있다는 걸 깨달았다. 나로서는 그 사실을 인정하기가 어려웠다.

남편은 농담조로 내가 미끼상품으로 유혹했다고 말했다. 나는 남편의 요구를 다 들어주지 못한다는 생각에 죄책감에 시달리자 몸이 아팠다. 나의 퍼주는 능력이 한계에 이른 것이다. 우리는 관계를 다시 설정해야 했다. 그리고 나는 부부치료에서 내가 생각하는 만큼 퍼주기만 하는 사람이 아니라는 사실을 인정해야 했다.

한계를 인정하는 과정에서 처음에는 고통스럽더니 조금씩 해방감이 들기 시작했다. 돌이켜보면 내가 한계를 인정하고 싫으면 싫다고 말해서 경계를 설정하는 과정은 사랑스럽고 친밀한 배우자로 거듭나는 데 도움이 되었다. 내가 한계를 정했는데도 진실로 사랑받는 느낌이 들자 남편이 고맙고 남편에게 공감하는 마음도 커졌다. 남편 역시 더 이상 받기만 하지 않았다. 우리는 서로 균형을 잡아갔고, 관계를 유지하려면 그래야 했다.

내담자들 중에는 자기주장을 내세우거나 한계를 정하는 것이 마치 자기 능력 밖의 일이라는 듯이 죄책감을 느끼는 사람이 많다. 그들의 자식과 배우자와 부모는 그들을 비난하거나 가혹하게 대하면서 그들의 한계를 지적하거나 관계를 끊으려 한다. 어떤 사람들은 죄책감이 들면 한계를 정할 때의 두려움과 같은 핵심감정을 알아차리지 않고 죄책감이 들게 '만든다'는 이유로 남을 탓한다. 하지만 한계를 정할 때는 '싫다'는 의사를 표현하고 상대가 그 나름의 분노나 슬픔 같은 감정을 느끼게 놔둘 용기가 필요하다. 누구나 비열하고 폭력적인 방식으로 감정을 표출하거나 행동할 자격은 없지만 각자의 감정을 표현할 자유는 있다.

남에게 비난받으면 자신의 감정이나 생각이 나쁘다고 생각할 수 있다. '네가 슬퍼하니까 내 마음이 아프잖아.' '네가 화를 내니까 내가 나쁜 사람이 된 것 같잖아.' '네가 기뻐하니까 내가 초라해지잖아.' '네가 흥분하니까 내 마음이 무감각해지잖아.' 직접적으로나 간접적으로 이런 메시지를 받으면 결국 자신의 감정에 죄책감을 느낀다. 어떤 사람들은 '생존자의 죄책감survivor guilt'처럼 단지 살아 있는 것만으로 누군가에게 나쁜 짓을 한 것처럼 죄책감을 느낀다.

마음속에서 죄책감을 느끼는 부분에 귀를 기울여서 그 부분이 우리가 저질렀다고 믿는 '죄'가 무엇인지 알아내야 한다. 그런 다음 정말로 잘못한 짓인지, 아니면 단지 스스로를 변호하거나 보살피기 위해 애쓰는 것인지 판단해야 한다. 스스로를 보살피는 것에 죄책감을 느낀다면 죄책감의 원인을 찾고 자신의 한계와 경계를 인정하기 어려운 이유를 알아보아야 한다. 이를테면 수치심과 연결된 죄책감일 수도 있다. 우리가 우리의 모습 그대로 존재한다는 사실만으로도 누군가에게 실망을 안겨줄 거라고 생각하는 것이다. 아니면 핵심감정을 차단하느라 죄책감이 등장했을지도 모른다. 가령 분노 대신 죄책감을 느낄 수 있다.

마음속에 죄책감을 느끼는 부분에 어떤 죄를 저질렀는지 물어봐도 아무런 대답이 없다면 혹시 죄책감이 핵심감정을 차단하고 있는지 의심해야 한다. 잘못된 죄책감을 줄이려면 핵심감정을 발견해야 한다. 변화의 삼각형으로 자신의 상태를 그려보고 죄책감에 시달리는 것 같으면 스스로에게 '내가 죄책감으로 넘어가지 않았다면 죄책감을 자극하는 상대에게 어떤 감정이 들었을까?'라고 물어보자. 죄책감은 어린 시절의 경험에 따라 어떤 핵심감정과도 연결될 수 있다. 분노든 슬픔이든 흥분이든 두려움이든 성적 흥분이든 혐오감이든 기쁨이든, 어떤 감정에 대해서든 죄책감을 느낄 수 있다.

예를 들어 앞에서 세라가 내게 질문을 던지고는 죄책감에 사로잡힌 경우를 보자. 세라는 자기주장이 지나친 건 아닌지 우려했다. 세라의 엄마는 딸이 자기주장을 펼치면 위협을 느꼈고, 윽박지르면서 세라의 분노를 끌어냈다. 하지만 어린 세라는 엄마에게 분노를 표출하면 위험해질 것 같아서 죄책감(그리고 수치심)으로 분노를 억눌렀다. 어른이 된 세라는 남들의 욕구보다 자신의 욕구를 내세우는 느낌이 조금만 들어도 죄책감과 수치심에 시달렸고 자기주장을 펼치는 것은 나쁘다는 생각을 내면화했다.

어른이 되어 항상 자신의 욕구보다 남들의 욕구를 중시하면 무기력하고 우울하고 불안하고 스트레스와 관련된 각종 건강 문제를 경험한다. 진화적으로 우리는 생존하도록 설계되어 있고, 생존이란 자기를 돌본다는 뜻이다. 그리고 핵심감정은 바로 생존을 위해 진화했다. 핵심감정에 귀를 기울이고 존중해서 죄책감 이면에서 일어나는 현상을 명확히 이해하고 기분 좋은 균형이나 타협점을 찾아야 한다. 자신의 욕구를 중시하기로 했다면 어느 정도 죄책감을 견디면서 죄책감이 줄어들어(언젠가는 줄어든다) 새로운 기준이 생길 때까지 버텨야 한다.

　보니는 상담에서 아버지를 향한 분노 때문에 죄책감을 느꼈다. 감정은 감정일 뿐이고 분노를 느껴도 아무도 다치지 않는다는 사실을 배우고 나서도, 상상만으로 분노 충동을 표출하는 것조차 잘못이라고 느꼈다. 보니는 죄책감을 견디고 핵심감정을 느끼고 나서야 감정을 느껴도 괜찮다는 사실을 이해했다. 대다수 사람들과 마찬가지로 보니에게는 무슨 상상을 해도 괜찮다는 사실을 가르쳐준 사람이 없었다. 생각과 감정은 순전히 마음속에서 일어나며 행동으로 옮기지만 않으면 누구에게도 영향을 끼치지 않는데 말이다.

　우리는 한계와 경계를 세련되고 능숙하게 정할 수도 있고, 남들에게 불안하고 위험한 느낌을 전하면서 정할 수도 있다. 가장 유용한 방법은 남들에게 자신의 한계를 알릴 때 상대의 처지에 서서 상대의 말을 충분히 들어본 후 자신의 욕구를 명확히 전달하는 것이다. 한계와 경계를 정하고 명료하면서도 다정하게 경계선을 유지하는 과정은 연습을 하면 할수록 수월해진다.

　누구나 의도하든 아니든 가끔씩 남에게 해를 끼치며 산다. 누군가가 나한테 상처를 입었다고 말한다면 나로서는 그 말을 부정할 수 없다. 상처는 주관적인 것이고, 상처를 입었다고 판단하는 주체는 상처를 입은 당사자이기 때문이다. 예를 들어 배우자가 직장에서 너무 많은 시간 일하는 것이 당신에게 상처가 된다면 배우자는 설사 집에 돈을 많이 벌어다주려고 열심히 일하는 것이라고 해도 당신의 상처에 귀 기울여주어야 한다. 그래야 둘이 함께 상처를 치유할 방법을 찾을 수 있다. 때로는 변화가 필요하다. 대개는 잘 들어주고 이해해주는 것으로 충분하지만, 상황에 따라서는 사과와 개선이 필요할 수 있다.

내 내담자인 마라와 잭은 함께 산 지 1년이 되었다. 마라가 먼지를 닦다가 유리 조각상을 건드려서 조각상이 타일 바닥에 떨어져 산산조각 났다. 잭이 광고업에서 일하면서 받은 영예로운 상이었다. 마라는 우선 잭이 어떻게 나올지 두려워 증거를 숨기고픈 충동을 느꼈다. 잭이 깨진 조각상을 보고 표출할 분노와 갖가지 감정을 피해 도망치는 장면을 상상했다. 그러다 잭에게든 그녀 내면의 죄책감에게든 이건 작은 사고일 뿐이고 별일 아니라고 설득하고 싶은 충동이 일어났다. 마라는 속으로 '물건은 물건일 뿐이야. 내가 사람이라도 죽였냐!'라고 말했다. 물론 맞는 말이지만 이런 태도는 잭과의 관계에 도움이 되지 않을 수 있었다.

사실 마라는 몹시 미안했다. 세 번째로 일어난 충동은 용기를 내어 잭의 눈을 보면서 이렇게 말하는 것이었다. "내가 당신 조각상을 깨뜨렸어. 당신한테 얼마나 뜻깊은 물건인지 잘 알아. 다른 걸로 대신할 수 없다는 것도 알고. 그런 소중한 물건을 깨뜨려서 정말 미안해. 소중한 물건을 잃어버리면 얼마나 속상한지 잘 알아. 내가 보상해줄 방법이 있으면 뭐든 말해줘. 당신이 화가 나는 거 충분히 이해하고 정말 미안해."

자기가 저지른 잘못을 순순히 인정하는 태도는 겸손해지는 길이며, 자아에 대한 공격을 견뎌낼 힘이 있어야 가능하다. 실수를 저지르지 않는 데서 자부심을 느끼는 사람이 많다. 또 어린 시절에 실수를 저질렀다는 이유로 호되게 야단맞은 사람들도 있다. 이들은 어른이 되고도 계속 누군가에게 혼이 나는 것처럼 스스로를 혼낸다. 대다수 사람들은 머리로는 완벽함이 현실적인 기준이 될 수 없다는 것을 알면서도 실수를 인정하는 것을 어렵고 괴롭고 무서워할 수 있다.

언제, 어떻게 사과할지 아는 능력은 우리 모두에게, 그리고 소중한 관계에 도움이 된다. 좋은 사과는 어떻게 하는 것일까? 고인이 된 랜디 포시Randy Pausch는 《마지막 강의The Last Lecture》라는 훌륭한 책에서 적절한 사과의 세 가지 요소를 언급했다.

1. 미안하다고 말하고 왜 미안한지 밝힌다.
2. 자신의 행동이 어떻게 상처를 줬는지 이해한다고 전한다.
3. 보상하거나 보상할 방법을 모르면 상대에게 어떻게 할지 물어본다.

진심으로 사과하는 법을 배우는 것은 관계를 위한 최선의 노력이다. 책임지는 태도가 가장 중요하다. 실수였든 의도했든, 피해를 준 일에 책임지면 '나는 내 자존심보다 당신을 더 많이 생각한다'는 메시지가 전달된다. 사랑하는 사람이 나로 인해 받은 상처를 진심으로 어루만져주면 사랑과 신뢰가 깊어진다. 물론 쉽지는 않지만, 진심 어린 사과에는 아무리 깊은 상처라도 치료할 수 있는 힘이 있다.

실험: 불안을 잠재우는 법

신체감각에 의식을 집중하는 방법은 뇌에 변화를 일으키는 데 효과적이다. 그래서 불안이 유발하는 감각(가슴이 두근거리거나 조이는 느낌, 배 속이 죄어드는 느낌)에 집중하면 불안이 줄어드는 것이다.

불안에 주목하라니, 말이 안 되는 것처럼 들릴지 모른다. 그 이유는 대부분의 사람들이 거슬리는 감각을 피하기 때문이다.

호기심과 연민을 가지고 그 어떤 것도 판단하지 않으면서 불안이나 긴장을 알아차려보자. 심호흡하면서 머릿속에 떠오르는 이야기나 생각을 떨쳐내고 20초 정도 또는 어떤 변화가 느껴질 때까지 오직 불안의 신체적 표현에만 집중한다.

좋은 쪽이든 아니든 당신이 알아차린 변화 세 가지를 적어보자. 사소한 변화도 괜찮다.

1. _____
2. _____
3. _____

더 이상 방어로 불안을 모면하려 하지 말자. 불안을 가라앉힐 전략 서너 가지를 미리 마련해뒀다가 충분히 활용하면 변화의 삼각형을 따라 열린 마음 상태로 내려갈 수 있다.

각자의 불안을 가장 잘 덜어줄 방법을 찾으려면 실험을 해봐야 한다. 아래 몇 가지 방법을 소개한다. 여기에 당신만의 방법도 추가해서 마음을 평온하게 만드는 방법의 목록을 만들어보자.

1. **호흡** 복식호흡으로 네다섯 번 길고 깊게 심호흡한다. 심호흡을 하면 심장과 폐의 신경이 자극받아 마음이 평온해진다. (82쪽의 복식호흡에 관한 설명을 참조하라.)

2. **그라운딩** 두 발을 바닥에 딛고 서서 발바닥에 집중한다. 발밑에서 바닥의 단단한 감각이 느껴질 때까지 1분 이상 그대로 서 있는다.

3. **속도 늦추기** 가만히 머물러서 호흡하고 바닥에 닿은 발밑의 감각을 느껴본다. 주변의 소리를 들어본다. 주변 세상의 색깔을 관찰한다. 주변 세상의 질감을 느껴본다. 한 번에 하나씩만 해본다.

4. **나만의 안식처로 들어가기** 바닷가와 같은 평온한 장소를 상상한다. 살갗에 닿는 뜨거운 햇살을 느껴보고, 파도 소리를 들어보고, 발에 닿는 서늘한 모래의 감촉을 느껴보고, 바다를 바라본다. 자기만의 안식처를 찾아서 가능한 생생하게 머릿속에 그려본다.

5. **불안이 주는 감각에 집중하기** 심장박동이 빨라지거나 가슴이 두근거리는 것과 같은 불안의 신체감각에 집중한다. 호기심과 연민으로 그 감각에 머무르면서 평온해질 때까지 심호흡한다.

6. **핵심감정에 이름 붙이기** 불안을 일으키는 모든 핵심감정을 찾는다. 스스로에게 슬픈지, 두려운지, 화가 나는지, 혐오감이 드

는지, 기쁜지, 흥분되는지, 성적으로 흥분되는지 물어본다. 시간을 두고 한 번에 하나씩 상상한다. '나는 _____ 을(를) 느끼는가?'라고 물어보면서 자신의 감정을 인정한다.

7. **운동하기** 몸을 쓰면 확실히 불안이 줄어든다.

8. **연결하기** 친구에게 연락한다. 어떤 일로 기분이 좋지 않아서 얘기를 하고 싶다고 말한다. 가까이 사는 친구가 없으면 지지 집단(알코올중독자 자조모임, 알코올중독자 가족 자조모임, 마약중독자 자조모임, 정서장애 자조모임 등)에 참여해도 좋다.

9. **불안을 내면아이로 상상하기** 스스로에게 좋은 부모가 되어 내면아이를 위로한다. 안아주고 담요로 감싸주고 쿠키와 우유를 준다. 상상력을 발휘해 아이가 기분이 좋아지는 데 필요한 것을 해준다.

10. **불안을 줄이거나 주어진 순간에 몰두하는 데 도움이 되는 활동 해보기** 요리, 악기 연주, 스트레칭, 요가, 예술작품 만들기, 독서, TV 시청, 목욕, 산책, 차 마시기, 명상 등 각자 자기에게 맞는 방법을 찾아보자.

기분이 좋지 않은 순간에 마음을 평온하게 만들어주는 자신만의 효과적인 방법 세 가지를 적어본다.

1. _____
2. _____
3. _____

실험: 수치심을 불러내는 메시지

우리는 부모와 가족에게 온갖 메시지를 받는다. 몇 가지 예를 들어 보자.

- 너무 똑똑한 척하지 마라!
- 어리석게 굴지 마라!
- 남보다 튀지 마라!
- 너무 수줍어하지 마라!
- 미친 짓 하지 마라!
- 결점을 인정하지 마라!
- 독립적으로 살아라!
- 넌 너무 애정을 갈구해!
- 넌 너무 말랐어!
- 넌 너무 뚱뚱해!
- 더 강해져야 해!
- 넌 나빠!
- 남자답게 행동해라!
- 숙녀답게 행동해라!
- 섹시하게 보이지 마라.
- 말도 안 돼!
- 네가 남보다 나을 게 어딨니.
- 더 상냥해져야지!

- 더 영리하게 굴어야지!
- 나약하게 굴지 마라!
- 네 형처럼 해야지!
- 그렇게 예민하게 굴지 마라!
- 그렇게 생각 없이 굴지 마라!
- 넌 게을러!

직접적으로든 간접적으로든 가족에게서 당신이 어때야 한다고 들은 메시지 세 가지를 적어보자.

1. _____
2. _____
3. _____

각 메시지는 당신과 당신의 자기감에 어떤 영향을 끼쳤는가?

1. _____
2. _____
3. _____

학교와 또래집단, 종교와 문화에서도 많은 메시지를 보낸다. 몇 가지 예를 들어보자.

- 조용히 해라!
- 공부 좀 열심히 해라!
- 모험심이 있어야지!
- 헤프게 보이지 마라!
- 겁쟁이처럼 굴지 마라!
- 예민하게 굴지 마라!
- 죄를 짓지 마라!
- 좋은 사람이 돼야지!
- 넌 종교를 제대로 믿지 않아!
- 감정을 드러내지 마라!
- 우리를 부끄럽게 만들지 마라!
- 가족에게 버릇없이 굴지 마라!

학교와 종교, 문화에게서 당신이 어때야 한다고 들은 메시지 세 가지를 적어보자.

1. _____
2. _____
3. _____

각 메시지는 당신과 당신의 자기감에 어떤 영향을 끼쳤는가?

1. _____

2. _____

3. _____

스스로 자부심을 느끼는 것도 강하게 부정당할 때가 있다.

- 잘난 체하지 마라.
- 네가 남보다 낫다고 생각하지 마라.
- 자만하지 마라.
- 넌 네가 참 잘난 줄 아는구나!

모두 우리에게 굴욕감이나 수치심을 안겨주는 말이다. 이 밖에도 당신 자신이나 당신이 이룬 성과를 뿌듯해할 때 가족, 또래 집단, 학교, 종교, 문화에게서 직접적으로나 간접적으로 받은 메시지 세 가지를 적어보자. (메시지가 긍정적이든 부정적이든 상관없다.)

1. _____

2. _____

3. _____

각 메시지는 당신과 당신의 자기감에 어떤 영향을 끼쳤는가?

1. _____

2. _____

3. _____

실험: 일상에서 마주치는 당위

변화의 삼각형을 이용할 때 '(마땅히) ○○○ 해야 한다'는 생각이 방어의 역할을 할 때가 많다. 이런 당위적인 사고는 삶에서 어떤 목적을 가질까?

'(마땅히) ○○○ 해야 한다'고 생각하는 순간, 내가 그런 생각을 하고 있다는 것을 알아차리고 관심을 가져야 한다. '왜 내가 ○○○ 해야 하지?'라고 물어보자. 그러고 나서 당신의 마음이 어떻게 대답하는지 들어보자. 이런 생각이 당신에게 도움이 되는지 해가 되는지 판단하자. 수치심과 죄책감은 대개 이런 당위적인 생각에서 나온다.

- 나는 강해야 해.
  바탕 감정 나약하다고 생각하는 수치심

- 나는 덜 예민해야 해.
  바탕 감정 감정을 느끼는 것에 대한 수치심

- 나는 너그러워야 해.

바탕 감정 욕심이 있는 사람이라는 사실에 대한 수치심. 남에게 더 많이 해주지 못해서 생기는 죄책감.

• 나는 사교적이어야 하거나 더 사교적이 되고 싶어해야 해.
바탕 감정 사교적이지 못하다는 죄책감과 수치심

• 나는 말라야 해.
바탕 감정 마르지 않은 데 대한 수치심

• 나는 말을 많이 해야 해.
바탕 감정 말수가 적은 데 대한 죄책감과 수치심

• 나는 예쁜 여자친구를 사귀어야 해.
바탕 감정 충분히 괜찮지 않은 데 대한 수치심

• 나는 열심히 일해야 해.
바탕 감정 열심히 일하지 않는다는 죄책감. 게으른 데 대한 수치심.

• 나는 친구가 많아야 해.
바탕 감정 충분히 괜찮지 않은 데 대한 수치심. 친구를 더 많이 사귀고 싶은 욕구.

'○○○해야 한다'는 믿음은 사실에 근거를 두지 않은 학습된 믿음이다. 따라서 우리에게 도움이 될 때도 있지만 도움이 되지 않을 때도 있다. 그렇다고 모든 당위가 나쁜 것은 아니다. 예를 들어 당위적인 사고는 우리에게 우리의 몸을 챙기고(나는 의사에게 검진을 받아야 해) 좋은 시민이 되라고(나는 비열하게 굴면 안 돼) 말해주기도 한다. 하지만 많은 당위는 가족이나 또래집단, 종교, 문화의 독단적인 기준에 맞추는 데 목적이 있다. 이런 사고는 도움이 되지 않는다.

당신이 스스로에게 '○○○해야 한다'고 말하는 세 가지 생각을 적어보자.

1. _____
2. _____
3. _____

도움이 되지 않는 수치심을 구별할 때 호기심을 갖고 아무것도 일방적으로 판단하지 않으면서 수치심과 대화를 나누면 도움이 된다.

수치심 난 더 나은 친구가 되어야 해.
진정한 자기 정말? 왜 그래야 해?
수치심 그래야 친구들이 날 더 좋아해줄 테니까.
진정한 자기 왜 친구들이 널 좋아하지 않는다고 생각해?

수치심 (이제 사례를 찾아내려고 골몰한다) 한동안 아무도 내게 전화해서 같이 뭘 하자고 말하지 않았어.

진정한 자기 (변화의 삼각형을 다룬다) 수치심을 한쪽으로 치운다면 전화가 오지 않아서 생기는 핵심감정은 뭘까?

(진정한 자기는 핵심감정인 슬픔과 분노를 알아차리고 인정한다.)

진정한 자기 가만히 기다리지 말고 먼저 연락해도 되잖아.

수치심 다들 바쁠까 봐 두려워.

진정한 자기 넌 두려운 거구나. 힘들지? 아무도 전화해주지 않는 것은 너라는 사람과는 아무 상관도 없지만 너는 슬프고 화가 나도 괜찮아. 친구를 만나고 싶으면 먼저 전화해서 같이 놀자고 해봐. 친구가 바쁘면 바쁘다고 말하겠지.

내 내담자 베서니는 외롭고 친구들에게 무시당한다고 느꼈다. 우리는 베서니가 사람들과 관계를 맺지 못하는 태도의 바탕에 있는 억제감정을 찾아냈다. 핵심감정을 다루면서 나는 베서니에게 위의 예시와 같은 대화를 자기 자신과 나눠보라고 했다. 이러한 시도는 베서니가 수치심을 줄이는 데 도움이 되었다. 베서니는 다음의 사실을 배웠다.

1. 베서니의 내면에는 친구들이 자기를 좋아하지 않을까 봐 걱정하면서 수치심을 느끼는 부분이 있었다.

2. 베서니는 사람들이 바빠서 자기를 만나주지 않을 거라고

걱정했다.

3. 베서니는 전화해주지 않는 친구들에게 슬픔과 함께 분노도 약간 느꼈다.

4. 베서니는 주도적으로 문제를 해결할 수 있을 때에도 수동적으로 기다리면서 온갖 추측을 했다.

5. 베서니가 사람들에게 다가가려면 용기를 내야 했다.

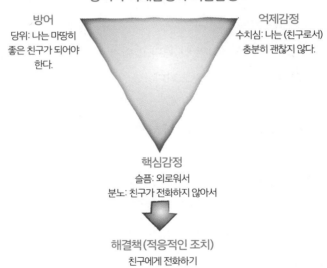

베서니가 변화의 삼각형에 그린
방어와 억제감정과 핵심감정

방어
당위: 나는 마땅히
좋은 친구가 되어야
한다.

억제감정
수치심: 나는 (친구로서)
충분히 괜찮지 않다.

핵심감정
슬픔: 외로워서
분노: 친구가 전화하지 않아서

해결책 (적응적인 조치)
친구에게 전화하기

실험: 죄책감

죄책감이 유용할 때가 있다. 잘못을 저질러서 책임지고 바로잡아야 할 때 그렇다. 또 죄책감이 불필요할 때도 있다. 잘못한 게 없는데도 마음 깊은 곳의 갈등이나 고통을 덮으려고 죄책감을 느낄 때 그렇다. 가령 이런 식이다.

- 누군가가 우리 삶에 끼어들어 방해가 될 때 한계나 경계를 정하는 데 죄책감을 느낀다.
- 사랑하는 사람이 세상을 떠나고도 나는 계속 살아 있다는 데 죄책감을 느낀다.
- 자기 욕구를 챙기면 안 된다고 배워서 자기 욕구를 충족시키려 할 때 죄책감을 느낀다.

죄책감을 탐색해보자. 최근에 죄책감을 느낀 일을 떠올려보자.

당신이 무엇을 했는가?
○ _____

죄책감이 '죄'에 대해 드는 감정이라면 당신은 어떤 죄를 저질렀는가?
○ _____

다른 사람의 욕구보다 자신의 욕구를 앞세운 죄였는가?

예 □　　　　　　　　아니요 □

누군가를 가혹하게 비난한 죄였는가?

예 □   아니요 □

충동 조절이 안 돼서 저지른 죄였는가?

예 □   아니요 □

죄의 동기는 무엇이었는가?

○ _____

전에도 이런 일로 죄책감을 느낀 적이 있는가?

예 □   아니요 □

처음 이런 일로 죄책감을 느낀 것은 몇 살 때인가?

○ _____

누구에게 상처를 주었는가?

○ _____

어떻게 상처를 주었는가?

○ _____

그 사람에게 상처를 주었는지 어떻게 아는가? (그 사람이 상처받은 사실을 어떻게 알려주었는가? 말로 알렸나, 행동으로 알렸나, 시선으로 알렸나?)

○ _____

사과해야 마땅한가?

예 □   아니요 □

누군가와의 금이 간 관계를 회복하기 위해 사과해야 하는가?

예 □   아니요 □

무엇에 대해 사과할 것인가?

○ _____

당신의 죄가 상대에게 어떤 영향을 끼쳤는가?

○ _____

어떻게 보상할 수 있는가?

○ _____

좋은 물건을 갖거나 기분이 좋을 때 죄책감이 드는가?

예 □   아니요 □

죄책감이 든다면 의식적으로 당신이 소유한 물건이나 당신이 느끼는 감정에 대한 죄책감을 떨쳐내고 감사하는 마음으로 넘어가려고 노력해보자. 죄책감 대신 감사하는 마음에 머무를 때 마음 속에서 어떤 변화가 일어나는지 관찰한다. 당신이 알아차린 내면의 변화 세 가지를 적어보자.

1. _____
2. _____
3. _____

불안과 수치심과 죄책감을 많이 다룰수록 억제감정의 영향에서 더 자유로워지고 억제감정의 힘이 약해지면서 변화의 삼각형에서 좀 더 수월하게 아래로 내려가 핵심감정을 다루고 열린 마음 상태로 돌아갈 수 있다.

치유의 감정들

한겨울에 내 안에서 불굴의 여름을 보았다.

— 알베르 카뮈Albert Camus

심리학에서는 긍정적인 감정을 돌아보고 사람들과 나누는 것이 뇌에 좋다고 밝혀졌다. 기쁨과 흥분, 자부심, 감사하는 마음과 같은 긍정적인 감정을 진심으로 느끼는 능력은 치유의 힘이 된다. 그러나 기분이 좋아지고 싶고 스스로를 좋게 생각하고 싶은 마음은 누구나 가지고 있다고 인정하면서도 대다수 사람들은 긍정적인 감정을 돌아보는 것을 어려워한다.

좋은 감정을 느끼려고 하면 어김없이 수치심과 같은 불편한 감정이 올라오거나 좋은 감정에 관해 말하는 것조차 힘들어하는 사람이 많다. 내가 사람들에게 기쁨과 성취감, 감사하는 마음, 사랑에 관해 말해보라고 하면 다들 화제를 돌리고 때로는 눈에 띄게 당혹스러워한다. 좋은 감정과 수치심의 관계는 좋은 감정을 표현하고 공유할 때 어떤 반응이 돌아오는지에 달려 있다. 긍정적인 반응이 돌아오면 자신감이 커지고 더 친밀하게 연결되고 더 행복해진다. 반대로 비판적이거나 비아냥거리는 반응이 돌아오면 견딜 수 없이 힘들어진다. 기쁨과 자부심과 감사하는 마음은 상처를 치유해주므로 이런 긍정적인 감정을 최대로 키우려고 노력해야 한다.

심리치료사들은 대개 고통스러운 생각과 부정적인 감정과 문제에 집중하도록 훈련받는다. 심리치료사의 직업적인 편향이다.

하지만 변화의 삼각형 관점에서 보면 사실 우리가 차단하는 감정은 주로 좋은 감정이다. 다이애나 포샤는 사랑과 감사하는 마음, 기쁨과 다정함, 자신감과 자신의 선함에 대한 믿음 같은 긍정적인 감정을 온전히 느끼는 법을 익히면 엄청난 치유의 힘이 생긴다고 가르친다.[6] 치유의 감정을 억누르지 않고 온전히 느끼면 안녕감이 깊고 넓어지며 회복탄력성이 강해진다. 나아가 많은 과학자가 긍정적인 감정을 온전히 느끼면 회복탄력성과 안녕감이 커질 뿐 아니라 뇌 회로가 재배열되고 면역계가 강화된다고 밝혔다.[7]

내가 내담자들에게 자신을 확장시켜주는 감정에 머물러보라고 주문하면 그들 내면의 불안과 수치심이 "싫다!"고 외친다. 내담자들은 상담 중에 좋은 경험이나 좋은 감정에 관한 이야기를 종종 꺼낸다. 하지만 내가 그런 긍정적인 감정을 깊이 느껴보라고 말하면 곧바로 방어가 튀어나온다. 그래서 방금 나타난 방어의 입장에서 말해보라고 하면 이렇게 말한다. "성취감에 젖어 있는 건 좋지 않아요." "이상하고 잘못된 것 같아요." "나는 기분 좋을 자격이 없어요." "별것도 아니에요. 호들갑 떨 거 없잖아요."

대다수 사람들은 자부심이나 감사하는 마음을 깊이 느껴본 경험이 없다. 나는 내담자들이 어깨를 으쓱하거나 눈을 굴리거나 그 밖의 몸짓을 하는 걸 보고 그들의 자부심과 기쁨이 가로막혀 있다는 걸 알았다. 스스로가 마음에 들 때 생겨나는 불안이나 수치심, 죄책감을 제대로 처리하지 않으면 결국 이런 방어들이 자아의 확장을 가로막는다. 사람들은 과거 한때 자신만만해하다가 위태로웠던 적이 있었던 나머지, 그 방어들이 우쭐한 기분이 드러나는 것으로부터 우리를 지켜준다고 착각한다. 이런 방어를 알아차리고 억제감정을 진정시키려고 노력하면 기쁨과 자부심, 사랑, 감사하는 마음이 나타날 것이다. 시간이 흐르면서 좋은 감정을 즐길 줄 아는 새로운 능력이 커지면서 결과적으로 자신감이 생긴다.

누구에게나 긍정적인 감정과의 관계에 관한 나름의 사연이 있다. 가령 베서니는 직업적 성공에서 오는 기쁨과 자부심을 함께 나누지 않으려 했다. "다른 사람들이 나에게 이기적이라고 욕할까 봐 겁나요." 어릴 때 베서니는 경력을 쌓으려고 장시간 일하던 엄마에게 늘 화가 났다. 어른이 되어서도 엄마를 향한 분노와 남들에게 분노를 살까 봐 두려운 마음의 연관성을 알아차리지 못했다. 베서니는 그저 누군가와 성취감을 나누고 싶었고, 가족에게 인정받고 싶었다. 하지만 막상 자신의 성과를 가족에게 말하려고 하면 불안과 두려움과 수치심이 한꺼번에 일어나서 속이 울렁거렸다. 사람들에게서 시기와 분노를 살 수 있다는 생각이 사람들과 함께 나누고 싶은 마음을 압도했다. 그래서 소망을 누르고 혼자서 성취감을 간직했다.

반면에 메리는 끊임없이 남들에게 칭찬을 들어야 하고 사람들이 자기를 좋아하는지 확인해야 했다. 그녀는 칭찬을 찾아 헤맸고 또 받아냈다. 그러나 좋은 말을 아무리 많이 들어도 성에 차지 않았다. 마치 구멍이 나서 영원히 채워지지 않는 자존감 양동이를 가지고 있는 느낌이었다. 칭찬을 들어도 기분이 좋아졌다가 다시 불안해지고 방어가 작동해서 감정을 차단했다. 메리는 어릴 때부터 좋은 감정이 드는 순간 차단하도록 배워왔기 때문이다. 그래서 아무리 칭찬을 많이 받아도 뇌의 변화를 일으킬 만큼 마음 깊숙이 영향을 받지 않았다.

우리는 자부심과 기쁨, 감사하는 마음이 우리의 자기감을 변화시킨다는 것을 어떻게 경험할지 배워야 한다. 먼저 자신이 언제 방어로 좋은 감정을 차단하는지 알아차려야 한다. 그런 다음 좋은 일이 생기면 잠시 멈추어 마음속에서 어떤 반응이 일어나는지 관찰한다. 기쁨을 느끼는가, 아니면 다른 생각이나 과제로 넘어가는가? 몸의 자세를 알아차리고 스스로에게 무슨 말을 하는지도 알아차려서 방어로 넘어갈 조짐이 보이면 맞서 싸워야 한다. 긍정적인 감정이 생기면 아주 미세하더라도 그 감정에 주목해야 한다. 그 감정을 알아차리면 약화시키지 말고 어떻게 되는지 관찰한다.

내 내담자들 중 일부는 기분이 좋으면 정체성의 위기에 빠진다. 기분이 가라앉거나 소심하게 살아온 지 오래돼서 자부심이 드는 순간을 알아차리지 못하는 것이다. 자부심이 들면 오히려 내면 아이가 외로워하고 가족과 단절된 기분에 사로잡히는 경우도 있다. 가족 안에서 자부심을 느끼고 자신이 가치 있다고 느껴본 적이 없기 때문이다. 특히 다른 가족이나 친구들은 일이 잘 풀리지 않는 상황에서 자신에게 자부심과 자신감이 생기면 '생존자의 죄책감'이 들기도 한다. 그런데 애석하게도 사람들은 자부심을 드러내고 싶은 복합적인 감정도 갖는다. 이럴 때 자신감과 자부심을 주는 새로운 경험을 지속적으로 용인하다 보면 서서히 새로운 내적 기준을 갖출 수 있다. 그러면 자부심을 느끼면서도 내가 사랑하고 내게 필요한 사람들과 계속 연결되어 있으면 어떤 기분이 드는지 배울 수 있다.

　자부심은 기분 좋은 일을 성취할 때 나타나는 자연스러운 반응이다. 그런데 자부심을 자만이나 오만과 혼동하는 사람이 많다. 타인의 자존감을 해치면서 우쭐해하거나 과대망상에 빠지는 것은 진정한 자부심이 아니다. 건강한 자부심이란 자기나 자기가 이룬 성과로 기분이 좋을 때 자연스럽게 나타나는 확장된 감각으로 순전히 내적인 느낌이다. 자부심이 들면 키가 더 커지는 느낌이 든다. 자부심이 들면 기운이 넘친다. '자기'에게 자부심을 갖는 경험은 누구에게나 바람직하다.[8]

　감사하는 마음은 남이 해준 일에 감동하는 마음이다. 누가 나에게 친절하게 대하거나 내 말에 동조해주거나 나를 칭찬해주면 감사하는 마음이 생긴다. 내가 감정을 표현했는데 상대가 비판하거나 바로잡으려 하지 않고 진심으로 내 감정을 알아줄 때 주로 생긴다.

　사람들은 상대에게 고마운 마음이 생길 때 가슴이 따뜻해진다고 말한다. 이 따뜻한 마음을 온전히 느낀다면 나를 기분 좋게 만들어준 사람에게 감동해서 그 사람을 끌어안을 수도 있고 고맙다고 말할 수도 있다. 어떤 사람들은 감사하는 마음을 인정하면 위신이 떨어진다고 생각하는데, 그건 그들이 성장 과정에서 그렇게 배워온 결과다. 두 사람이 서로 감사하는 마음을 표현하고 받아들일 때 관계가 깊어지고 애정과 친밀감이 커진다는 것에는 의심의 여지가 없다. 쉽지는 않지만 분명 좋은 감정이 원활히 흐르게 놔두는 용기와 능력을 키우는 건강한 방법이다.

자부심과 감사하는 마음은 몸속 깊이 느끼는 경험이다. 두 가지 감정 모두 삶을 풍성하게 만들어준다. 방어를 제쳐둘 준비가 되고 실제로 방어를 포기할 수 있으면 자부심과 기쁨과 감사하는 마음을 발견할 수 있다. 이 좋은 감정은 마음과 몸, 그리고 자기와의 관계와 사람들과의 관계에 자양분이 되어준다. 그리고 이 감정을 느낄 수 있으면 낮은 자존감과 외로움, 우울증, 불안, 그 밖에 여러 가지 문제가 치유될 것이다.

나는 변화의 삼각형을 활용해서 사람들이 나를 지지하거나 칭찬해줄 때 내게 어떤 반응이 일어나는지 알아차려보았다. 여러분도 긍정의 말에 자기가 어떻게 반응하나 알아차리는 연습을 해보자. 변화의 삼각형에서 방어 꼭짓점에 있는가, 억제감정 꼭짓점에 있는가, 진정으로 기쁨과 자부심과 감사하는 마음을 느끼는 삼각형의 아래 꼭짓점에 있는가? 회피를 알아차리고 맞서 싸워 떨쳐내고 삶의 자양분이 되는 좋은 감정을 온전히 느낄 수 있는가? 아무리 사소한 기쁨이나 자부심, 감사하는 마음이라도 신체적으로 드러난 표현에 몇 초간 머물면서 이런 좋은 감정이 쌓이는 과정을 관찰할 수 있는가? 자부심과 감사하는 마음, 기쁨, 흥분이 억제감정의 방해를 받지 않고 팽창하는 사이 당신은 자신이 자라고 단단해지고 활기가 생기는 느낌을 받을 것이다. 우리가 우리 자신에게 줄 수 있는 선물이다.

실험: 기쁨, 감사하는 마음, 자부심

▌몸속에서 느끼는 기쁨 ▌

실제로든 상상으로든 기쁨을 불러내는 경험을 떠올려보자.

내면에서 느껴지는 기쁨과 연관된 감각 한 가지를 적어보자.

○ _____

기쁨을 불러내면 억제감정과 방어도 함께 따라올 수 있다. 이 실험을 실시하는 동안 올라오는 감정을 알아차려보자. 당신이 마음속에서 알아차린 세 가지 경험을 적고, 변화의 삼각형에서 어느 꼭짓점에 있는지 확인하자.

1. _____
2. _____
3. _____

▌감사하는 마음 ▌

감사하는 마음을 알아차리는 연습은 시작하기가 쉽지 않다. 헬스장에서 근육의 힘을 키우듯이 훈련해야 한다.

빈 상자에 '내가 감사하는 것들'이라고 적어 붙인다.

날마다 그날을 정리하면서 사소한 것이라도 상관없이 감사하는 마음이 든 경험 세 가지를 종이에 적어 상자에 넣는다. 이 실험을 3주 동안 진행한 뒤 어떤 기분이 드는지 알아차리고 적어보자.

1. _____
2. _____

몸속에서 느끼는 감사하는 마음

누가 내게 칭찬하거나 잘해줄 때 마음을 들여다보고 감사하는 마음이 드는지 확인한다. 감사하는 마음이 들지 않으면 그런 마음을 끌어낼 수 있는지 살펴보자.

희미하게나마 그런 마음이 든다면 몸에서 어떤 감각을 통해 감사하는 마음이 드러나는지 30초 정도 머물면서 알아보자.

감사하는 마음이라고 인식되는 감각이 있으면 한두 가지 적어 보자.

1. _____
2. _____

자신의 좋은 점 알아차리기

빈 상자에 '자부심이 드는 나의 모습'이라고 적어 붙인다.

날마다 하루를 정리하면서 자부심이 들었던 일 세 가지를 적어 상자에 넣자. 사소한 일이어도 좋다. 아침에 잠자리에서 일어나는 데 엄청난 에너지가 들어가므로 잠자리에서 일어난 것에 자부심을 느낄 수 있다. 학교 성적을 잘 받아서, 직장에서 고된 하루를 용케 넘겨서, 물건이나 요리를 잘 만들어서, 또는 다른 사람이나 자기 자신에게 친절하게 대하거나 연민을 보여주어서 자부심을 느낄 수도 있다. 단 자신의 성과를 평가하거나 남들의 성과와 비교해서는 안 된다.

날마다 새로운 과정을 반복하면 신경망을 강화하고 우리가 잘하는 것을 찾을 수 있다. 신경가소성의 원리다. 이 실험을 3주 동안 진행한 뒤 어떤 기분이 드는지 확인하고 적어보자.

1. _____
2. _____
3. _____

▎몸속에서 느끼는 자부심 ▎

칭찬을 듣거나 인정받을 때 마음을 들여다보면서 자부심이 드는지 확인하자.

자부심이 든다면 몸에서 어떤 감각이 일어나서 당신이 자부심을 느끼고 있다고 말해주는가? 이런 몸의 감각에 30초 정도 머물러서 알아차려보자. 자부심이라고 인식되는 감각이 있으면 한두 가지 적어보자(필요하면 부록의 감각 단어 목록을 참조하라).

1. _____
2. _____

누군가에게 칭찬을 듣거나 지지받을 때 아무것도 판단하지 말고 어떤 느낌이 드는지 알아차려보자.

다음으로 자부심을 차단하는 감정과 생각이 나타난다면 그것에 이름을 붙여보자. 주로 당혹감과 불안, 죄책감, 두려움, 불신, 당신이나 당신을 칭찬하는 사람에 대한 비판을 발견할 수 있을 것이다.

차단하는 감정이나 생각을 알아차리면 마음의 경험을 더 많이 알아차리는 데 도움이 되고 점차 변화와 치유의 힘이 생긴다.

당신이 알아차린 차단하는 감정이나 생각 세 가지를 적어보자.

1. _____
2. _____
3. _____

용감해지는 기분이 든다면 차단하는 감정이나 생각을 제쳐두고 마음속에 좋은 감정이 자라게 해보자. 자신이 확장되는 걸 느껴본다. 내면이 조금만 넓어져도 새로운 역량이 자란다. 이때 불안이 올라오려고 하면 심호흡을 한다. 불안은 새로운 무언가를 시도할 때 나타나는 감정일 뿐이다.

당신이 알아차린 것들을 스스로 판단하지 않은 채 자유롭게 적어보자.

○ _____

6

방어를
걷어내다

당신이 회피를 위해 선택해온 것

마리오가 트라우마를 거쳐
평화를 찾은 이야기

내가 마리오를 만난 건 심리치료사로 일하기 시작한 초기였다. 당시 나는 정신분석학 원리에 따라 내담자들을 치료하며 수련받고 있었다. 마리오는 내가 수련하던 기관에서 배정해준 내담자였다. 그는 우울증, 성마름, 아내와의 부부관계 회피, 성욕 저하, 직업에 대한 불만 같은 증상을 보였다(그는 지역 신문사의 편집자였다).

나는 수련을 받으면서 배운 대로 말없이 앉아 마리오가 먼저 말을 꺼내도록 기다려주었다. 분석가들은 내담자가 상담을 시작하는 방식에 중요한 정보가 담겨 있다고 믿는다. 그래서 내담자가 상담을 이끌어가게 해준다. 그런데 문제가 있었다. 마리오는 어색한 침묵을 메우기 위해 말하고 있었다. 그는 그래야 한다고 생각했다. 정신분석학에서는 내담자에게 마음대로 생각하고 말할 여지를 주지만 단점도 있으니, 무섭거나 고통스럽거나 수치스러운 감정을 자연스럽게 들여다보는 사람은 소수라는 점이다. 아직 안전이 보장되지 않는 상황에서 중립적인 치료사와 함께 대화를 나눌 때는 더욱이 그렇다.

나는 마리오가 이끄는 상담시간이 만족스럽지 않았다. 당시 나는 정신분석학적이고 해석적인 접근법으로 마리오의 이야기를 들어주고 그가 말하는 내용과 그의 무의식을 연결하려 했다. 예를 들어 나는 "당신이 아버지와 얽힌 트라우마를 넘어서지 못하는 이유는 그 일이 계속 당신을 가족과 이어주기 때문일 거예요"라는 식으로 말했다. 하지만 이런 개입이 유용했든 아니든, 내게는 정확히 들어맞는 접근방식으로 보이지 않았다. 마음 깊은 곳에서는 충분한 해결법이 아니라는 느낌이 들었다.

1년이 넘도록 마리오는 말하고 나는 공감하면서 경청했다. 그는 내게 지지를 받으면서 일상의 요구를 감당할 수 있었다. 하지만 그 이상으로 발전하지는 못해 우울증은 나아질 기미가 보이지 않았다. 마리오는 때때로 자살을 시도하는 어머니와 폭력적인 아버지 밑에서 힘들게 자랐다. 상담 초반에 그는 별다른 감정 없이 아

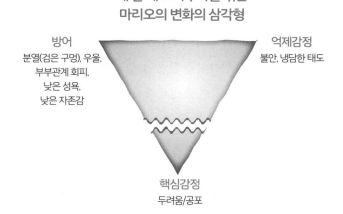

네 살 때 트라우마를 겪은
마리오의 변화의 삼각형

방어
분열(검은 구멍), 우울,
부부관계 회피,
낮은 성욕,
낮은 자존감

억제감정
불안, 냉담한 태도

핵심감정
두려움/공포

버지가 형을 가혹하게 때리던 장면을 떠올렸다. 그는 이 기억을 자주 언급하면서 자기 삶의 '배경'이라고 말했다. 그를 사로잡은 기억이었다. 그는 이 기억이 우울증과 관계가 있을 거라고 직감했지만 둘 사이의 관계를 통찰해도 우울한 기분이 나아지지는 않았다.

내가 상담한 내담자들 중 다수가 어릴 때 충격적인 사건을 경험했다. 그래서 나는 트라우마 치료와 관련된 자료도 많이 찾아보고 AEDP 워크숍을 비롯해 안구운동민감소실재처리치료EMDR, 신체중심경험치료SE, 내면가족체계치료IFS와 같은 치료법의 워크숍도 찾아다녔다. AEDP를 비롯해 EMDR와 IFS와 같은 치료법은 트라우마 상태를 적극적으로 변화시켜서 내담자가 더 이상 트라우마 상태에 놓이지 않게 해줄 방법을 알려준다. 나는 마리오의 상담을 시작하고 1년쯤 지나서 AEDP에서 정식 수련을 받았고, 그 뒤로 마리오의 치료법을 정신분석 모형에서 트라우마 모형으로 바꾸었다.

나는 매번 상담을 시작하면서 마리오에게 마음의 여유를 갖도록 해주었다. 내가 먼저 느긋하고 평온한 말투로 말하면서 마음의 여유를 찾는 방법을 직접 보여주었다. 내가 이렇게 느긋하게 말하면 상대도 자동으로 생각의 흐름을 늦추고 머리에서 온몸으로 내려오는 감각을 느끼면서 한결 평온해진다. 마음에 여유가 생기면 감정과 감각을 알아차릴 수 있다. 여기에는 좋은 면도 있고 나쁜 면도 있다. 지식과 이해와 도구를 갖추어 내면의 경험을 다룰 수 있으면 감정과 감각을 처리할 준비가 되어 기분이 좋아진다. 반면에 자신에게 일어나는 상황을 이해하지 못하면 변화의 삼각형에서 왼쪽 위 꼭짓점으로 올라가 방어로 대처하려 할 수 있다. 끊임없이 움직이거나 일하거나 말하거나 생산적이 되려고 안간힘을 쓰는 사람을 본 적이 있는가? 어쩌면 그 사람은 감정을 알아차리고 싶지 않아서 회피하는 것일 수 있다.

나는 마음의 여유를 찾으라는 내 제안을 마리오가 받아들였는지 끄덕임이나 시선이나 말로 대답해주길 기다렸다가 마리오가 반응을 보이면 계속 진행했다. "발밑에 닿는 바닥의 감각을 가만히 느껴보고 몸이 의자에 기댄 느낌도 느껴보면서 같이 심호흡을 해봐요."

마리오는 감정세계를 들여다보면서 몸의 감각을 알아차리고 말로 표현하고 상상력을 자유롭게 펼쳤다. 그러다 마침내 마리오의 삶의 대부분을 규정한 트라우마와 마주하는 결정적인 회기에 이르렀다.

상담을 시작하고 2년쯤 지난 어느 날 오후, 마리오가 푸른 눈을 크게 뜨고 환하게 웃으면서 상담실에 들어섰다.

"지금 어떤 기분인지 돌아보면서 시작할까요?"

마리오가 고개를 끄덕였다.

"좋아요! 그러면 목 아래를 찬찬히 살피면서 어떤 감정이 들고 그 감정이 몸에서 어떤 감각으로 느껴지는지 하나씩 살펴봐요. 당신 자신에게 연민과 호기심을 가지고 가만히 들여다보세요. 무엇이 의식에 떠오르든 판단하려고 하지 마세요."

마리오는 불안이 느껴진다고 말했다. 그의 눈에서 약간의 고통이 엿보였다.

"몸 어디에서 불안이 느껴져요?"

마리오가 심장 부위를 가리켰다.

"어떤 감각이 드는지 설명해볼래요? 그 부위가 얼마나 큰가요? 돌처럼 단단한가요, 아니면 풍선처럼 텅 비었나요? 어떤 느낌이에요? 무슨 말이 떠오르든 다 말해보세요. 당신의 직감을 믿어봐요." 나는 천천히 나직나직 말했다.

마리오가 1분쯤 생각에 잠겼다가 말했다.

"이만큼 크고 둥글어요." 그는 손을 가슴으로 가져가 멜론만한 동그라미를 만들어 감각을 표현했다.

"색깔이 있어요?" 내가 물었다. 우리의 몸에는 갖가지 색깔과 형태, 크기, 감각으로 된 경험의 주머니가 있다.

"검은색이에요."

"이렇게 둥글고 검은색인 경험에 안전하게 머무를 방법을 찾아볼 수 있을까요?"

"모르겠어요. 될까요?" 그가 미소 띤 얼굴로 물었다. 유머감각이 있는 마리오가 나를 놀리는 말이었다. 우리는 지금까지 신뢰와 안전을 다져왔다. 그리고 우리의 관계에 기대어 이미 험난한 곳들을 두루 탐색해왔다.

"할 수 있어요. 천천히 서로 소통하면서 가니까 벅차게 느껴지면 멈출 수 있어요."

그가 고개를 끄덕였다.

"둥글고 검은 그것에 집중하면서 당신이 어디쯤 있는지 알아볼 수 있어요?"

"커다란 동굴이 보이고 나는 동굴 앞에서 3미터쯤 떨어져 있어요."

"잘하고 있어요. 동굴로 더 다가가서 그 안을 들여다볼 수 있어요?"

나는 검은 구멍이란 트라우마 경험을 몸으로 지각하는 현상이라고 간주한다. 트라우마를 입을 당시에 압도적인 경험에 대처하느라 은유적으로 마음이 검게 변한 것이다. 어떤 사건에 대해 갈등이 심하고 압도적인 감정이 얽혀서 그 경험을 통합하거나 이해하지 못할 때 검은 구멍이 생긴다. 심리치료사로서 나는 내담자와 소통하면서 내담자가 검은 구멍을 안전하게 탐색하고 내면의 갈등과 감정을 감당할 수 있는 수준으로 만들어서 처리하도록 도와주어야 했다.

어른이 되면 어릴 때는 이해할 수 없던 트라우마 경험을 새롭게 이해할 수 있다. 마리오의 경우에는 검은 구멍을 안전하게 탐색하면 우울한 기분이 줄어들 것 같았다. 검은 구멍에 들어 있는 것을 탐색하면 뇌의 기억회로를 통해 처음 트라우마를 입은 장면으로 돌아간다. 우리는 손전등을 들고 안에 무엇이 있는지 들여다보는 상상을 하면서 검은 구멍 속의 어둠을 밝혔다.

"가까이 다가가기 두려워요. 동굴 속으로 떨어질 것 같아서 무서워요." 마리오가 말했다.

"어떻게 하면 안전한 느낌이 들까요? 우리가 밧줄을 마주 잡고 당신이 동굴로 다가가도 떨어지지 않도록 내가 꽉 잡아주면 어떨까요?" 내가 제안했다.[1]

"아뇨. 선생님은 힘이 세지 않잖아요!"

"그럼 어떻게 해야 안전한 느낌이 들까요? 상상해볼 수 있어요?"

"몸통이 크고 늙은 나무요. 밧줄을 나무에 묶고 선생님이 그 밧줄을 잡는 거예요." 그는 자신에게 필요한 것을 정확히 알았다.

"좋은 생각이에요!" 내가 말했다. 마음은 일단 정서적·신체적·비유적 경험으로 들어갈 수 있으면 기분이 나아지기 위한 해법을 찾는다. 뇌는 상상에도 현실처럼 반응하는데, 이런 반응은 심리치료에서 중요한 역할을 한다. 예를 들어 내담자가 가해자와 싸우거나 처음에 트라우마를 유발한 공격을 피하는 장면을 상상하기만 해도 실제처럼 마음속으로 안도감을 느낄 수 있다.

우리는 머리로는 트라우마를 견뎌내고 살아남은 걸 알지만 감정으로는 모른다. 감정의 뇌는 안전하다고 느끼지 못하면 끊임없이 싸우거나 도망치거나 얼어붙는 반응을 끌어내서 고통을 불러일으킨다. 과거의 감정을 처리하고 그럴듯한 서사를 개인의 역사에 통합해야 감정의 뇌는 실제로 위험이 끝났고 이제는 안전하다고 학습한다. 그러면 트라우마는 하나의 기억이 된다. '나한테 일어난 일이지만 이제는 끝났어'라고 생각하는 것이다.

마리오는 검은 구멍의 가장자리로 걸어가 구멍 속을 들여다보았지만 캄캄한 어둠뿐 아무것도 보이지 않았다. 나는 그에게 커다란 나무에 단단히 묶여 있는 밧줄이 나와 그를 안전하게 연결하고 있으니 마음 놓고 안에 들어가서 살펴보라고 말했다.

그는 기꺼이 해보기로 했다.

마리오는 손전등이 있어서 구멍 속에 뭐가 있는지 확인할 수 있다고 상상하면서 앞으로 나아갔다. 어릴 때 집에 있던 물건들이 저절로 나타나더니 토네이도에 휩쓸린 듯 빙글빙글 돌았다.

그러더니 갑자기 마리오가 바닥에 쓰러졌다. "지하실이에요. 아버지가 형을 때려요!" 상담시간에 자주 다룬 장면이지만 그가 머릿속 이미지와 함께 감정과 감각까지 느껴보면서 이야기한 적은 없었다. 나도 검은 구멍을 뚫고 내담자의 트라우마가 처음 시작된 장면까지 내려가본 적은 그때가 처음이었다.

마리오가 비명을 질렀다.

나는 강렬한 반응에 조금 겁이 났다. 트라우마에 관한 기초 훈련을 떠올렸다. '내담자가 한 발을 현재에 디딘 채 과거를 경험하면 트라우마를 처리할 수 있다.' 나는 마리오에게 확인했다. "당신의 일부는 아직 여기 나와 함께 있나요?"

"네." 마리오가 대답했다.

"좋아요. 지하실에 있는 당신을 보니까 기분이 어때요?"

"무서워요. 무서워요. 도망치고 싶어요."

우리는 그의 차단된 핵심감정인 두려움에 접근했다. 이어서 나는 일찍이 좌절된 두려움이라는 적응적 충동을 끌어내고 싶었다.

"당신 몸의 어느 부분이 도망치고 싶다고 말하나요?"

"다리가 떨려요!"

"도망치면서 떨림을 느껴보세요." 나는 그를 놀라게 하고 싶지 않아서 속삭이듯 말했다. "다리가 달리는 걸 느껴보세요. 당신이 달리는 걸 보세요. 안전해질 때까지 달려봐요."

나는 잠시 기다렸다가 그에게 다시 확인했다.

"지금은 어떻게 됐어요?"

"지하실에서 도망쳐 나와서 뒤뜰을 지나 동네 거리를 달리고 있어요. 무섭고 어디로 가야 할지 모르겠어요." 마리오가 다시 울음을 터뜨렸다.

"당신이 갈 만한 안전한 곳이 어디예요?"

"모르겠어요." 그가 울었다.

"마리오, 안전한 사람, 당신을 위로해줄 수 있는 사람이 누구예요?"

"몰라요. 모르겠어요. 무서워요."

그에게 도움이 필요했다. 그는 어리고 겁에 질려 있으니 무서운 게 당연했다.

"이제 여기 나하고 같이 있는 어른 마리오한테 말할게요. 그 장면에서 어른인 당신이 어린 마리오와 같이 있는 장면을 상상할 수 있어요? 어린 마리오한테 좋은 아버지가 되어줄 수 있어요?" 나는 이렇게 물으면서 어린 마리오에게 혼자가 아니라는 위로가 전해지기를 바랐다.

그 장면에 나나 그의 아내, 아니면 그가 안전하다고 느끼는 다른 사람을 넣어보게 할 수도 있었다. 하지만 우선 그 자신을 안전한 사람의 역할로 넣어서 언제든 마음속으로 위로를 구할 수 있게 해주고 싶었다.

어른 마리오가 말했다. "그 아이랑 길에 같이 서 있어요. 아이가 나한테 뛰어올 수 있게 내가 두 팔을 벌려요. 아이가 뛰어와요.

내가 아이를 안아줘요."

마리오는 울음을 터뜨렸다. 그 모습을 지켜본 나도 감동해서 눈물이 차올랐다.

나는 말없이 앉아 있었다. 이제 어린 마리오가 어른 마리오와 함께 안전해진 걸 알았으니, 한발 물러나서 그가 마음껏 울게 놔두었다. 이제는 두려움이 줄어들고 안도감이 커졌으리라.

마리오는 코를 훌쩍이며 서서히 울음을 그쳤다. 심호흡을 하고 눈을 들어 허공을 바라보다가 다시 나와 눈을 마주쳤다.

"이제 진정되네요." 그가 말했다.

"지금은 뭐가 느껴져요?" 내가 물었다.

"조금 떨리는 느낌. 온몸이 조금씩 떨려요."

"떨리는 감각에 가만히 머무르면서 어떻게 되는지 지켜봐요."

나는 마리오가 떨리는 감각을 억누르지 않고 저절로 가라앉을 때까지 기다리기를 바랐다. 우리의 몸은 우리가 끼어들지 않으면 트라우마에서 저절로 치유된다. 무서워서 몸이 떨리는 것은 자연스럽고 정상적인 감각이다. 이런 떨림이 완전히 가라앉을 때까지 기다려주면 두려움의 에너지가 모두 발산되어 마리오도 기분이 훨씬 좋아질 것이다.[2]

마리오는 아무 말이 없었지만 그의 관심이 내게서 멀어지고 그의 몸에 집중되는 동안에도 우리가 긴밀하게 연결되어 있다는 느낌이 들었다. 30초쯤 지나서 마리오가 말했다. "줄어들고 있어요."

"좋아요! 그대로 머물면서 다음에 어떻게 되는지 보세요."

어린 마리오의 핵심감정과 몸은 생존 본능에 따라 위험으로부터 도망치려 했다. 그러나 마리오는 아버지가 격분한 모습에 겁을 먹고 너무 무서워서 도망치지도 못했다. 그를 가족에게로 끌어당기는 생물학적인 애착 욕구가 집 가까이에 머물러야 한다고 지시한 것이다. 결국 머무르려는 충동과 도망치려는 충동이 충돌하면서 엄청난 내적 갈등을 일으켰고 그는 두려움에 얼어붙었다.

충돌하는 감정은 그의 기억에서는 의식 아래로 가라앉았다. 하지만 검은 구멍은 그대로 남아서 그 속에 존재하지만 경험하지는 못하는 감정이 있다고 알려주었다. 그가 어른이 되고 나서도 이 검은 구멍은 그대로 남았다. 그는 트라우마를 안은 채 어른이 되었고, 트라우마는 무의식적으로 그에게 영향을 끼쳐서 우울증을 일으켰다.

그날의 상담에서 마리오의 몸과 마음은 현재 나와 함께 안전하게 머무른 채로 과거의 기억으로 돌아가 위험으로부터 도망침으로써 도망치고 싶지만 도망치지 못했던 충동을 완성했다. 그의 내면에 갇혀 있던 에너지를 풀어서 트라우마 장면을 시간 속에 가둔 것이다.

나는 마리오에게 이제 기분이 어떤지 물었다.

"아버지가 그런 짐승 같은 인간이었다는 게 믿기지 않아요! 아버지는 우리 가족 모두에게 고통을 줬어요. 우리는 늘 긴장한 채로 아버지의 심기를 건드릴 말이나 행동을 하지 않으려고 조심했어요."

"지금 나한테 말하는 동안 아버지가 당신과 형에게 한 짓에 대

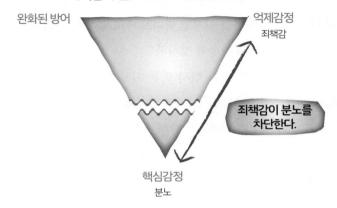

마리오의 변화의 삼각형:
죄책감과 분노(죽이고 싶을 만큼의 분노)

완화된 방어

억제감정
죄책감

죄책감이 분노를
차단한다.

핵심감정
분노

해 어떤 감정이 들어요?"

"화가 나서 미칠 거 같아요." 그가 눈을 부릅떴다.

"지금 이 순간 마음속에 어떤 느낌이 들어요?" 내가 물었다.

"배 속의 에너지가 온몸으로 퍼져서 위로 올라와요. 아버지를
죽이고 싶어요."

"아버지를 어떻게 죽이고 싶어요?"

마리오에게 방금 상상 속에서 감정을 체험한 것처럼 다시 해
볼 수 있는지 물었다. 이번에는 두려움이 아니라 분노를 다루자고
했다.

"총으로 아버지의 머리를 쏘고 싶어요." 마리오가 말했다.

"그 장면을 상상할 수 있어요? 영화처럼 생생하게. 뭐가 보이
는지 말해보세요."

"아마 내가……." 그가 입을 열자마자 내가 말을 막았다.

"'아마'라고 말하지 말고 지금 이 순간 벌어지는 일처럼 상상해봐요. 지금 일어나는 일처럼 바라보세요. 앞에서 우리가 같이 당신의 두려움에 관해 상상한 것처럼."

그가 내 지시에 따라 다시 말을 이었다. "아버지 얼굴이 보여요. 내가 총을 집어요. 공이치기를 당겨요." 그가 입을 닫았다.

"지금은 어떻게 됐어요?" 잠시 침묵이 흐른 뒤 내가 물었다.

"아버지를 죽이고 싶지 않아요." 마리오가 당혹스러운 얼굴로 나를 보더니 고개를 조금 숙이고 옆으로 기울였다.

"그 말을 하는 지금은 어떤 감정이 들어요?"

마리오는 바로 대답했다. "죄책감요."

"네, 당연한 감정이에요. 당신이 사이코패스가 아니라서 그런 거예요." 내가 빙긋 웃으며 말했다. "당신에겐 양심이 있고, 당신은 살인자가 아니에요. 그런데 이건 그냥 상상해보는 거예요. 진짜로 아버지를 죽이는 게 아니니까 마음속의 죄책감에게 잠시 비켜달라고, 당신의 분노가 하고 싶은 일을 하게 해달라고 물어볼 수 있어요? 그래야 모든 분노의 에너지를 마음속에 가둬두지 않을 수 있어요."

"좋아요. 해볼게요."

"다시 몸을 살피면서 아버지를 향한 분노가 아직 거기 있는지 알아보세요." 분노를 상상할 때는 분노의 신체감각부터 시작해야 최대의 효과를 거둘 수 있다. 몸이야말로 분노를 해소하기 위해 무엇을 해야 하는지 잘 알기 때문이다. 몸을 따라가야지 생각을 따라가서는 안 된다. 진실한 느낌이어야지 꾸미거나 연기하는 느낌이어서도 안 된다.

"네, 분노가 느껴져요. 아버지가 그날 형이랑 나한테 한 짓을 떠올리면 화가 치밀어요."

"좋아요. 분노의 신체감각을 살펴보세요. 지금은 분노가 어떻게 하고 싶어해요?" 내가 물었다.

"다시 아버지의 머리를 총으로 쏘고 싶어해요."

"그 기분에 머무르면서 무슨 일이 일어나는지 말해줘요."

"우리는 4미터쯤 떨어져 있어요. 내가 아버지 머리에 총을 겨눠요. 아버지가 손을 들고 소리를 질러요. '안 돼!' 내가 아버지의 미간을 쏴요. 심장이 마구 뛰어요."

"아버지를 보세요." 내가 재촉했다. "뭐가 보여요?"

"아버지가 바닥에 쓰러져 있어요. 머리통 절반이 터지고 벌어졌어요. 왼쪽 눈이 떠진 채 날 노려봐요."

"좋아요. 그러면 이제 당신 몸에서 느껴지는 분노 감각으로 돌아가보죠. 바닥에 쓰러진 아버지의 시신을 보니 어떤 느낌이 들어요?" 분노가 남아 있다면 아직 상상해야 할 충동이 더 있다는 뜻이었다.

"분노가 사라졌어요." 마리오의 눈에서 힘이 풀리고 슬픈 표정이 되었다.

"지금은 어떤 감정이 들어요?" 내가 물었다.

"슬퍼요."

"그럼 슬픔이 올라올 자리를 만들어줘요. 슬픔이 올라오면 마지막으로 한 번 더 슬픔을 다뤄요." 내가 차분하고 다정하게 말했다. "당신은 이 모든 감정을 느낄 자격이 있어요."

그의 눈에서 눈물이 뺨을 타고 흘렀다. 몸에서 힘이 빠져나가는 것처럼 보였다. 그가 가만히 나를 보았다.

"왜 슬퍼요? 말해줄 수 있어요?" 내가 물었다.

"그 시절 우리 모두가 겪은 일 때문에 마음이 아파요. 끔찍했어요. 누구도 부모가 자기를 다치게 할까 봐 두려워하면서 살 이유는 없어요." 그리고 그가 스스로 표현을 바로잡았다. "나는 두려움 속에서 살 이유가 없었어요. 무척 슬프네요."

"그래요. 무척 슬프죠." 내가 그의 말에 동의했다.

우리는 말없이 서로를 존중하는 마음으로 앉아 있었다. 마리오는 그 자신을, 그가 겪은 모든 일과 그 일에 대한 기억으로 인한 모든 고통에 비로소 한껏 슬퍼했다.[3] 그가 다시 울음을 터뜨렸다.

"당신은 너무나 큰 고통을 너무 오래 안고 살았어요. 마음에 담아두지 말아요. 여기서는 괜찮아요. 당신은 그때 아주 어렸어요. 이제 마음에서 내보내도 괜찮아요." 그가 우는 동안 나는 이렇게 말하면서 그에게 내가 여기 같이 있다고 알렸다. 몇 분이 지났다.

그가 울음을 멈추고 숨을 깊이 들이마셨다. 또 하나의 핵심감정인 슬픔의 파도가 지나갔다는 뜻이었다.

"지금은 기분이 어때요?" 내가 물었다.

"피곤하지만 기분이 좋아요. 평온해졌어요." 그가 다시 나를 보았다. 우리는 눈이 마주쳤고, 서로 연결된 느낌이 들었다.

"당신은 대단한 일을 해냈어요. 오늘 당신이 보여준 용기에 감

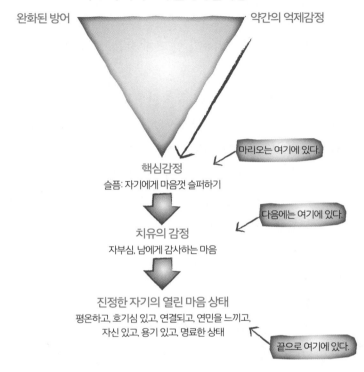

치료 시 마리오의 변화의 삼각형

완화된 방어   약간의 억제감정

마리오는 여기에 있다.

핵심감정
슬픔: 자기에게 마음껏 슬퍼하기

다음에는 여기에 있다.

치유의 감정
자부심, 남에게 감사하는 마음

진정한 자기의 열린 마음 상태
평온하고, 호기심 있고, 연결되고, 연민을 느끼고,
자신 있고, 용기 있고, 명료한 상태

끝으로 여기에 있다.

갇혀 있던 핵심감정인 분노와 슬픔이 드디어 풀려나와 체험된다. 치유가 시작되고, 뇌에
서 과거가 진정한 과거로 지각되고, 감사하는 마음과 자부심이 생긴다.

동했어요." 내가 말했다.

    그날 함께 경험한 과정을 정리하면서 그는 안도감에서 자부심
으로, 다시 나한테 감사하는 마음으로 넘어갔다. 우리는 시간과 마
리오의 에너지가 허락하는 한에서 자부심과 감사하는 마음이라는
치유의 감정이 주는 신체감각에 머물렀다. 나는 치유의 감정을 가

능한 한 오래 탐색할수록 좋다고 믿는다. 치유의 감정이야말로 인간의 뇌에 묘약이다.⁴ 끝으로 우리는 그날 해낸 일의 힘과 의미를 돌아보았다. 이 또한 치유의 한 단계였다. 그러고 나서 상담을 마무리했다.

마리오는 감정과 신체감각을 다루고서 우울증이 나아졌다. 사실 마리오는 오랫동안 항우울제와 자낙스Xanax 같은 불안치료제를 복용해왔다. 하지만 여느 일시적인 처방약처럼 그가 복용한 약도 근본 원인을 치료하지 못한 채 증상만 덮고 있었다.

나는 마리오가 관심을 가져주어야 할 트라우마 상태를 알아차리도록 도와주는 데 목표를 두었다. 우리는 검은 구멍을 탐색해서 두려움과 분노와 슬픔, 세 가지 핵심감정을 풀어주었다. 마리오는 이런 경험을 말로 설명하면서 의미를 부여할 수 있었다. 이로써 검은 구멍이 달라졌고, 마침내 마리오의 기억이 의식에 통합되었다. '내가 네 살 때 아버지가 형을 때리는 충격적인 장면을 보았다. 지금은 그때의 내가 그 광경을 보고 겁을 먹고, 형과 내가 걱정되고, 절망하고, 아버지에게 화가 난 것을 이해한다. 이런 감정을 느끼는 지금은 머리로나 마음으로나 그 일이 이미 끝났다는 사실을 안다. 그리고 형과 내가 살아남은 사실을 안다. 나는 어린아이였고 보호받지 못한 처지였으므로 그토록 압도당했고, 그렇다고 해서 내가 미친 게 아니라는 사실을 안다.'

그날의 상담 이후로 마리오는 기분이 나아졌다. 그는 이제 짝을 찾고 친구를 사귀기 위한 에너지를 끌어낼 수 있을 것 같다고 했다. 일에서 만족감이 커지자 짜증도 줄었다. 한때는 회사에 가기 싫을 만큼 신경을 긁던 상사와 동료들도 전처럼 고약한 사람들로 보이지 않았다. 여느 사람들처럼 이따금 기분이 가라앉을 때도 있지만 깊은 슬픔으로까지 추락하지는 않는다. 그는 마음이 열린 상태에 더 오래 머물렀다. 전반적으로 마음이 더 가벼워지고 행복해졌다.

방어 다루기 연습

누구에게나 방어가 있다. 형태와 크기도 제각각이고, 유전과 기질과 환경에 따라 달라진다. 방어는 감당하기 힘든 감정과 갈등에 대처하기 위해 마음이 고안한 영리한 적응 수단이다. 처음 생겨난 환경에서는 방어가 매우 효과적으로 자신을 지키는 방법이 될 수 있다. 하지만 시간이 흐르면서 견고하게 자리잡으면 오히려 스스로에게 해로울 수 있다. 현재의 새로운 환경에서는 새로운 반응을 요구하는데, 과거의 방어를 고수하면 도움이 되지 않기 때문이다. 그래서 성인기에는 방어가 여러 가지 면에서 삶을 방해할 수 있다. 방어는 사람들과 연결되는 것을 방해할 뿐만 아니라 특히 우리가 우리의 핵심 자기감과 연결되는 것을 방해한다.

❘한때 유용했던 방어를 인정하고 존중하기 ❘

나는 항상 방어를 인정하고 존중하며, 내담자들에게도 그렇게 하라고 말한다. 그리핀이 처음 나를 찾아왔을 때는 직장생활을 하면서 상사에게 자기 의견을 말하지 못해서 자기 자신에게 몹시 화가 난 상태였다. 나는 그리핀에게 변화의 삼각형을 보여주었다. 아래 꼭짓점에는 핵심감정을 적고 오른쪽 위 꼭짓점에는 억제감정을 적었다. 왼쪽 위에는 '자기주장 하지 않기'라고 적었다. 그리고 자기주장을 하지 않는 태도는 과거에 의견을 말했다가 몹시 부정적인 반응이 돌아온 어떤 사건에 대한 방어라고 설명했다. 자기주장을 하는 것은 직접적이고 효과적인 적응행동이다. 필요한 게 있으면 요구해서 얻어내야지 저절로 주어지지 않는다.

나는 그리핀에게 '자기주장 하지 않기' 방어가 한때는 그를 어떻게 보호해주었는지 탐색해보자고 제안했다. 방어의 원래 목적을 알아내서 그 목적을 달성할 방법을 찾고 싶었기 때문이다.

"어릴 때 자기 생각을 말하거나 주장을 내세우면 어떻게 됐어요?"

"당연히 아버지한테 밟혔죠."

"밟혔다는 게 무슨 뜻이에요?"

"아버지가 늘 이러셨어요. '넌 뭔 소리를 하는지도 모르고 지껄이잖아. 네가 어떻게 생각하든 알 게 뭐냐?'라고요."

나는 그게 얼마나 깊은 상처를 주는 말인지 인정해주면서 이렇게 말했다. "그래서 생각을 말하지 않기로 한 건 현명했네요."

"그래요. 입을 닫아버리면 아버지한테 욕먹을 일도 없으니까요."

그리핀과 나는 방어가 삶에서 절박한 순간을 견디기 위해 만들어진다는 사실을 인정하면서 방어를 존중했다. 덜 자란 두뇌라는 한정된 자원과 유전·가족·문화의 영향력을 감안하면, 어린 시절에는 방어가 자신을 보호하는 최선의 방법이다.[5]

그리핀은 변화의 삼각형에서 자기주장에 취약한 성향을 방어 꼭짓점에 넣어보며 방어의 기원과 의미를 이해했다. 그러고 나서는 방어를 옆으로 치우고 갇혀 있던 핵심감정을 발견해야 한다는 것도 알았다.

"그리핀, 지금 나랑 여기 같이 앉아서 당신 아버지가 당신을 비난하던 때를 떠올리니까 아버지에게 어떤 감정이 들어요?"

그리핀은 화가 난다고 했다. 누군가에게 상처를 받으면 물론 화가 난다. 그리핀은 변화의 삼각형을 다루면서 자기주장 욕구를 방어하는 순간을 알아차릴 때마다 어떤 감정이 드는지 스스로에게 확인하는 법을 배웠다. 그리고 과거의 아버지처럼 누군가가 그에게 상처를 주면 핵심감정을 알아차리고 말로 한계와 경계를 정해서 스스로를 보호할 수 있다는 점을 되새겼다.

변화의 삼각형은 방어 상태에서 평화롭고 평온하고 진실한 삶의 상태로 넘어가게 해준다. 그러나 그전에 스트레스나 문제를 일으키는 방어를 알아차려야 한다. 방어는 우리가 처음 방어하게 만든 위협이 사라진 지 한참 지나도 계속 우리를 보호하기 위해 안간힘을 쓴다. 이제는 프로그램을 업데이트해야 한다. 그러기 위해서는 방어의 원래 목적을 알아보아야 한다. 방어에게 '지금 이 순간 어떻게 나를 도와줄 거니?'라고 물어보자. 그러면 방어가 답을 찾아 말해줄 것이다. 답을 들었다면 진실한 감정에 닿고 세상 밖으로 나가서 안전하게 탐색하고 감정을 표현할 수 있다는 자신감을 키울 수 있다. 그리고 방어는 더 이상 필요하지 않으므로 저절로 사라질 것이다.

방어는 우리가 애써 알아차리기 전에는 거의 무의식의 영역에 있다. 사람들은 자기보다 남을 더 잘 보기 때문에 자신의 방어보다 남의 방어를 먼저 알아차린다. 가령 나는 비판받기 싫어서 나를 드러내지 않으려고 한다는 걸 알아차리기 전에 우리 부모님이 비판적이라는 걸 먼저 알아차린다. 또 내가 불편이나 고통을 피하려고 기대는 습관을 알아차리기 전에 누군가가 삶의 고통을 피하려고 술을 많이 마시는 모습을 먼저 알아본다. 자신의 행동과 생각과 감정을 돌아보고 방어 상태인지 판단하려면 자기인식을 위해 집요하게 노력해야 한다.

방어의 영향을 줄이기 위해서는 방어를 포기하면 어떻게 될까 봐 두려워하는지를 알면 도움이 된다. 예를 들어 보니는 '모호하게 말하기' 방어를 포기하고 더 솔직해지면 갈등과 분노를 건설적으로 처리하지 못할까 봐 두려웠다. 그래서 자신감이 필요했다. 세상이 안전하다고 느끼는 데 도움이 되는 다른 방법이 있다면 방어는 기꺼이 그 방법에 주도권을 내줄 것이다.

방어가 하려는 말을 경청하는 법을 배워야 한다. 나는 내담자에게서 지적 능력으로 처리하려 하거나 농담으로 넘어가려 하거나 눈을 굴리는(비언어적 방어) 등의 방어를 발견하면 방어의 입장에서 말하도록 유도한다. 나는 이렇게 묻는다. "방금 전에 따님에게 모욕감을 느낀 이야기를 꺼내면서 눈을 굴린 거 알았어요? 당신 내면에서 눈을 굴린 그 부분이 말한다면 뭐라고 할까요?" "이렇게 슬픈 이야기를 들려주면서 얼굴은 웃고 있는 거 알아요? 당신 내면에서 웃는 부분에게 지금 이 순간 방어의 목적이 뭔지 물어볼 수 있어요?"

방어의 대답은 각양각색이다. 몇 가지만 살펴보자.

- 나는 네가 고통을 느끼지 않게 보호해주는 거야.
- 나는 두려움을 막아주는 거야.
- 나는 네가 상처받지 않게 보호해주는 벽이야.
- 나는 네가 감당하지 못할 슬픔을 막아주는 장벽이야.
- 나는 누군가를 죽이고 싶어하는 분노로부터 너를 보호해주는 거야.
- 아무도 네 진짜 감정을 보살펴주지 않을 테니까 내가 너를 보호해주는 거야.
- 나는 네가 자괴감에 빠지지 않도록 보호해주는 거야.
- 남들이 네가 얼마나 미쳤는지 알면 넌 혼자가 될 테니까 내가 네 진짜 모습을 숨겨주는 거야.
- 너는 완벽하지 않으면 사랑받지 못할 테니까 네가 뭐든 완벽하게 해내는지 내가 감시하는 거야.
- 너는 천성이 게으르니까 내가 몰아붙이는 거야.
- 나는 네가 살찌게 만들어서 다시는 누구도 너랑 성관계를 맺고 싶어하지 않고, 그래서 네게 상처도 주지 못하게 하는 거야.

소피아라는 내담자는 친한 친구 드니스를 만나고 싶지 않은 자신의 마음을 알아차리고는 충격을 받았다. 소피아는 자신의 감정이 이렇게 변한 것이 의문이었다. 그래서 변화의 삼각형을 그리다가 이런 마음속 대화를 들었다. '나는 요즘 드니스를 피하고 있어. 회피는 방어야. 분명 드니스에게 어떤 감정이 드는 거야.'

소피아는 방어를 알아차리자 내려놓을 수 있었다. 그리고 드니스에게 어떤 핵심감정이 드는지 스스로에게 물어보았다. 이내 드니스와 함께 있는 장면을 떠올리고는 드니스를 만날 생각을 하면 불안해지는 것을 알아차렸다. 몸에 집중해보니 심장박동이 빨라지고 불편한 느낌이 들었다. 이미 소피아는 나와의 상담을 통해 불안이 억제감정이고 핵심감정이 올라올 거라고 알려주는 신호라는 것을 알고 있었다. 그래서 핵심감정을 하나하나 떠올리면서 적합한 감정을 탐색하다가 화가 난 감정을 알아차렸다.

소피아는 계속 변화의 삼각형을 지도 삼아 분노를 다루는 여정을 이어가기로 했다. 우선 지난번에 같이 저녁을 먹으러 갔을 때를 떠올렸다. 드니스가 소피아의 새 남자친구가 별로 똑똑해 보이지 않는다는 식으로 말해서 마음이 상했다. 당시 소피아는 모욕감을 느꼈지만 다시는 그 얘기를 꺼내지 않았다. 소피아는 분노를 덮고 저절로 사라지기를 바랐다. 그런데 이제 그 분노를 인정하기로 하자 배 속의 조여드는 부위에서 에너지가 발산되었다. 소피아는 분노가 유발한 신체감각에 한참 머무르며 분노 충동이 나오기를 기다렸다. 분노 충동은 드니스에게 이렇게 말하고 싶어했다. "됐어! 네 친구 노릇은 그만둘래!" 소피아는 그제야 드니스에게 얼마나 화가 났는지 깨달았다. 소피아가 시간을 들여 분노를 들여다보고 나서야 그것이 얼마나 강렬한지 깨달은 걸 보면, 방어는 제 역할을 아주 톡톡히 해낸다.

이렇게 선명하게 정리되자 소피아는 마음이 평온해졌다. 드니스에게 화가 난 마음을 다루는 최선의 방법을 찾을 준비가 되었다. 우선 드니스에게 지난번에 한 말 때문에 얼마나 화가 났는지 말하고, 관계를 회복하려면 사과해달라고 요구하는 방법이 있었다. 아니면 아무 말도 하지 않는 방법도 있었다. 혼자 분을 삭이고 나면 껄끄러운 대화를 하지 않아도 되었고, 그냥 없던 일로 지나갈 수 있었다. 결국 소피아는 대화로 푸는 방법이 관계에 도움이 될 거라고 판단했다. 실제로 이 방법을 시도하자 대화가 잘 풀렸다. 드니스는 소피아의 새 남자친구를 잘 알지도 못하면서 함부로 말한 것 같다고 순순히 인정하고는 화나게 해서 미안하다고 사과했다. 소피아는 드니스와 이런 대화를 나눈 뒤 기분이 한결 좋아졌고, 관계는 복구되었다.

처음에 소피아는 드니스를 피하는 식으로 방어했다. 하지만 자기인식을 통해 이런 방어를 알아차렸다. 그러고는 의식적으로 변화의 삼각형을 그려보면서 자기 자신과 관계에 도움이 되는 방법을 찾기로 했다. 감정을 회피하는 방어에 머무르지 않기로 마음먹자 소피아는 드니스에게 화가 난 걸 알아차렸다. 그다음에 감정이 명료해질 때까지 혼자서 감정을 처리한 뒤 마침내 평온하고 열린 마음 상태에서 긍정적인 대화를 시도하는 방법을 선택했다. 변화의 삼각형이 사람들을 일상 속에서 어떻게 변화시킬 수 있는지 보여주는 예다.

케일럽도 일상에서 변화의 삼각형을 활용하는 내담자다. 그는 평소 냉랭한 분위기의 직장에서 일했다. 직장 동료인 던은 케일럽을 인정해주기는커녕 대놓고 무시했다. 케일럽은 이런 대접을 받을 때마다 충격으로 몸이 떨리고 갑자기 배 속이 조여드는 느낌이 들기도 했다. 그리고 '던은 정말 나쁜 자식이야. 날 무시했어!'라는 생각이 들었다. 케일럽은 이 생각이 비난, 곧 분노에 대한 방어라는 걸 알아차렸다. 누구나 자기에게 상처를 준 사람을 비난하게 마련이다. 하지만 비난해봐야 문제는 해결되지 않고 교착상태에 빠질 뿐이다. 게다가 비난하는 상태에 머무르면 몸에서 긴장이 풀리지 않는다. 더욱이 비난은 관계를 좀먹는다.

케일럽은 비난하는 상태를 넘어서기 위해 분노에 집중해서 누가 또는 무엇이 분노를 일으켰는지 알고자 했다. 몸속에서 느껴지는 분노의 감각에 머물렀다. 그런데 분노가 수치심으로 변했다. 던의 태도 때문에 왠지 하찮은 존재가 된 기분이 들어서였다. 강렬한 분노 이면의 케일럽은 주눅이 들어 있었다. 그리고 그런 초라한 느낌이 익숙했다. 여자친구들한테 무시당할 때도 늘 초라한 느낌이 들었다. 케일럽은 어릴 때부터 부모한테 무시당하며 자라서 사람들에게 받는 관심의 양에 민감해졌다. 그래서 던이 인정해주지 않자 내면에서 스스로를 하찮은 존재로 느낀 것이다. 과거의 트라우마 경험을 상기시키는 조짐만 보여도 어릴 때의 신경망이 작동했다. 그 순간 던은 과거의 어머니와 아버지가 되고 케일럽은 네 살짜리 어린아이로 돌아갔다.

케일럽은 몸속에서 느껴지는 분노에 주목하는 것만으로도 어떻게 해야 기분이 나아질지 깨달았다. 그는 던이 무례하긴 했지만 그게 자신의 오래된 신경망을 건드렸기 때문에 그토록 기분이 나빴다는 것을 스스로에게 상기시켰다. 그러고 나니 마음이 진정되었다. 갈등에 빠져 있기보다는 적극적으로 대처하는 쪽을 택하자, 케일럽은 스스로 던에게 분노를 느끼는 걸 허용할 수 있었다. 던에게 "재수 없고 무례한 자식"이라고 욕을 퍼붓는 장면을 상상하고는 해방감을 느끼며 심호흡을 했고, 과거에 겪은 일이나 현재 직장의 무례한 사람들을 상대해야 하는 자신의 처지에 연민을 느꼈다.

케일럽은 '나는 무시당하고 있다'는 생각이 어린 시절에 무시당해서 생긴 분노, 수치심, 슬픔을 막아주는 방어라는 것을 깨달았다. 과거의 경험이 현재에 끼치는 영향을 통찰하는 능력은 현실에 발 딛고 살고 싶은 사람이라면 누구에게나 중요하다. 사실 던은 다른 일에 정신이 팔려 있거나 수줍음이 많은 사람이거나 마침 바빴을 수도 있다. 그러나 케일럽의 내면에서 깨어난 네 살짜리 아이는 던의 행동이 자신을 향한 거라고 지레짐작했다.

물론 과거가 현실과 무관할 때도 있다. 사람들이 그저 무례하거나 다른 일에 정신이 팔려 있거나 둔감하거나 아무것도 모를 수 있다. 아니면 정말 나쁜 의도로 그러는 것일 수도 있다. 하지만 대다수는 자기가 남에게 어떤 영향을 끼치는지 잘 모른다. 어른이라면, 특히 평온하고 마음이 열린 상태에서는 무례하거나 둔감한 사람들도 건설적인 방식으로 상대할 수 있다. 케일럽은 이제 누가 진짜 무례하게 굴거나 고의로 그에게 상처를 준다면 그건 모두 그 사람의 인성 탓이지 자신의 문제가 아니라는 사실을 안다.

생각과 감정과 행동은 모두 방어로서 기능할 수 있다. 스스로 방어 상태인지 확인해보려면 어떻게 행동하고 무슨 생각을 하고 어떻게 느끼는지 자주 확인하고 고민해야 한다. 핵심감정이 인류의 생존에 도움이 되었다는 사실을 기억하자. 어떤 감정이 핵심감정인지 알아보려면 그 감정에 대한 자신의 반응이 상황에 적절하고 적응적인지 평가하면 된다.

핵심감정이 일어나는 상황은 다음과 같다.

- 상실을 겪으면 슬퍼진다.
- 누군가에게 상처받으면 슬프고 화가 난다.
- 성폭행을 당하면 혐오감이 들고 화가 나고 상처받고 무섭다.
- 누가 잘해주면 기쁘다.
- 누가 기분 좋은 일로 놀라게 해주면 행복하고 흥분된다.
- 내가 반한 사람이 다가오면 성적으로 흥분된다.

핵심감정은 방어감정에 가로막힐 때가 많다. 다음은 적응적인 핵심감정 대신 방어감정이 나오는 경우다.

- 상실을 겪으면 슬퍼지는(핵심감정) 대신 화가 난다(방어).
- 상처받으면 슬프면서도 화가 나는(핵심감정) 대신 수치심이 든다(방어).
- 성폭행을 당하면 혐오감이 들고 화가 나고 상처받고 무서

운(핵심감정) 대신 슬프기만 하다(방어).

- 누가 잘해주면 기쁜(핵심감정) 대신 혐오감이 든다(방어).
- 누가 기분 좋은 일로 놀라게 해주면 행복하고 흥분되는(핵심감정) 대신 무섭다(방어).
- 내가 반한 사람이 다가오면 성적으로 흥분되는(핵심감정) 대신 무섭고 화가 난다(방어).

감정은 방어로 쓰일 때조차 존중해야 한다. 그러려면 그 순간에 그 감정이 어떤 용도로 쓰이는지 알아내서 방어를 이해해야 한다. 나아가 기분이 나아지려면 바탕에 있는 핵심감정을 찾아서 경험해야 한다. 그러면 방어를 유지하는 데 들어가던 에너지가 즐거운 일이나 좋은 사람들에게 몰두해서 당차게 사는 데 유용하게 쓰일 수 있다.

실험: 방어 알아차리기

스트레스에 대처하는 자신만의 방법 세 가지를 적어보자.

1. _____
2. _____
3. _____

어떤 사실을 직면하지 않으려고 회피하는 세 가지 방법을 적어보자.

1. _____
2. _____
3. _____

당신이 한 세 가지 못된 말과 그 말을 한 이유를 적어보자.

1. _____
2. _____
3. _____

당신이 비판하기 좋아하는 것 세 가지를 적어보자.

1. _____
2. _____
3. _____

하기 싫은 일을 회피하는 세 가지 방법을 적어보자.

1. _____
2. _____

3. _____

당신이 해본 자기파괴적인 행동 세 가지를 적어보자.

1. _____
2. _____
3. _____

지금까지 적은 것들을 살펴보고 방어로 보이는 항목 옆에 체크 표시를 해둔다. 그중 가장 없애고 싶은 방어를 한 가지 골라 동그라미를 치고 나중에 알아차리고 넘어서는 연습을 해보자.

┃방어를 더 많이 알아차리기┃
호기심을 갖고 스스로에게 다음의 질문을 던진다. 이때 스스로에게 연민을 보여주고 섣불리 판단해서는 안 된다. 답변을 적어보자.

- 나의 어떤 행동이 전반적인 문제를 일으키는가?

  _____

- 나의 어떤 행동이 관계에서 문제를 일으키는가?

  _____

- 나의 어떤 행동이 직장에서 문제를 일으키는가?

  _____

- 나의 어떤 행동이 나 자신에게 문제를 일으키는가?

- 나는 위험한 행동을 하는가?

- 나는 어떻게 갈등을 피하는가?

- 나는 어떻게 감정을 피하는가?

- 나는 어떻게 불안을 피하는가?

- 나는 어떻게 자괴감을 피하는가?

- 나는 내 결점을 아는가? 결점을 말할 수 있는가?

- 나는 내 장점을 아는가? 장점을 말할 수 있는가?

- 나는 생각이 경직되어 있는가, 유연한가?

- 나는 남을 많이 비판하는가?

- 나는 나 자신을 많이 비판하는가?

• 나는 끊임없이 움직이며 뭔가를 하는가?

• 나는 속도를 늦추고 여유를 갖는 것이 불편한가?

• 나는 약이나 술을 과도하게 먹는가?

• 내가 남보다 잘났다고 생각하는가?

• 나는 누군가와 생각과 감정을 나누는가?

• 나는 온종일 내 머릿속에서만 사는가?

이 중에서 자괴감이 들게 만들거나 일상에서 문제를 일으키거나 꼭 바꾸고 싶은 것 한두 가지를 골라 동그라미를 친다. 답변은 나중에 변화의 삼각형으로 다뤄보자.

7

진정한 나를
찾아서

열린 마음 상태와 진정한 자기

다시 세라 이야기

앞에서 소개한 세라는 자기주장을 잘 못하는 얌전한 내담자였다.
오랜 세월 어머니의 언어폭력에 시달린 탓에 항상 불안과 수치심
속에 숨어 지냈다. 세라는 자신의 감정이든 타인의 감정이든 모든
핵심감정을, 특히 분노를 두려워했다.

세라가 내게 분노를 느낀 회기 이후 다섯 달이 지나는 동안 나
는 나날이 평온해지는 세라에게서 상담의 결실을 보았다. 세라는
매번 새로운 시도에 부담을 느끼기는 했지만 품위 있고 유머감각
을 잃지 않으며 잘 헤쳐나갔다. 더 이상 나를 불쾌하게 만들까 봐
전전긍긍하지 않고 우리의 작업에 대한 불평을 자유롭게 털어놓
을 수 있었다. 세라와 함께 있는 느낌이 전반적으로 많이 달라지고
편안해졌다.

이제 세라는 자신의 감정과 소망과 욕구를 말할 수 있게 되었
다. 또 필요하다면 주변 사람들과의 관계에서 한계와 경계를 정하
는 용기도 키웠다.

그러던 어느 날 세라는 어렸을 때 어머니가 화를 내면 자기 몸
에서 어떤 반응이 일어났는지 궁금하다고 말했다. "실은 어젯밤

에 침대에 누워 변화의 삼각형을 다루면서 몸의 감각을 알아차리려고 해봤어요. 엄마가 '평소의 엄마'에서 '미친 엄마'로 돌변하던 순간 내가 어떤 느낌이었을지 생각해봤죠. 엄마는 일단 돌변하면 돌이킬 방법이 없었어요. 그러면 내 안에서 아주 구체적인 감정이 일어났죠. 그게 어떤 감정인지 알아내고 그 감정을 다뤄보고 싶었어요. 가슴이 눌리는 느낌이 들었어요. 뭔가가 심장을 짓누르는 느낌요. 그래도 침대에 누워 있으니까 안전하다고 생각했죠. 하지만 엄마가 소리 지르는 모습을 떠올리면 몸을 쥐어짜는 감각이 들고 심장이 멎을 것만 같았어요."

나는 내 심장과 몸을 쥐어짜는 감각이 어떤 느낌인지 상상했다. "고통스럽네요!"

"무섭기도 하고요." 세라가 덧붙였다.

"맞아요, 무서워요." 나는 세라가 내 경험이 아니라 자신의 경험을 정확히 표현하기 위해 말을 보태는 걸 보고 기뻤다.

생각하는 동시에 느끼는 능력, 말하자면 잘 통합된 뇌의 반사작용은 우리가 삶의 도전에 맞서는 데 최적화된 능력이다. 이것이 열린 마음 상태의 핵심이다.[1] 열린 마음 상태에서는 자신의 생각과 그 순간의 느낌을 알아차린다.

"엄마가 너무 무서웠어요!" 세라가 힘주어 말했다.

"심장의 감각만 느껴지는 게 아니라 두려움도 엄습하죠. 이제 두려움에 주목해볼까요? 자, 내 곁에 필요한 만큼 가까이 붙어요."

나는 세라에게 내면아이가 움켜쥔 해묵은 감정을 다룰 때 의식을 두 부분으로 분리하는 법을 알려주었다. 마음의 한 부분은 나와 함께 현재에 머물고 다른 한 부분은 과거와 연결되어 두려움에 사로잡힌 어린아이와 소통하는 방법이다. 목표는 어린아이의 두려움을 목격하고 이해해서 치료에 무엇이 필요한지 알아내는 데 있었다.

"엄마가 일단 기분이 나빠지면 스스로 기운을 차리거나 제풀에 지칠 때까지 나는 그저 엄마한테 시달리고만 있었어요. 그래서 엄마가 화난 걸 아는 것만으로 두려웠던 것 같아요. 화가 나면 몇 시간이고 나한테 쓸데없는 일을 시켜서 나는 놀지도 못하고 재밌는 걸 아무것도 못했거든요. 또 엄마는 내 방이 어질러져 있으면 방 안을 들쑤시면서 물건들을 마구 내다버렸어요. 내가 성적이 떨어지면 숙제 공책을 다 찢어버리기도 했죠. 엄마가 어떤 식으로 폭발하든 다 끔찍했어요. 나는 엄마를 말릴 방법이나 애초에 엄마가 폭발하지 않게 할 방법을 몰라서 쩔쩔맸고요."

세라가 자기 이야기를 평온하게 해나가는 걸 보고, 나는 세라의 자기가 상황을 충분히 제어하고 있다는 걸 알아차렸다.

상담 초기에는 이런 주제를 다루면 트라우마 반응을 일으켰다. 엄마가 비난을 쏟아낸 기억을 떠올리기만 해도 생생하게 그 순간으로 돌아갔다. 나는 그때마다 상담을 중단하고 세라의 내면에 올라오는 막대한 불안과 두려움을 가라앉혀야 했다. 이런 감정이 올라오면 세라는 포식자에게 잡아먹힐까 봐 겁먹은 짐승처럼 꼼짝없이 얼어붙었다. 세라의 신경계는 엄마의 혹독한 비난을 죽음의 위협으로 해석했다. 겉으로는 평온해 보여도 세라의 심장에 심전도를 연결하면 심장박동이 빠르고 높은 각성 상태를 나타내는 신호가 나왔을 것이다. 얼어붙은 상태에서는 신경계가 크게 활성화된다.

"당신은 참 많은 일을 겪었어요." 내가 말했다.

"나도 하루가 멀다 하고 그런 일을 견뎌야 했던 게 얼마나 큰 시련이었나 싶어요. 정말 힘들었어요. 그런 걸 견뎌냈다니 내가 참 대견해요." 세라가 말했다. 전에는 세라의 내면에 그 어떤 자기연민도 허용하지 않거나 견딜 수 없어하는 부분이 있었다. 이제 그런 부분은 변화하고 통합되어 더 이상 자기연민을 방해하지 않았다. 오히려 고통받는 내면아이에게 마음껏 연민을 보내주어 세라는 더 평온해졌다.

"대단해요. 아주 대단해." 내가 말했다.

"나는 선택권이랄 게 없었던 거 같아요. 너무 어려서 떠날 수가 없었어요. 그런데…… 젠장 뭐야!" 세라가 전에 없이 거칠게 화를 냈다.

세라는 엄청난 위험을 감수하면서 내게 격분하는 모습을 보여주고 있었다. 나는 세라가 수치심을 느끼지 않도록 덩달아 거칠게 말했다.

"맞아! 젠장 뭐야?" 나는 세라에게 내가 옆에 있다고 알려주고 그녀를 받아주고 싶었다.

마음을 나눌 때 어떤 기분인지 명확히 표현하는 것은 세라의 스몰 트라우마를 유발한 지독한 외로움을 풀어주는 한 가지 방법이다.

"이런 얘기를 나누니까 기분이 어때요? 그러니까 어리고 신경도 예민한 여자아이가 견딜 수 있는 한계까지 몰리면서 얼마나 끔찍했는지 털어놓으니까 어때요?"

"선생님한테 말하고 나니 기분이 좋아졌어요. 얼마나 심각한 일인지 이해하고 인정해주시니까요. 선생님이 내 말을 듣고 그 일의 영향을 이해해주셔서 정말 좋아요."

"내가 그 일의 영향을 이해하는 게 당신한테는 어떤 의미예요? 당신 내면에서, 감정이나 감각이나 에너지 측면에서 어떤 일이 일어나요?" 나는 세라의 뇌와 신경계가 나와 함께하는 새로운 경험을 오래전에 엄마와 함께한 경험과 다르게, 살아남기 위해 주관적인 경험을 모두 부정해야 했던 기억과 다르게 생각하기를 바랐다.

"마음이 평온해요. 전에는 선생님하고 같이 있을 때 늘 조급했는데, 이제 그런 게 없어졌어요. 관심과 보살핌을 받아야 한다는 조급함이 전보다 훨씬 덜해요. 절박한 마음도 훨씬 덜하고요."

나는 세라가 이런 경험을 긍정적인 언어로 표현하기를 바랐다.

"그럼 어떤 느낌이 들어요?" 내가 물었다.

"안정감요. 선생님이 내 곁에 있는 느낌. 일관성이 있는 느낌. 이해가 되시나요?" 세라가 물었다.

"네, 그럼요. 그럼 우리 조금 더 나아가도 될까요? 안정감과 일관성이 있을 때, 그러니까 더 이상 혼자이지 않아도 될 때 몸에서는 어떤 느낌이 들어요?"

세라는 잠시 생각하더니 이렇게 답했다. "전에는 선생님이 필요한데 내 곁에 있어줄지 확신이 서지 않으면 갑자기 불안해지고 가슴이 쿵쾅거렸어요. 지금은 그런 게 없어요. 선생님이 있어야 할 때면 그냥 옆에 있다고 상상하거나 며칠 있으면 선생님을 만날 거고 전화로 연락할 수도 있다고 생각하면 훨씬 쉽게 진정돼요."

"그래요! 이제 당신은 내가 옆에 있어줄 거고 일관되게 대해줄 거라고 믿는다는 뜻이네요. 그걸 아니까 어떤 느낌이 들어요?"

"확실한 평온요."

세라가 제대로 해냈다! 이제 우리는 함께 그녀의 몸속에 단단히 뿌리내렸다. 드디어 세라가 열린 마음의 일곱 가지 상태로 내려간 것이다.

"그 말을 하면서 마음이 편안해요?"

"네, 그 어느 때보다 편안해요." 원래 세라는 맞는지 틀리는지, 검은지 흰지 식으로 객관적 진실을 묻는 질문을 좋아했다. 그래서 다른 내담자들과 마찬가지로 섬세한 신체감각, 곧 정답도 오답도 없는 주관적 경험이라는 개념을 이해하느라 씨름해왔다.

"안전과 연결에 관해 그렇게 섬세하고 아픈 기억을 말한다는 건 엄청난 거예요. 어떤 느낌이에요?"[2]

"굉장해요!" 세라는 이제 핵심감정을 억누르지 않고 기분을 느낄 수 있었다.

"더 말해줘요."

"웃고 싶고 행복해요."

"지금 그 기분을 따라 활짝 웃을 수 있어요? 예쁜 미소를 감추지 말고 보여줘요." 긴장으로 세라의 입 주위가 굳어졌다. 나는 세라가 스스로 그런 표정을 알아차려서 근육을 풀고 활짝 웃기를 바

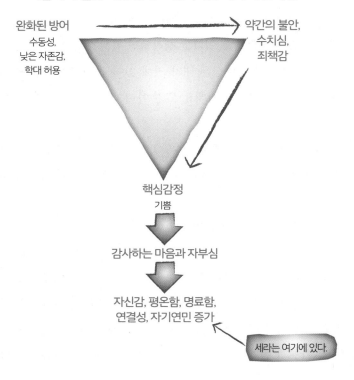

기쁨에서 열린 마음 상태로 넘어가는 세라의 삼각형

완화된 방어
수동성,
낮은 자존감,
학대 허용

약간의 불안,
수치심,
죄책감

핵심감정
기쁨

감사하는 마음과 자부심

자신감, 평온함, 명료함,
연결성, 자기연민 증가

세라는 여기에 있다.

랐다.

　내가 계속 물었다. "내가 당신을 보며 웃거나 당신이 기뻐하는 걸 바라보면, 그리고 당신이 기뻐하는 모습에 나도 같이 기뻐하면 어떤 느낌이 들어요?" 나는 세라의 모습에 기쁘기도 하고 세라가 대견하기도 해서 가슴이 벅찼다. 세라가 좋은 감정을 더 크게 느끼게 하기 위해 내가 세라를 보고 있다는 걸 세라에게 알려주고 싶었다. 누군가가 자신을 바라봐주고 누군가와 잘 맞고 연결된 느낌이 들면 기쁨과 자부심 같은 열린 감정이 더 커진다. 이것은 누구에게나 유쾌한 경험으로, 방어나 억제감정에 좌절되지 않고 안전한 느낌을 준다.

이때 나는 세라가 친밀감과 긍정적 감정을 받아들이는 힘을 키우도록 세라를 이끌고 있었다. 세라는 자부심, 즐거움, 친밀감을 받아들이는 시간을 점점 더 늘려야 했다. 세라의 행복에 중요한 요소였다. 이제 세라는 때때로 방해하듯 발동하는 약간의 불안과 수치심을 알아차려 다루면서 열린 감정들을 경험할 수 있었다.

"정말 좋아요." 세라가 활짝 웃으며 말했다.

그날의 상담은 이런 멋진 말로 끝났고, 세라는 평온하고 즐거운 마음으로 상담실을 나섰다.

그다음 주에 세라가 흥미로운 이야기를 들려주었다. 주말에 어머니와 박물관에 다녀왔다고 했다. 세라의 어머니는 어떤 전시품을 찾으려고 안내원에게 문의했다. 안내원이 길을 알려주는 동안 세라는 어머니가 어설프게 안내하는 안내원에게 신경이 날카로워지고 화가 난 걸 눈치챘다.

세라는 말했다. "그러니까 나도 긴장되기 시작했어요. 불안해지고 엄마가 폭발하기 전에 손을 써야 할 것 같아 초조했어요." 세라는 이 말을 하는 사이에도 불안이 커지는 듯 보였다. "그러다 문득 무슨 일이 벌어지고 있는지 깨달았어요. 나는 어릴 때처럼 엄마를 대하고 있었어요! 내 안의 어린아이가 꼼짝도 못하고 엄마의 처분만 기다리고 있었죠. 어릴 때처럼 반사적으로 몸이 얼어붙으려 하는 게 느껴졌어요. 그러다 문득 이제 나는 어른이라는 생각이 들었어요. 난 이제 아이가 아니다, 난 다 컸다, 나한테는 그 자리를 떠나든 다가가서 도와주든, 뭐든 필요한 대로 할 수 있는 힘이 있다고 생각했어요. 난 기억에 붙들려 있지 않았어요."

"와!" 내가 감탄했다.

"그러니까 마음이 평온해졌어요." 세라가 활짝 웃었다.

"지금 나한테 그런 얘기를 하면서 어떤 기분이 들어요?" 나는 세라가 감정을 표현하기를 바라면서 물었다.

"자부심이 들어요."

스스로에게 긍지를 느끼는 것은 치유의 감정으로, 내담자가 얼마나 치료되고 자신감을 키웠는지 보여주는 또 하나의 지표다. 변화의 삼각형에서 자부심이나 감사하는 마음과 같은 치유의 감정은 핵심감정과 열린 마음 상태 사이에 위치한다.

"몇 분만 더 자부심을 느껴볼래요?" 내가 세라에게 긍정적인 감정에 머물러보라고 할 때면 늘 그러듯이 조심스럽게 물었다.

"좋아요."

"자부심이 든다고 말하는 동안 몸에서 어떤 느낌이 들었어요?"

세라는 고개를 옆으로 갸웃거리더니 시선을 위에 두고 몸에 집중했다. 그러다 반짝이는 눈빛으로 웃으면서 나를 보았다. "척추에 철심이라도 박은 것처럼 복부가 단단하고 길어진 느낌이 들어요. 몸이 쭉 펴지고 선생님 눈을 똑바로 바라보고 있고요."

"와! 척추에 철심이라도 박은 것처럼 기운이 나고 몸이 쭉 펴

진 느낌이 드는군요. 또 내 눈을 똑바로 바라보는 것도 알아차렸고
요."

"네, 에너지가 아랫배에서 올라와 가슴을 거쳐서 팔로 뻗어나
가는 느낌이 들어요."

"그 에너지에 어떤 충동이 있나요? 살펴보세요."

"네, 춤추면서 자축하고 싶어요." 기쁨과 자부심의 충동이다.
세라는 긴장이 풀린 듯 미소를 짓고 있었다.

"그래요! 정말 잘했어요! 에너지를 따라가봐요. 상상해서 눈
앞에 그려볼 수 있어요? 그런 느낌이 이제 어떻게 하고 싶어해
요?" 나는 세라가 그 에너지를 적극적인 상상으로 발산하면서 그
순간에 머물러 치유의 감정을 더 깊이 느끼게 해주고 싶었다.

"이상한 소리 같지만 선생님이랑 나랑 둘이서 5월제 기념 기
둥(봄의 시작을 알리는 5월제 때 광장 한가운데 세워두고 사람들이 주위
를 돌며 춤추던 기둥 – 옮긴이) 옆에서 빙글빙글 돌며 춤을 추고 있어
요. 손을 잡고 원을 그리며 돌고 또 돌면서 웃고 있어요."

"나도 그 장면이 보이네요." 나는 이렇게 말하고 잠시 생각에
잠겨 그 순간을 음미하고 우리 둘 사이에 그 순간이 머물게 했다.
30초쯤 지나서 어떤 변화가 보였다. 세라의 얼굴이 온화해졌다. 나
는 이런 변화를 보고 물었다. "우리가 그러는 걸 보니까 어떤 기분
이 들어요?"

"행복해요. 더 평온해졌고요. 그냥 있는 느낌이에요." 에너지
의 파장이 정점을 찍었다가 내려왔다. 세라는 다시 열린 마음 상태
가 되었다.

세라는 상담하면서 열린 마음의 일곱 가지 상태, 곧 평온하고 호기심 있고 연결되고 연민을 느끼고 자신 있고 용기 있고 명료한 상태에 머무는 법을 배웠다. 그날 이후 세라는 계속 자기가 열린 마음 상태인지 과거의 익숙하고 소심한 상태에서 괴로워하는지 살폈다. 세라는 매순간 행복감을 느끼려고 노력했다. 기분이 언짢아지면 곧바로 변화의 삼각형을 들여다보면서 운동하고 산책하고 재미있는 TV 프로그램을 보고, 그 밖에도 마음을 가라앉히고 기운을 차리게 해주는 갖가지 활동에 몰두했다. 스스로에게 좋은 엄마가 되어 보살펴주고 연민을 보내기도 했다.

세라는 뇌의 작동방식을 바꾸었다. 변화의 삼각형을 써서 차단된 감정을 만났고, 트라우마에 사로잡힌 내면아이와의 관계를 발전시켰다. 불안, 수치심, 죄책감과 소통하고 달래주었다. 핵심감정을 알아차리고 인정하고 이름 붙이고 처리했다. 나와 함께 연습한 것처럼 이미지와 상상을 이용해 치유하면서 진정한 자기에 닿는 능력을 계속 키웠다. 이 능력은 꾸준히 연습하면 평생 도움이 될 수 있다.

열린 마음의 일곱 가지 상태

오직 참자기만 창조적일 수 있고,
오직 참자기만 진실하게 느껴진다.

— 도널드 위니콧

┃'자기'와 내면의 다른 부분들의 관계 ┃

진정한 자기의 자연스러운 상태, 곧 트라우마의 영향을 받아 모호해지거나 감정에 휩쓸리지 않은 상태가 바로 열린 마음 상태다.

진정한 자기 = 열린 마음 상태

열린 마음 상태에서는 평온하고calm, 자신의 마음과 사람들의 마음, 넓게는 세계에 호기심이 있고curious, 자신의 몸과 사람들의 정신과 마음에 연결되고connected, 자신과 사람들에게 연민을 보이고compassionate, 스스로 어떤 사람인지에 자신이 있고confident, 행동에 용기가 있고courageous, 생각이 명료하다clear. 이런 상태에서는 감정과 내면의 여러 부분이 계속 존재하고 두드러지면서도 우리를 압도하지 않는다. 그런데 우리의 내면에는 타고난 자기Self와 삶의 경험으로 발달한 여러 부분이 공존한다. 어느 부분이 전면으로 나오고 어느 부분이 배경으로 물러나는지는 시시각각 달라진다. 우리가 자극을 받거나 감정과 여러 부분이 불려나오면 우리의 자기는 그 순간 가장 시급한 감정에 의해 잠시 흐려진다. 따라서 다시 열린 마음 상태로 돌아가려면 변화의 삼각형이 필요하다.

세라는 나와 상담하면서 열린 마음 상태로 돌아갈 수 있었다. 열린 마음 상태에서 태어날 때부터 청소년기에 이르기까지를 대변하는 어린 시절의 여러 부분을 알아차렸다. 세라는 오랜 기간 꾸준히 변화의 삼각형을 다루면서 평온하고 마음이 열린 자기와 만나는 동시에 내면의 우울한 부분들도 알아차릴 수 있었다.

고든이라는 내담자는 네 살 때의 기억을 꺼내놓았다. 나는 고든에게 어린 소년이 어떻게 보이는지 물었다. 고든은 어머니와 함께 주방에 있는 소년이 보인다고 했다. 소년이 무슨 옷을 입고 어떤 표정을 짓는지도 보았다. 나는 사람들을 내면아이와 만나게 해줄 때 우리가 여기서 도와주려고 애쓰는 것을 그 아이가 아는지 자주 확인한다. 아이가 알고 있으면 그 아이와 소통할 수 있지만 때로는 아이가 모를 수도 있다. 이럴 때 우리는 그 아이와 소통하고 기분이 나아지려면 무엇이 필요한지 물어보면서 연결을 강화한다.

어리고 상처 입은 부분들과 소통할 때는 '자기'의 관점에서 하는 것이 가장 바람직하다. 고든은 자극받은 내면아이가 그를 압도하고 '자기'와 만나는 걸 방해하지 못하게끔 충분히 거리를 두는 법을 연습했다. 그러면서도 상처 입은 아이가 나오면 그 아이와 관계를 맺고 그 아이의 감정을 인정하면서 연민을 보여주었다.

'자기'는 우리의 몸과 마음에서 무슨 일이 일어나는지 알아차릴 수 있다. 알아차리는 만큼 혜택이 따르기에 우리는 평생 더 많이 알아차리려고 노력할 수 있다. 우리가 통제하지 못하는 일들이 벌어지는 인생이지만 그럼에도 자기에게 반응하고 자기를 다루고 세상에서 어떻게 행동할지 정도는 통제할 수 있다. 자기인식과 변화의 삼각형을 지도 삼아 삶의 주체가 될 수 있다. 목적의식을 가지고 살면서 좋은 일이 일어나게 하려고 노력할 수 있고, 건설적으로 삶을 주도할 수 있으며, 사랑하는 사람들과의 관계를 유지하면서 우리의 영혼을 돌보려고 노력할 수 있다. 삶의 설계자가 되면, 곧 삶의 주도권을 쥐면 잘 살기 위한 최선의 기회가 주어진다.

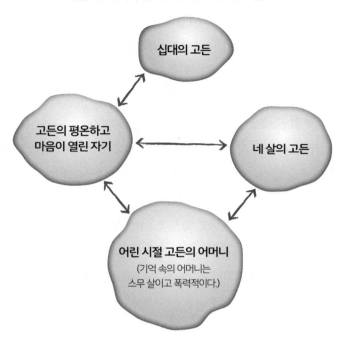

내면의 여러 부분과 '자기' 사이의 소통

'자기'는 내면의 다른 부분들과 소통하는 법을 배우고 여러 부분이 서로 소통하도록 도와준다. 신경과학으로 보면 분열된 신경망을 연결하는 것이다. 결과적으로 신경계가 진정되고 쉽게 자극받지 않는다.

　'자기'는 방어와 억제감정과 핵심감정을 알아차린다. 내일 날씨가 어떨지 생각하는 걸 알아차리거나, 상사에게 화가 나서 상사에게 욕하고 싶은 충동을 알아차리거나, 사람들 앞에서 발표할 일을 생각하면 가슴이 두근거리는 것을 알아차린다. '자기'를 통해 방어와 생각, 감정, 충동, 신체감각을 알아차리는 연습을 해보자.

자기는 이 모든 정보를 완전히 이해해서 더 큰 행복을 얻는 데 활용한다. 격렬한 감정과 내면아이의 도발로 자기가 위태로워지면 다시 열린 마음 상태로 돌아가기 위해 각별히 더 힘써야 한다.

|열린 마음 상태란|

우리가 열린 마음 상태에 있는지 어떻게 알까?

우선 기분이 더 좋아진다. 또 평온하고 호기심이 있고 연결되고 연민을 느끼고 자신 있고 용기 있고 명료한 일곱 가지 상태 중 적어도 몇 가지를 경험한다. 일곱 가지 상태를 기억해두면 이런 상태를 적극적으로 찾아보고 되도록 이런 상태가 되기 위해 최선을 다할 수 있다.

큰 시련을 겪었거나 아직 후유증에 시달리는 사람이라면 내면의 상처받은 부분이나 다친 감정으로 인해 열린 마음 상태와 단절될 수 있다. 하지만 일단 핵심감정을 경험하면 열린 마음 상태가 따라와 통찰력을 갖추고 변화할 수 있는 상태에 이른다. 우리는 과거가 이미 지나갔다고 생각한다. 하지만 마음 깊은 곳의 상처를 다루고 열린 마음 상태로 내려가면 앞서 프랜과 세라, 보니, 스펜서, 마리오의 사례에서처럼 일관된 삶의 이야기가 이어진다. 차단된 감정 에너지가 분출하면 뇌가 더 일관성을 얻으며 경험과 이해가 통합되어 전반적으로 신경계가 진정되고 뇌가 통합된다. 개인적인 노력이 변화로 이어지는 이유다.

열린 마음 상태는 트라우마 상태와 정반대다. 트라우마 상태에서 우리는 내면의 반동적이고 스트레스에 시달리는 부분과 접촉한다. 또 싸우거나 도망치거나 얼어붙는 세 가지 중 한 가지 반응을 보인다. 감정의 뇌가 방어 행동을 열심히 준비하기 때문에 생각과 문제해결과 합리성이 완전히 차단되지는 않더라도 제 기능을 발휘하지 못한다.

차단된 묵은 감정을 많이 다룰수록 열린 마음의 일곱 가지 상태에 좀 더 수월하게 접근하고 이런 상태에 머무는 시간도 길어진다. 우리의 뇌는 가능하면 안정된 상태를 택하고 싶어한다.

열린 마음 상태로 가는 두 가지 길이 있다. 첫째, 핵심감정을 경험하는 방법이다. 프랜과 세라, 보니, 스펜서, 마리오는 내면아이가 차단한 감정을 체험한 후 열린 마음 상태로 내려갔다.

둘째, 자신의 일곱 가지 상태를 찾아본 다음 자신의 감정 에너지를 알아차리고 적용하는 것만으로도 의식적으로 열린 마음 상태로 바뀔 수 있나 보는 것이다.

예를 들어 내가 기분이 좋지 않은 상태에서 남편의 옹졸한 태도 때문에 고민하고 있다면 처음에는 어색하고 억지스러워도 남편에게 연민을 보여줄 일들을 떠올려야 한다. 남편과 친밀했던 기억과 남편에게 인정받은 기억을 떠올릴 수도 있다. 또는 남편을 비난하고 싶은 충동에 호기심을 가져볼 수도 있다. 물론 쉽지는 않지만 그렇게 해서 열린 마음의 일곱 가지 상태로 넘어가기만 하면 기분이 훨씬 좋아지고 실제로 몸의 긴장이 풀리는 느낌이 들 수도 있다.

열린 마음 상태에서는 가족이나 친구들이 실망스러운 행동을 해도 이해하고 감당할 수 있다. 자신의 노력을 인정해주고 실수를 눈감아줄 수 있다. 왜곡된 렌즈를 벗고 사람들을 좀 더 정확히 볼 수 있다. 마음이 평온하므로 명료하게 생각해서 문제를 해결하고 동료들과의 갈등과 차이에 대처할 수 있다.

열린 마음 상태라고 해서 누구나 편안한 건 아니다. 믿기 힘들겠지만 그런 상태를 견디지 못하는 사람도 있다. 이들 중에는 혼란스러운 가정환경에서 자란 사람이 많다. 늘 극단적이고 고조된 분위기만 보고 자란 사람들은 좋건 나쁘건 평온한 상태를 단조롭거나 생기 없거나 지루하다고 느낄 수 있으며, 평온하거나 만족스러운 느낌이 들면 '평온할 때의 나는 누구지?' 하고 정체성의 위기가 올 수 있다. 또는 평온한 상태가 지나치게 낯설어서 불안해질 수도 있다.

열린 마음 상태에 머무르지 못하고 자꾸 바꾸고 싶어진다면 새로운 기준을 설정하려고 노력해야 한다. 새로운 기준을 설정하려면 변화가 불러오는 불편을 더 자주 견디는 수밖에 없다. 변화의 삼각형을 평생 반복해서 다루면 언제든 어김없이 열린 마음 상태로 돌아갈 수 있다.

스스로에게 아래의 질문을 던져서 평소 자신이 열린 마음 상태인지 확인하라.

- 내 몸은 평온한가? 평온하지 않다면 잠시 여유를 갖고 밖에 나가서 산책하거나 심호흡하거나 발밑의 바닥을 느껴보고 싶지 않은가? 아니면 나의 긍정적인 면과 동료들의 긍정적인 면을 떠올리면서 마음을 진정시키고 싶은가?

- 나는 내가 세상과 주위 사람들에게 보이는 반응에 호기심을 가지는가? 배우자나 내가 방어 상태라는 것을 알아차리면 호기심을 가지고 그 이면의 감정을 알아볼 수 있는가? 나나 배우자의 변화의 삼각형을 그려보면서 무슨 일이 일어나는지 자세히 알아보고 싶다는 생각이 드는가?
- 나 자신과 정서적으로 연결된 느낌이 드는가? 주위 사람들과 연결된 느낌이 드는가? 아니라면 연결된 상태로 넘어갈 수 있는가?
- 나 자신에게 연민을 느낄 수 있는가? 결혼을 했다면 배우자에게 연민을 느낄 수 있는가? 배우자에게 두려움이나 슬픔이나 분노 같은 감정을 느끼면서도 연민을 가질 수 있는가?
- 현재 내가 대체로 안전하다고 자신하는가? 필요한 자원을 구하고 도움을 청할 수 있는가? 나 자신을 돌볼 수 있다고 자신하는가?
- 용기를 내서 약점을 안고 살아갈 의지가 있는가?
- 명료하게 생각할 수 있는가? 마음이 명료하지 않으면 그런 상태를 알아차려서 다시 명료해질 때까지 중요한 결정을 미룰 수 있는가?

위의 질문 중 '아니다'라고 답한 항목이 있다고 해도 스스로를 섣불리 재단해서는 안 된다. 자신의 몸을 살펴서 가능한 한 모든 것을 알아차려야 한다. 마음 깊은 곳의 감정과 상처와 취약성을 찾아야 한다. 내면의 고통받는(핵심감정과 억제감정을 경험하는) 부분이나 스스로를 보호하려고 애쓰는(방어하는) 부분에 가능한 한 모든 연민을 보여주어야 한다. 그다음에 변화의 삼각형을 다룬다.

어떤 사람은 열린 마음 상태에 오래 머물고 어떤 사람은 거의 머물지 못한다. 대다수는 중간 어디쯤에 있다. 어느 쪽으로 기울든 변화의 삼각형은 자기를 더 진지하게 알아가면서 열린 마음 상태에 더 오래 머물기 위해 참조할 수 있는 지도이자 처방전이다. 열린 마음 상태가 되려고 끊임없이 스스로를 압박하거나 열린 마음 상태에 충분히 머물지 못한다고 자책한다면 핵심을 놓치고 잘못된 목표를 설정하는 것이다. 핵심은 자신의 현재 상태를 알아차리는 것이다. 자기가 어떤 상태인지(방어인지, 불안인지, 수치심인지, 죄책감인지, 핵심감정인지, 열린 마음 상태인지) 알아차리면 앞으로 무엇을 해야 할지도 알 수 있다.

아무리 못해도 심사숙고할 때인지 중요한 결정을 내릴 때인지 생산적인 대화를 나눌 때인지는 알 수 있다. 좋은 상태가 아니고 현재의 상태를 바꾸기 위해 뭐든 해볼 힘이나 의지가 없어도 괜찮을 뿐 아니라 오히려 그것이 정상적이고 자연스러울 수 있다. 변화의 삼각형을 그려보고 자기 상태를 개선하려는 노력은 평생 해야 한다. 변화의 삼각형은 누구든 원하기만 하면 언제든 다룰 수 있다는 사실을 잊지 말자.

삶의 난관 앞에서 열린 마음으로 머무는 법

- 감정이 분출하는 순간을 알아차리고 호흡하고 바닥에 발을 딛고 나만의 안식처를 상상하는 방법으로 평정심을 유지하려고 노력한다.
- 몸이 전하는 말을 경청해서 우울한 감정과 내면의 부분들을 알아차리고 이름을 붙이고 그것들과 대화를 나눈다.
- 기분이 좋지 않을 때는 먼저 자기를 돌봐야 한다는 점을 인정한다.
- 스스로에게 연민을 보여주고 판단하거나 비판하는 생각에 귀 기울이지 않는다.
- 기분이 좋아지려면 어떻게 해야 할지 알아보고, 어떤 감정이 들든 일시적인 현상이라는 점을 상기한다. 감정은 지나간다.

실험: 나의 열린 마음 상태 찾기

|열린 마음 상태가 가져다주는 것|

열린 마음의 일곱 가지 상태를 종이에 직접 적어보자.

- 평온함
- 호기심
- 연결
- 연민
- 자신감
- 용기
- 명료함

하나씩 적으면서 소리내어 읽어본다. 하나하나가 상기시키는 생각 한 가지, 감정 한 가지, 신체감각 한 가지를 알아차려서 자유롭게 적어보자. 예를 들어 '평온함'이라고 하면 '나는 더 자주 평온해지고 싶어'라는 생각이 떠오르면서 기쁜 감정과 따뜻한 감각이 일어날 수 있다. '연민'이라고 하면 '나 자신에게 연민을 느끼는 건 좀 아닌 것 같아'라는 생각이 들 수 있다. 불안해져서 배 속이 조여드는 느낌이 들 수 있다. '자신감'이라고 하면 '나는 자신감이 든 적이 없어'라는 생각이 떠오르면서 두려움이 올라오고 심장이 쿵쾅거릴 수 있다.

▌나에게 물어보기▐

주어진 순간에 열린 마음 상태에 가까이 있는지 멀리 떨어져 있는지 알아차려야 한다. 스스로에게 다음 질문을 던져보자. 지금 이 순간 어떻게 느끼는지에 따라 일절 판단하지 않고 대답해야 한다. 여기서 주된 목적은 알아차리는 것이다. 다음의 질문에 모두 '아니요'라고 답한다면 열린 마음 상태에 이르지 못하게 방해하는 생각이나 감정이나 내면의 부분들을 찾아본다. 호기심을 갖고 알아보되 판단하지는 말아야 한다. 스스로를 압박하지 말아야 한다. 생각과 감정과 감각을 알아차리고 인정하고 경청해서 무엇을 배울 수 있는지 알아본다. 자기에게 맞다고 느껴지는 것이라면 뭐든 적어보자.

나는 평온한가?

예 ☐　　　　　　　아니요 ☐

아니라면 내가 평온하지 못하게 가로막는 것은 무엇인가?

○ _____

나는 힘이 들더라도 나 자신과 사람들, 일, 취미 등 내가 처한 환경의 여러 측면에 호기심을 느끼는가?

예 ☐　　　　　　　아니요 ☐

아니라면 내가 호기심을 느끼지 못하게 가로막는 것은 무엇인 가?

○ _____

나는 무언가(사람들이나 자연, 신, 나 자신)와 연결되어 있는 가?

예 ☐　　　　　　　아니요 ☐

아니라면 내가 연결되지 못하게 가로막는 것은 무엇인가?

○ _____

나는 사람들과 나 자신에게 분노나 판단 같은 생각이나 감정을 품으면서도 기본적으로 연민을 느끼는가?

예 ☐　　　　　　　아니요 ☐

아니라면 내가 연민을 느끼지 못하게 가로막는 것은 무엇인 가?

○ _____

나는 내 삶을 감당할 수 있다는 자신감이 있는가?

예 ☐   아니요 ☐

아니라면 내가 자신감을 갖지 못하게 가로막는 것은 무엇인가?

○ _____

나는 새로운 일을 시도하거나 자기답게 행동하거나 익숙한 상태에 안주하지 않거나 사람들과 이전과는 다른 방식으로 취약성을 드러내면서 관계를 맺을 용기가 있는가?

예 ☐   아니요 ☐

아니라면 내가 용기를 내지 못하게 가로막는 것은 무엇인가?

○ _____

나는 내가 누구이고, 내가 좋아하고 원하고 필요로 하는 것, 그리고 원하지 않고 필요로 하지 않는 것이 무엇이며, 내게 중요한 것이 무엇인지 명료하게 아는가?

예 ☐   아니요 ☐

아니라면 내가 명료하게 알지 못하게 가로막는 것은 무엇인가?

○ _____

이 실험을 진행하면서 우울하거나 고통스러운 감정이 일어난다면 그 감정을 있는 그대로 적어보자.

○ _____

_____

_____

_____

_____

실험: 내 변화의 삼각형 그리기

사람들은 기분이 나빠지면 우선 감정 상태를 알아차린다. 뭔가 잘못된 걸 알아차리는 순간 눈앞에 세 갈래 길이 나온다. 한 갈래는 기분이 나빠진 원인이 무엇이든 외면하고 감정을 회피하는 길이다. 다른 한 갈래는 충동적으로 반응하는 길이다. 세 번째는 내적 경험을 들여다보는 방법으로, 마음을 살피고 변화의 삼각형을 다루는 길이다. 예를 들자면 호기심을 갖고 스스로에게 '방금 무슨일이 일어나서 내가 흥분한 걸까?'라고 물어보는 것이다. 이어서 '그 일로 내 안에서 어떤 감정이 일어나는가?'라고 물을 수 있다.

심호흡을 하고 발을 바닥에 디디면서 속도를 늦추어 여유를 찾는다. 자기에게 집중해서 관찰할 시간을 충분히 준다. 최대한 역량을 발휘해서 변화의 삼각형에서 당신이 어디에 있는지 파악한다. 억제 꼭짓점에 머물며 수치심이나 불안, 죄책감을 느끼는가? 아니면 이미 삼각형의 아래 꼭짓점으로 내려와 슬픔이나 두려움, 분노, 혐오감, 기쁨, 흥분, 성적 흥분 같은 핵심감정을 느끼는가? 열린 마음의 일곱 가지 상태로 평온하거나 호기심이 있거나 연결되거나 연민을 느끼거나 자신 있거나 용기 있거나 명료한 상태 중 하나 이상을 경험하는가? 아니면 감정과 열린 마음 상태가 차단된 채로 방어 꼭짓점에 머무는가?

지금 이 순간 자신의 변화의 삼각형에서 어느 꼭짓점에 있는지 적어보자.

○ _____

당신이 어느 꼭짓점에 있는지 파악하는 데 도움이 된 내적 경험을 적어보자. 예를 들어 이렇게 적을 수 있다. '멍하고 지루하고 술을 마시고 싶어서 방어 꼭짓점에 있는 것을 깨달았다.' '불안하고 긴장되고 나 자신이 초라하고 부적절하다는 느낌이 들어서 억제 꼭짓점에 있는 것을 깨달았다.' '슬프고 몸이 무겁고 울 것 같은 기분이 들어서 변화의 삼각형 아래 꼭짓점에 있는 것을 깨달았다.' '마음이 평온하고 나 자신이나 사람들과 함께 평화로운 느낌이라 열린 마음 상태인 것을 깨달았다.'

이제 무엇을 시도할지 적어보자.

_____

_____

_____

_____

실험: 변화의 삼각형 활용하기

변화의 삼각형 각 꼭짓점에서 할 일

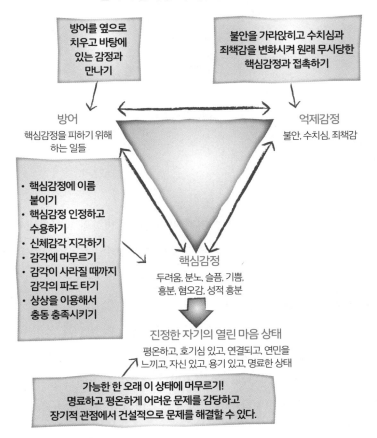

방어를 옆으로 치우고 바탕에 있는 감정과 만나기

불안을 가라앉히고 수치심과 죄책감을 변화시켜 원래 무시당한 핵심감정과 접촉하기

방어
핵심감정을 피하기 위해 하는 일들

억제감정
불안, 수치심, 죄책감

- 핵심감정에 이름 붙이기
- 핵심감정 인정하고 수용하기
- 신체감각 지각하기
- 감각에 머무르기
- 감각이 사라질 때까지 감각의 파도 타기
- 상상을 이용해서 충동 충족시키기

핵심감정
두려움, 분노, 슬픔, 기쁨, 흥분, 혐오감, 성적 흥분

진정한 자기의 열린 마음 상태
평온하고, 호기심 있고, 연결되고, 연민을 느끼고, 자신 있고, 용기 있고, 명료한 상태

가능한 한 오래 이 상태에 머무르기!
명료하고 평온하게 어려운 문제를 감당하고
장기적 관점에서 건설적으로 문제를 해결할 수 있다.

이것은 변화의 삼각형을 가지고 할 일에 관한 요약이자 '커닝 페이퍼'다. 당신이 머무는 꼭 짓점마다 시계 방향으로 다음 꼭짓점으로 넘어가기 위해 할 일을 수행하면 진정한 자기의 열린 마음 상태에 오래도록 머물 수 있다.

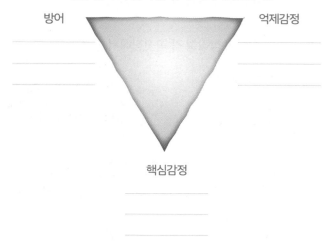

나는 변화의 삼각형에서 어디에 있는가?

방어   억제감정

핵심감정

나는 현재 어떤 경험을 하는지 알아차리고 변화의 삼각형에서 어느 위치에 있는지 알아내서 위 그림을 채워보자.

▌첫 번째 꼭짓점: 방어▐

지금 방어 꼭짓점에 있다면 스스로에게 '내가 이 방어를 쓰지 않으면 지금 이 순간 어떤 기분이 들까?'라고 물어보자. 방어가 당신을 보호하기 위해 차단해주는 감정이나 갈등이 무엇인지 알 수 있다. 이제 그 감정이나 갈등이 변화의 삼각형에서 어디에 속하는지 적어보자.

▌두 번째 꼭짓점: 억제▐

지금 억제 꼭짓점에 있다면 분노나 죄책감이나 수치심을 느끼는

것을 알아차렸다는 뜻이다. 세 가지 중 어느 것인지 알아차릴 수 있는가?

불안이 느껴진다면 발을 바닥에 단단히 딛고 복식호흡으로 심호흡하고 의식적으로 이것은 불안이라고 상기해서 불안을 가라앉힌다. 지각되는 모든 것을 수용하고 스스로에게 연민을 보여주려고 노력한다. 이런 몇 가지 기법으로 불안을 가라앉히는 동시에 바탕에 있는 핵심감정을 모두 탐색한다. 그러고 나서 변화의 삼각형에서 아래 꼭짓점에 적어넣는다.

당신 내면의 한 부분이 수치심에 시달리는 것을 알았다면 수치심을 느끼는 그 부분이 당신에게서 빠져나와 몇 미터 앞에 앉아 있는 장면을 상상해보자. 수치심을 시각적으로 그려보면 수치심에 압도당하지 않고 수치심과 소통하는 데 도움이 된다. 눈앞에 있는 수치심에게 좋은 부모처럼 따뜻하게 말을 걸어본다. '뭐가 수치스럽니?' '그 일이 너에 관해 무슨 말을 해주니?' 수치심이 어떻게 대답하는지 들어보고 사랑과 연민을 보여준다. 스스로에게 좋은 부모가 되어주고 수치심의 기분을 풀어주기 위해 무엇을 해야 할지 찾아보자. 상상력을 동원해서 수치심에게 필요한 것을 제공한다. 대개는 연결되고 안정적이고 안전하고 평온하고 사랑받고 수용되는 느낌이 필요할 것이다.

이제 당신에게 처음 수치심을 안겨주었거나 수치심을 느끼도록 가르쳐준 사람에 대한 핵심감정을 알아보자. 핵심감정을 알아내려면 이런 질문을 던져보자. '내가 강인하고 자신감이 있다면 내게 처음 수치심을 안겨준 사람에게 어떤 감정이 들까? 가장 친한 친구가 나처럼 상처받거나 수치심을 느낀다면 그 친구를 위해 나는 어떤 감정을 느낄까?' 핵심감정이 든다면 변화의 삼각형 아래 꼭짓점에 적어넣는다. 억제감정이 든다면 억제 꼭짓점에 적어넣는다.

죄책감이 든다면 '죄책감이 죄를 지어서 생기는 감정이라고 하는데 나는 지금 무슨 죄를 지었지?'라고 물어본다. 누군가에게 상처를 주었다면 사과의 말을 준비하고 보상해준다.

만약 당신이 잘못한 게 없다면 한계와 경계를 설정하는 중에 생기는 죄책감을 견뎌야 한다. 처음에 당신의 한계와 경계를 받아주지 않은 사람을 향해 차단했던 핵심감정이 무엇인지 알아본다.

당신이 운이 좋거나 남에게 없는 무언가를 가지고 있어서 죄책감이 든다면 죄책감에서 감사하는 마음으로 넘어가야 한다. 연민을 갖고 당신이 타고난 운을 베푸는 구체적인 방법을 선택할 수 있다. 죄책감을 느껴봐야 당신 자신에게도, 당신이 죄책감을 느끼게 만든 사람에게도 좋을 게 없다.

|마지막 꼭짓점: 핵심감정|

현재 핵심감정 꼭짓점에 있거나 변화의 삼각형을 다루어서 핵심감정으로 내려갔다면 슬픔과 분노, 두려움, 혐오감, 기쁨, 흥분, 성적 흥분, 또는 여러 감정의 조합을 경험한다는 뜻이다. "나는 ○○○라는 감정과 ○○○라는 감정을 느낀다"고 말해서 감정을 하나씩 인정해준다. 모든 감정에 이름을 붙여 불러준다. 그리고 나서 변화의 삼각형의 아래 꼭짓점에 적어넣는다.

여기서 실험을 더 진행해도 된다면 한 가지 핵심감정에 머물러보자. 그 감정이 일으키는 신체감각을 알아차리고 이름을 붙인다. 복식호흡으로 편안하고 길게 심호흡하면서 몸에서 느껴지는 감각에 머무른다. 변화나 충동이 일어나는 느낌이 들 때까지 그 감각에 머물다가 그 충동이 무엇을 하려는지 상상한다. 마음이 평온해질 때까지 감정의 파도를 탄다.

마지막으로 지금 이 순간 당신이 열린 마음의 일곱 가지 상태에 도달했다면 그중 어느 상태인가? 아래에 적어보자.

○ _____

_____

_____

_____

축하한다! 이제 당신은 변화의 삼각형을 완성했다. 이 삼각형은 평생 참조할 지도이자 도구다. 자신의 삼각형과 다른 사람들의 삼각형으로 연습하고 실험하면 내가 현재 어디에 있고 어디로 가야 하며 그곳으로 가려면 어떻게 해야 할지 더 잘 알아낼 수 있다.

맺음말

이 책에서 우리는 우울증을 비롯해 다양한 심리 증상을 살펴보면서 마침내 핵심감정에 이르렀다. 우리는 항상 감정을 체험할지 아니면 방어로 회피할지 선택할 수 있다. 지금의 나는 핵심감정을 느끼면 그 감정을 위한 공간을 마련해야 한다는 것을 안다. 핵심감정을 위한 공간만 마련하면 그 감정이 얼마나 고통스럽든 끝내는 기분이 나아진다.

변화의 삼각형을 완벽하게 다루는 사람은 사실 아무도 없다. 나 역시 아직은 변화의 삼각형을 그려봐야 한다고 의식적으로 다짐해야 한다. 간혹 내가 어느 꼭짓점에 있고 나나 내담자들을 도우려면 어떻게 해야 할지 몰라 난감할 때도 있다. 그럼에도 변화의 삼각형이라는 지도가 없다면 어떻게 살아갈지 상상도 할 수 없다.

변화의 삼각형을 다루는 여정에는 종착점이 없다. 평생 지속

해야 할 연습이다. 끊임없이 자기를 알아가고 열린 마음 상태에 되도록 오래 머무는 데 목표를 두어야 한다.

우리는 평생 성장하고 배우면서 활력을 얻고 자신이라는 존재와 결점을 비롯한 자신의 모든 면을 편안하게 받아들일 수 있다. 자기인식이 강화되면 자기와 인간관계에 도움이 되지 않는 상태로 넘어가는 순간을 알아차릴 수 있다. 살면서 습득한 기술과 지식을 활용해 변화의 삼각형 아래로 내려갈 수 있다. 그리고 노력하면 이 과정을 주도적으로 수행해서 기분이 나아지고 현명해지고 좀 더 수월하고 풍요로운 삶을 살아갈 수 있다.

이 책을 읽고 자신이 변화의 삼각형에서 어디에 있는지 알아낼 수 있다면 대단한 발전이다. 지도에서 현재 어디에 있는지만 알아도 자신을 우울하게 만드는 요인과 정서적 거리를 유지할 수 있다. 어떤 경험을 하는 동안 감정이나 기분, 심리 상태, 생각, 신체감각, 신념을 비롯해 무엇이든 알아차려보는 것은 뇌를 위한 운동이된다. '자기self'와 '자신의 경험'을 이중으로 인식하면 조화롭고 평온하게 살 수 있고, 나는 감정과 생각과 증상을 넘어선 존재라는 관점을 얻을 수 있다.

또한 활기차고 진실한 삶으로 넘어가면서 난관을 견뎌내는 능력이 강해진다. 고통과 불안과 두려움은 여전히 남아 있지만 예전만큼 유약하거나 두렵지 않을 것이며, 이제는 마음의 농간에 무너질 만큼 무력하지 않을 것이다.

변화의 삼각형은 힘이 세다. 바다에서 헤엄칠 때를 생각해보자. 우리는 파도에 떠밀리고 쓸려간다. 물에 빠져 죽을 것 같은 때도 있다. 하지만 준비가 되고 파도에 휩쓸릴 때 어떻게 해야 할지 알고 힘과 균형감각을 기르면 다시 수면 위로 떠오를 수 있다. 이러한 과정을 반복하다 보면 점차 다음 파도를 좀 더 수월하고 자신감 있게 견딜 수 있다.

이 책에서 기억해야 할 한 가지가 있다면 감정은 감정일 뿐이라는 사실이다. 자기를 비판해봐야 도움이 되지 않는다. 감정을 억지로 누를 수 있다고 생각한다면 오산이다. 그보다는 감정을 건설적으로 다루는 데 마음의 에너지를 쏟아야 한다. 변화의 삼각형을 이용하자. 자기가 어떤 경험을 하는지, 그 경험이 무슨 말을 전하려 하는지 알아차리자. 감정대로 행동할 필요도 없고 대개는 그렇게 하지도 않지만 감정의 충동이 보내는 정보는 중요하다. 어쨌든 감정이 있어야 살아 있는 느낌이 든다.

마지막으로, 당신을 위해서든 사랑하는 사람을 위해서든 감정을 인정해야 몸과 마음이 편안해진다는 사실을 기억하기 바란다. 판단을 멈추고 인정하자. 당신의 모든 관계에, 특히 자기와의 관계에 도움이 될 것이다.

'고통의 이유'를 찾아가는
감정중심 심리치료의 힘

나는 치유중심의 치료 모형인 가속경험적 역동치료AEDP를 개발한 사람으로서 힐러리 제이콥스 헨델의 첫 책의 원고를 흥분되면서도 조금 두려운 마음으로 펼쳤다.

우선 흥분한 이유는 내 연구가 앞으로 사람들에게서 변화를 이끌어내는 쪽으로 비약적인 발전을 이룰 수 있겠다는 기대감에서였다. 치료사들의 치료법에 영향을 끼치고, 치료사들을 통해 내담자들에게도 영향을 끼치는 정도에서 끝나는 것이 아니라 이제는 이 책을 통해 내담자들에게 직접 다가가서 '영업 비밀'을 공유하게 된 것이다. AEDP의 핵심 개념을 쉽게 풀어 쓴 이 책은 각종 심리치료를 받는 내담자는 물론 심리치료를 받아본 적이 없는 사람들에게도 도움을 줄 수 있다.

다른 한편으로 두려운 마음이 든 이유는 내가 평생을 바쳐

얻은 연구 성과가 책 한 권에 담기는 셈이기 때문이다. 이 책이 AEDP를 제대로 설명할 수 있을까? AEDP의 본질이 흐려지지는 않을까? AEDP의 복잡한 개념이 포춘쿠키의 운세에 적힌 상투적인 말로 변질되어 치유중심의 치료법을 개발하기 위해 쏟은 오랜 노력이 퇴색하지는 않을까? 두려운 마음이 든 이유는 이것만이 아니었다. 사실 힐러리는 나와 통한다고 느낀 동료 연구자였는데, 혹시라도 힐러리의 책이 마음에 들지 않아서 서로 어색해지면 어쩌나 하는 불안감이 있었다. 게다가 이제 AEDP를 대중에게 알리는 일이 내 손을 떠난 터에 혹시라도 잘못되었거나 핵심에서 벗어난 정보가 손쓸 도리도 없이 퍼져나가기라도 하면 어쩌나 하는 마음도 있었다.

사실 나는 이미 상당히 안전감을 느끼고 있다. 나는 힐러리 제이콥스 헨델을 속이 꽉 찬 사람이자 유능한 임상가로 알고 있을 뿐 아니라 AEDP의 실제에 관해《뉴욕 타임스》에 기고한 글 두 편을 감탄하며 읽었다. 힐러리는 짧고 간략한 글에서 본질을 정확히 포착하면서도 간단명료하게 설명해주는 남다른 재능을 보여주었다.

나는 이 책에서 여러 내담자의 사례를 읽고 크게 감동했다. AEDP는 이제 나를 떠나 그 자체로 생명력을 가졌다는 생각이 들었다. 전에도 다른 연구자들(AEDP연구소 연구자들)이 저마다의 연구로 AEDP의 경계를 넓히는 모습에 비슷한 느낌을 받은 적이 있다. 그런데 힐러리는 내 동료들에게 훈련받은 차세대 연구자로서 스스로 연구를 주도해왔고, 이제는 자신의 내담자들뿐 아니라 이 책을 통해 다양한 대중에게 AEDP를 전달한다. **목이 메고 가슴**

이 벅차다. AEDP를 한 세대에서 다음 세대로 제대로 전달할 수 있는 길이 열린 것이다.

앞 문단에서 굵은 글씨로 표시한 부분이 눈에 띌 것이다. 감정이나 감정과 관련된 신체감각을 나타내는 말이다. 감정과 신체감각은 주로 우리가 우리 자신을 들여다보는 장치다. 생물학적 지혜가 담겨 있고 우리와 주변 사람들에게 무엇이 중요한지를 전한다. 독자들은 이 책을 읽으면서 풍부한 감정을 소중히 여기게 될 것이다. 그리고 이 책은 해묵은 마음의 상처를 치유하고 더 행복하게 잘 살려면 어떻게 해야 하는지를 알려주는 강력한 지침이 될 것이다. 힐러리는 감정과 감정을 감추는 방어에 관해 훌륭하게 설명했다. 사례를 중심으로, 적응하는 데 도움을 주는 감정을 차단해서 치르는 대가와 감정을 제대로 처리해서 얻는 혜택을 설명한다.

AEDP에서 자주 하는 말이 있다. 암시적인 것을 명시적으로 만들고 명시적인 것을 경험적으로 만들어라. 나는 이 지면을 통해 암시적인 것을 명시적으로 만들고 힐러리의 임상 현장에서 소생하는 AEDP의 기본 원리를 소개하겠다. 독자 여러분이 일상적인 경험의 기본 원리를 이해하는 데 도움이 되기를 바란다.

┃치유는 처음부터 시작된다┃

AEDP의 첫 번째 핵심 개념은 치유가 단지 치료의 결과만이 아니라는 점이다. 치유는 처음부터 시작된다. 인간은 본래 치유하고 스스로를 바로잡고 성장하고 변환하도록 태어났다. 단순히 은유적 표현이 아니라 신경가소성의 중요한 특성이다.

충분히 안전한 느낌이 들면 치유의 욕구는 전면으로 나온다. 심리치료에 집중하는 여느 치료법과는 달리 AEDP는 문제가 되는 부분이 아니라 괜찮은 부분에 집중한다. 그래서 AEDP 치료사들은 항상 이런 치유의 욕구를 탐색한다. 그리고 이런 욕구에 '변환 transformance'이라는 특별한 이름도 붙였다. 나는 치료 과정의 원동력이 되는 변환의 개념을 다음과 같이 설명한다.

> 우리는 근본적으로 변환하고 싶은 욕구가 있다. 우리는 성장하고 치유하도록 태어났다. 스스로를 바로잡고 지연된 성장을 재개하도록 태어났다. 우리에게는 자기를 확장하고 해방시키고 방어의 장벽을 허물고 거짓 자기를 해체하고 싶은 욕구가 있다. 누군가에게 알려지고 보이고 인정받고 싶은 욕구가 있어서 내면의 얼어붙은 부분들과 접촉하려고 애쓴다.[1]

아름다우면서도 편리하게도 치유의 현상에는 어김없이 건강한 감정의 지표인 활력과 에너지가 따른다. 활력과 에너지가 있으면 변환의 징후를 확인하고 치유와 행복을 향한 부단한 노력을 추구할 수 있다. 그리고 우리가 누군가의 이런 노력을 인정해주면 그 사람은 누군가 자기를 알아주는 느낌을 받는다.

변환과 그것이 나타내는 긍정적인 신체-감정적인 표시인 활력과 에너지는 치료 과정에서 긍정적인 신경가소성의 직접적인 표현이다. 말하자면 신경계를 재배열해주는 원동력이다.

편안하고 진실한 것에 주목하기

우리는 절망과 두려움의 한복판에서도 치유의 불씨를 찾으면서 긍정적인 것과 적응적인 것, 편안하고 진실하게 느껴지는 것에 주목한다. AEDP에서 말하는 '긍정적인 것'에는 특별한 의미가 있다. '긍정적'이라는 말에 기쁨과 감사하는 마음, 행복 같은 긍정적인 감정들이 포함되는 것은 분명하다. 그런데 AEDP에서 정의하는 '긍정적인 것'은 긍정적인 감정을 넘어서 각자에게 편안하고 진실하게 느껴지는 모든 것을 아우른다. 고통받고 싶지 않아서 감정을 두려워하는 경우가 많으므로 꼭 이해해야 할 개념이다. 어릴 때 구축한 방어의 장벽을 뛰어넘어 진실한 감정을 느끼기 시작하면 슬픔이나 분노 같은 감정이라고 해도 분명 안도감이 생긴다. 안도감만 느끼는 것이 아니다. 우리와 우리 몸에 오래전부터 필요한 무언가가 느껴진다. 기울어진 그림을 바로잡을 때 안도의 한숨이 나오듯이, 주어진 상황에서 진실한 감정을 느끼면 마음이 편안해지고 기분이 좋아진다.

고립감 해소하기

압도적인 감정에 직면할 때 느끼는 (의도하거나 원하지 않는) 고립감은 AEDP에서 정서적 고통과 그에 따르는 문제가 어떻게 전개되는지를 바라보는 관점의 핵심에 있다. AEDP의 관점은 명료하다. (나를 인정해주기를 바라는 안전하고 믿음직한 대상과) '함께 머물기'가 치유와 감정을 건강하게 처리하는 능력의 근간이다. 혼자라고 느끼지 않을 때, 누군가와 함께 있다고 느낄 때 우리의 신경계가 발달한다. 도움을 받으면 감정을 더 잘 느끼고 처리할 수 있다. 결국 AEDP 치료사의 주요 목표는 내담자의 고립감을 해소해주고 치유의 과정에서 내담자와 함께 머물러주는 데 있다.

경험적 치료법을 따르는 치료사들은 주로 애착이론[2]과 자율신경계의 작동방식[3]을 배운 사람들이라 내담자의 사회적 관계를 자극해서 안전하고 연결된 느낌을 강화할 방법을 찾으려 한다. AEDP 치료사들은 여기서 더 나아간다. 회복탄력성이 강한 아이로 키우는 부모의 행동을 관찰한 애착 연구를 참조해서 공감, 보살핌, 관심, 인정, 진심으로 함께 있어주는 방법으로 치료를 이끌어간다. 백짓장도 맞들면 낫다는 말이 있듯이 두 사람이 머리와 마음을 맞대면 더 나은 결과가 나온다. 혼자서는 감당하기 어려운 문제도 나를 돌봐주는 누군가와 함께라면 훨씬 수월하게 견딜 수 있다. 고립감을 해소하는 것은 AEDP 치료법의 필수불가결한 요소다. 힐러리의 사례에서도 훌륭하게 그려지듯이 이런 방법은 감정을 다루는 모든 시도의 근간이다.

긍정적 상호작용이 중요하다

애착이론에서는 부모와 자녀의 긍정적인 상호작용(보살핌, 감정교류, 접촉, 연결, 도움, 긍정적 감정이 중심이 되는 상호작용)이 아동기 뇌 발달의 중요한 재료라고 설명한다. 긍정적인 상호작용은 뇌 속 화학작용을 뒷받침해주고, 이 화학작용은 이어서 평생에 걸쳐 일어나는 긍정적인 신경가소성을 뒷받침해준다.[4]

인간이 본성을 타고난다고 믿는 심리학의 시대는 오래전에

(거의) 끝났다. 연결과 감정 교류와 진실성을 중시하는 AEDP 치료사들은 진심으로 보살펴주고 관심을 가져주는 마음과 도와주려는 욕구를 표현한다.

┃수용하는 감정 경험 다루기┃

보살핌, 공감, 관심, 인정, 진실로 함께 있어주는 마음은 안전하고 연결된 느낌을 다지는 데 중요하다. 하지만 아무리 베풀어도 상대가 받아들이지 않으면 무슨 소용이겠는가?

AEDP 치료사들은 사람들이 감정을 표현하도록 돕는 데 집중하고, 더 나아가 자신의 감정을 수용해서 좋은 것을 받아들이는 법을 배우도록 도와준다. 한마디로 수용적인 감정 경험, 이를테면 사랑이나 보살핌이나 이해를 받아들일 줄 아는 마음을 길러준다.

누구나 지지와 보살핌, 이해를 갈망한다. 누군가 자기를 봐주고 자신의 감정을 알아주고 자기 말을 듣고 이해해주기를 바란다. 하지만 이런 갈망이 예상치 못한 방향으로 흐르면 말수가 줄어들고 불신이 생긴다. AEDP는 사람들이 방어를 허물고 치료 관계를 비롯한 좋은 관계에서 생기는 긍정적 감정을 수용하도록 도와준다. 또한 사람들이 감정의 다채로운 측면을 탐색하도록 도와준다. 보살핌을 수용하면 어떤 느낌일까? 이해받을 때는 몸에서 어떤 느낌이 들까? 이렇게 탐색하는 과정에서 우리는 간절히 바라는 무언가가 왜 그토록 자주 가로막히는지 깨닫는다. 그리고 보살핌, 사랑, 공감, 존경, 이해, 누군가가 나를 봐주는 느낌을 진실하게 느낄수 있다. 이런 감정을 느끼면 그에 따르는 이점도 한껏 누릴 수 있다. 가슴에 사랑이 굳건히 자리잡고 배 속에 이해가 뿌리를 내리면 매일 마주하는 삶의 과제를 좀 더 자신 있게 해결할 수 있다.

긍정적 경험을 최대한 활용하기

'고립감 해소하기' '함께 다루기' '옆에 있어주기' 같은 방법은 부정적이고 고통스러운 감정과 고통을 완화하는 데만 적용되지 않는다. AEDP는 치료사와 내담자 사이의 긍정적인 감정을 적극적이고 명쾌하고 경험적으로 다룬다. 따라서 치료사는 내담자에게 보살핌, 관심, 공감, 연결을 제공할 뿐 아니라 기쁘고 즐거운 마음과 내담자에 대한 유쾌한 감정까지 명확히 표현한다. AEDP 치료사들은 공감과 인정을 넘어서 실질적으로 내담자를 지지해준다. 내담자의 긍정적인 자질과 역량, 재능과 치료 성과를 함께 기뻐하고 축하해주고 내담자가 스스로 성과를 인정하도록 도와주는 노력이 AEDP 치료법의 효과를 끌어낸다.

최종 단계는 불쾌한 감정이 없는 상태

이 말은 유능한 경험 치료사이자 포커싱Focusing이라는 치료법을 개발한 유진 젠들린Eugene Gendlin의 말이다.[5] 또 강렬한 감정을 처리하도록 도와주는 방법을 다룬 내 논문의 제목이기도 하다.[6]

감정은 오랜 진화의 역사에서 인간에게 각인되었다. 감정의 목적은 우리를 겁주고 압도하여 통제력을 잃을까 봐 두려워하게 만드는 것이 아니다. 감정은 우리의 뇌와 몸과 신경계에 각인되어 우리가 환경에 능숙하게 대처하고 적응하도록 도와준다. 이따금 제아무리 무서운 감정을 만나더라도 그런 감정을 잘 처리하고 소화하면 반드시 좋아진다. 가령 슬픔이라는 핵심감정을 잘 처리하면 결국 우리는 그걸 잘 받아들이게 된다. 분노라는 핵심감정을 통해서는 강인함과 명료함, 그리고 정당하고 올바른 것을 향한 욕구를 충족시킬 수 있다. 두려우면 안전을 추구하고, 기쁘면 활력과 에너지를 얻고 열정적으로 소통하고 탐색하려는 의지를 키운다. 감정을 경험적으로 다루는 방법에는 기본 원리가 있다. 핵심감정을 하나하나 완벽히 처리할 때마다 삶에 적응하는 데 도움이 되는 황금단지가 기다리고 있다는 점이다. 황금단지에는 회복탄력성과 감정을 명료하게 표현하는 능력과 더불어 우리에게 무엇이 필요한지 파악하는 능력이 담겨 있다. 심리치료를 받지 않는 사람도 이 책에서 소개하는 도구를 활용하면 고립감을 해소하고, 감정을 차단하고 억제하는 방어를 극복해서 진실한 감정을 이해할 수 있다. 마음 깊은 곳의 핵심감정을 이해하면 명료성이 담긴 황금단지를 발견할 수 있다.

감정을 완벽하게 처리하는 것은 모든 경험적 치료법의 공통된 개념이다. 경험적 치료법으로는 안구운동민감소실재처리치료, 내면가족체계치료, 게슈탈트치료, 포커싱, 신체중심경험치료, 감각운동심리치료, 감정중심치료 등이 있다.

감정을 완벽하게 처리하면 적응적으로 행동하고 회복탄력성이 강해지고 자기에게 무엇이 필요하고 무엇을 해야 하는지 명확히 이해할 수 있다. 또 몸에 에너지가 넘치고 긍정적인 감정이 생겨나 나쁜 감정에서 좋은 감정으로 넘어간다. 좋은 감정만큼 나쁜 감정을 처리하는 과정도 중요하다.

|변환 경험의 메타 처리|

심리치료의 1회전이 방어와 불안을 극복하는 방법을 탐색하는 단계이고 2회전이 고통을 치유하고 효과와 회복탄력성을 강화하는 단계라면 AEDP에는 3회전이 있다!

AEDP의 3회전인 메타치료 처리metatherapeutic processing(줄여서 메타 처리metaprocessing)는 부정적 감정 경험을 다룰 때처럼 긍정적 감정 경험을 체계적이고 철저하게 다루는 경험적 과정이다.[7] 마음이 괴로울 때 부정적 감정을 다루면 부정적 감정이 자기를 위한 적응행동으로 변환되듯이, 치유와 변환 같은 개선하는 과정과 연관된 긍정적 감정을 다루어도 새로운 변환이 시작된다. 메타 처리는 더 나아가 트라우마로 인한 감정을 완벽히 처리해서 생기는 변화를 확장하고 강화한다.[8] 이런 과정에서 뇌가 재배열되고 회복탄력성과 안녕감이 깊어지고 넓어진다.

|변환의 정서|

우리는 메타 처리를 통해 개선과 연관된 긍정적 감정 경험을 탐색하면 변환 경험의 새로운 단계가 시작되는 현상을 발견했다. 변환 경험이 새로 시작될 때마다 그 경험에 얽힌 감정이 따라왔다. 우리는 이런 감정을 '변환의 정서transformational affect'라고 부른다. 물론 예외 없이 긍정적인 감정이다. AEDP에서는 변환의 정서를 자세하고 체계적으로 다룬다. 핵심감정은 우리가 무엇을 다뤄야 할지 알려주고 각각 다른 난국에 따라 일어나지만(예를 들어 두려움은 위험의 감정이고 슬픔은 상실의 감정이다), 변환의 정서는 내면에서 일어나는 중요한 긍정적인 변화를 암시한다. 이런 긍정적인 변화를 잘 돌본다면 그 변화를 강화하고 최대로 활용해서 삶을 풍요롭게 만들 수 있다.[9]

변환의 정서에는 여러 가지 감정이 포함된다. 그중 몇 가지만 꼽아보자면, 기쁨과 자신감과 자부심의 숙달의 정서, 새롭고 낯선 경험을 할 때의 긍정적인 취약성과 연관된 떨리는 정서, 진심으로 감동하고 우리를 도와준 사람들에게 감사하고 사랑하는 마음의 치유의 정서, 내면에서 일어나는 변화에 감탄하고 놀라는 깨달음의 정서가 있다.

▎변환의 나선은 무한하다▎

긍정적 변환의 정서는 경험적으로 탐색하면 할수록 더 늘어난다. 무한한 변환의 과정에 시동이 걸리는 셈이다. 무한한 변환의 과정에서는 활력과 에너지가 나선형을 그리고 올라가면서 고통을 치유할 뿐 아니라 번영과 행복으로 나아간다.

▎핵심 상태▎

변환의 과정은 핵심 상태core state, 즉 통합성과 개방성이 결합된 상태에서 정점에 이른다. 이 책에서는 열린 마음 상태라고 부른다. AEDP의 핵심 상태와 IFS의 핵심 자기core self를 모두 아우르는 개념이다. 바로 이 상태에서 변환의 과정이 뿌리를 내리고, IFS와 이 책에서 소개하는 AEDP 치료방법이 동양의 명상 전통과 결합하여 마음의 근본 자질에 다가가는 길을 밝혀준다. 이런 과정들은 결국 너그러움과 지혜, 자기와 타인에 대한 연민, 평온함, 수용, 일관성, 안녕감, 몰입, 안락함, 그리고 '이것이 나'라는 본질과 연관된 심오한 앎의 감각으로 이어진다.[10]

이 책에서 소개하는 AEDP는 갈등과 좌절에서 출발해서 우리 마음의 가장 심오한 재능에 다가간다. 과학적 이해와 임상 경험에 토대를 둔 근본적인 낙관성이 있다는 점은 결정적이다. 사실 오늘날 정신의학 분야에서 가장 큰 난제는 허무주의와 싸우는 것과 대중에게 효과적인 치료법에 관해 알리는 것이기 때문이다. 감정에 관해 가르치고 배운다면 우울과 불안과 중독을 비롯한 각종 심리 증상에 시달리는 사람들의 낙인을 지워줄 수 있다. 또 자신과 타인을 바라보는 관점을 변화시킬 수 있다. 이 책은 사람들이 스스로 왜 고통스러운지 이해하고 '내가 고통스러운 데는 이유가 있어'라고 생각하면서 안도의 한숨을 내쉬게 해준다.

이 책은 또한 감정중심 치료가 효과적인 이유를 밝히고 이런 치료가 어떻게 작동하는지 소개한다. AEDP를 배워서 치료에 적용하는 치료사라면 이 책의 간단한 설명과 임상 사례를 참조하면서 AEDP의 본질을 이해할 수 있다. 심리치료를 받는 사람들, 특히 AEDP와 IFS를 비롯한 경험적 치료법을 경험한 내담자라면 이 책을 읽고 현재 받는 치료가 어떻게 작동하는지 이해할 수 있다.

이 책을 여러 번 읽기 바란다. 그리고 사람들과 공유하면 좋겠다. 혼자서도 시도할 수 있는 내용이지만 파트너와 함께, 또는 집단으로 모여서 시도해도 된다. 그러면 사람들에게 지지를 받으면서 고통이든 기쁨이든 함께 탐색할 수 있다.

다이애나 포샤 | AEDP 창시자

부록 A

감각 단어 목록

뇌는 우리의 경험에 꼭 맞는 말을 찾을 때 편안해진다. 예를 들어 마음에 상처를 입었을 때 '멍든'이라는 잘 어울리는 단어를 찾으면 기분 좋고 편안하다고 느끼는 인식이 '딸깍' 하고 켜진다.[1]

　부록 A의 감각 단어 목록과 부록 B의 감정 단어 목록은 각자의 경험에 맞는 단어를 찾는 데 도움이 될 것이다. 범주로 구성되어 있어서 경험에 가장 적합한 단어를 간단히 찾을 수 있다. 동일한 단어가 여러 범주에 들어갈 수 있다. 경험에 적합한 단어가 다른 범주에도 들어 있을 수도 있다. 목록에 없는 단어가 생각날 수도 있다. 자신의 경험을 믿고 범주와 상관없이 내적 체험에 가장 적합한 단어로 표현하면 된다.

거북하다

갇히다	고동치다	까칠하다	둔하다
마비되다	무감각하다	묵직하다	빽빽하다
뻣뻣하다	서늘하다	속이 뭉치다	숨이 막히다
신경이 날카롭다	욱신거리다	움츠러들다	조이다
차단되다	춥다	충혈되다	힘주다/악물다

두렵다

땀투성이다	떨리다	숨이 가쁘다	식은땀 나다
싸늘하다	안절부절못하다	어둡다	어지럽다
얼어붙다	제정신이 아니다	조마조마하다	춥다
혼란스럽다	휘청거리다		

마음이 열리다

가볍다	강하다	고요하다	광활하다
깨어 있다	넓어지다	놓아주다	느긋하다
따스하다	생기 넘치다	생기 있다	속이 트이다
순조롭다	연결되다	열려 있다	유동적이다
은은히 빛나다	충만하다	평온하다	평화롭다
활발하다	흐르다		

부드럽다

감동하다	감상적이다	깨지기 쉽다	늘어지다
두근거리다	따스하다	맥없다	멍들다
아늑하다	연하다	찡하다	환히 빛나다

불안하다

가슴이 뛰다	거북하다	골이 아프다	공황상태다
답답하다	두근거리다	따끔거리다	떠 있다
떨리다	마르다	멍하다	메스껍다
미약하다	속이 뭉치다	숨이 가쁘다	식은땀이 나다
신경이 날카롭다	씰룩거리다	아찔하다	어렴풋하다
어지럽다	조마조마하다	조심스럽다	진동하다
힘주다/악물다			

상처입다

까칠하다	깨지기 쉽다	다치다	따끔거리다
멍들다	베이다	쓰라리다	아프다
무방비 상태다	예민하다	찔리다	타는 듯하다
후들거리다			

속이 트이다

강하다	발산하다	부풀어 오르다	빛나다
살짝 떨리다	은은하게 빛나다	차오르다	커지다
크다			

수치스럽다

공허하다	단절되다	동떨어지다	마음이 무너지다
무감각하다	무기력하다	물러서다	보이지 않다
사라지다	숨으려고 하다	어둡다	얼굴이 빨개지다
얼어붙다	외롭다	움츠러들다	초라하다
풀이 죽다			

슬프다

공허하다	마음 둘 곳 없다	마음이 무겁다	심각하다
울적하다	음울하다	짓눌리다	허허롭다

우울하다

공허하다	난해하다	단절되다	동떨어지다
둔하다	따분하다	무감각하다	무겁다
무기력하다	묵직하다	사라지다	어둡다
외롭다	움츠러들다	진 빠지다	

죄책감 들다

가라앉다	거북하다	신경이 날카롭다	조마조마하다
철렁하다			

취약하다

허술하다	드러나다	떨리다	쓰라리다
무방비 상태다	예민하다	잘 부러지다	

행복하다/기쁘다

감동하다	기운 넘치다	따스하다	떠 있다
명랑하다	미소 짓다	부드럽다	속이 트이다
순조롭다	아늑하다	열려 있다	찡하다
충만하다	팽창하다	환히 빛나다	

혐오스럽다

당혹스럽다	메스껍다	속이 뭉치다	시큼하다
신경이 날카롭다	역겹다	조이다	지독히 불쾌하다
토할 것 같다	힘주다/악물다		

화나다

거북하다	격렬하다	격정적이다	기운 넘치다
까칠하다	뜨겁다	맹렬하다	속이 뭉치다
열띠다	충동적이다	화끈거리다	힘주다/악물다

흥분하다

가슴이 뛰다	고동치다	근질거리다	기운 넘치다
넓어지다	떠 있다	발산하다	속이 트이다
숨이 가쁘다	신나다	씰룩거리다	얼굴이 빨개지다
얼얼하다	열성적이다	유동적이다	은은하게 빛나다
자극적이다	초조하다	쾌활하다	흐르다

부록 B

감정 단어 목록

두렵다

거부당하다	걱정스럽다	겁먹다	겁에 질리다
고분고분하다	깜짝 놀라다	낙심하다	당황하다
망설이다	무력하다	무서워하다	미흡하다
불안하다	실망하다	압도되다	얼떨떨하다
하찮다	혼란스럽다		

마음이 열리다

강하다	고마워하다	고무되다	명랑하다
명료하다	배려심 있다	보살피다	부드럽다
사려 깊다	씩씩하다	애정 어리다	연결되어 있다
연민을 느끼다	무방비 상태다	예민하다	용감하다
의식하다	자신감 있다	정중하다	창의적이다
철학적이다	충만하다	탐구심 넘치다	평온하다

호기심 있다   호응하다   희망에 차다

불안하다
거북하다   긴장되다   동요하다   따끔거리다
마음을 숨기다   무관심하다   신경이 과민하다   위축되다
조이다   혼란스럽다   회피하다

상처입다
거부당하다   고분고분하다   끔찍해하다   드러나다
마음이 아프다   무시당하다   민감하다   불안정하다
쓰라리다   위협을 느끼다   창피당하다

수치스럽다
고립되다   공허하다   난처하다   망연자실하다
무능하다   무력하다   미흡하다   불안정하다
소외당하다   쓸모없다   억울하다   연약하다
열등하다   위축되다   조롱당하다   존중받지 못하다
하찮다

슬프다
고립되다   공허하다   나른하다   냉담하다
맥 빠지다   무관심하다   무시당하다   버려지다
수치스럽다   실망하다   쓸쓸하다   외롭다
우울하다   위축되다   의기소침하다   자포자기하다
지루하다   피곤하다   후회하다

의심스럽다

경악하다	꺼림칙하다	당혹스럽다	도발적이다
비판적이다	빈정대다	수상쩍다	질투하다
환멸을 느끼다	회의적이다		

자신감 있다

가치 있다	강력하다	강하다	고마워하다
굴하지 않다	놀랍다	성공적이다	소중하다
씩씩하다	안목이 있다	자부심 있다	중요하다
창의적이다			

죄책감 들다

굴종적이다	뉘우치다	미안해하다	회피하다
후회하다			

취약하다

겁먹다	드러나다	방어적이다	보호하려 들다
쓰라리다	약하다	위축되다	잘 놀라다

평화롭다

감사하다	고요하다	느긋하다	만족하다
명료하다	받아들여지다	안심하다	연결되어 있다
연민을 보이다	창의적이다	평온하다	호기심 있다

행복하다/기쁘다

감각적이다	관능적이다	기뻐하다	낙관적이다

대담하다	매료되다	명랑하다	신나다
씩씩하다	재미있어하다	창의적이다	쾌활하다
활기차다	활동적이다	흥분하다	희망에 차다

혐오스럽다

| 거부하다 | 메스껍다 | 못마땅하다 | 싫어하다 |
| 역겹다 | 지겹다 | | |

화나다

격노하다	격분하다	공격적이다	광분하다
냉담하다	능욕당하다	못마땅하다	비난하다
빈정대다	삐치다	상처받다	성나다
실망하다	약이 오르다	억울하다	이기적이다
적대적이다	절망스럽다	질색하다	질투하다
짜증나다	탐내다	회의적이다	

흥분하다

경외감을 갖다	경탄하다	고조되다	기운 넘치다
놀랍다	속이 트이다	신기하다	씩씩하다
열렬하다	자유롭다	충실하다	황홀하다
흥미롭다			

참고문헌

참고문헌을 소개하기 전에 내게 지대한 영향을 끼친 분들을 소개하겠다. 이분들이 없었다면 이 책도, 내 심리치료 방법도 지금과 달랐을 것이다. 우선 이분들의 저서 몇 권을 소개하겠다. 자세한 자료는 이어서 첨부한 참고문헌을 참조하길 바란다.

우선 가속경험적 역동치료를 개발한 다이애나 포샤의 연구와 뛰어난 재능을 언급하고 싶다. 포샤는 신경과학과 정서, 애착, 변환, 트라우마에 관한 방대한 연구와 임상치료를 통합하여 새롭고 효과적인 치료 모형을 개발해서 심리적 상흔을 치유하는 데 도움을 주었다. AEDP의 이론과 실재를 자세히 알아보고 싶으면 포샤의 대표 저서인《변화를 끌어내는 감정의 힘The Transforming Power of Affect》을 읽어보길 바란다. 다수의 저명한 임상심리학자와 연구자들이 깊이 있고 열정적으로 감정을 탐색한 책으로는 다이애나 포샤와 여러 저자의 공저《감정의 치유력: 감정 신경과학, 발달, 임상 실제The Healing Power of Emotion: Affective Neuroscience, Development and Clinical Practice》를 권한다. 자세한 내용은 AEDP 홈페이지 aedpinstitute.org에서 확인할 수 있다.

내게 변화의 삼각형(포샤는 경험의 삼각형Triangle of Experience
이라고 지칭한다)을 처음 소개해준 분은 다이애나 포샤지만 데이
비드 맬런David Malan의 저서도 추천한다. 사실 전문가들은 이 모형
을 맬런의 삼각형Malan's Triangle이라고 부른다. 맬런이 '갈등의 삼
각형' 개념을 소개하는 책을 처음 출간했기 때문이다. 맬런의 연구
를 더 읽어보고 싶은 독자에게는《개인 심리치료와 정신역동의 과
학Individual Psychotherapy and The Science of Psychodynamics》을 권한다.

　　나는 이 책에서 '부분들'과 '자기'와 '열린 마음 상태'를 자주
언급했다. 인간이 하나의 통합된 전체가 아니라 다채로운 상태나
부분이나 성격으로 이루어진다는 개념은 새로운 것이 아니다. 프
로이트와 대상관계이론 학자들이 자아 상태와 내사introject에 관한
논문을 많이 발표했다. 내 연구와 저작에 중요한 영향을 끼친 연
구자로 리처드 슈워츠를 꼽을 수 있다. 부분들과 자기와 열린 마
음 상태에 관한 슈워츠의 개념은 모두 이 책에 반영되었다. 리처
드는 부분을 다루어 심리적 고통과 트라우마 증상을 치유하는 통
합 모형을 개발했다. 자세한 내용을 알고 싶은 심리치료사들에게
는《내면가족체계 모형과 내면가족체계 이론 소개Introduction to the
Internal Family Systems Model and Internal Family Systems Therapy》를 권한다.
일반 독자에게는《당신이 기다려온 사람은 바로 당신: 친밀한 관
계에서 용기 있게 사랑하기You Are the One You've Been Waiting For: Bringing
Courageous Love to Intimate Relationships》를 권한다. 자세히 정보는 내면
가족체계 홈페이지 self-leadership.org를 참조하라.

Ainsworth, M. (1978). *Patterns of Attachment: A Psychological Study of the Strange Situation*. Hillsdale, NJ: Lawrence Erlbaum.

Aposhyan, S. (2004). *Body-Mind Psychotherapy*. New York: W. W. Norton and Company.

Badenoch, B. (2008). *Being a Brain-Wise Therapist*. New York: W. W. Norton and Company.

Bowlby, J. (1988). *A Secure Base: Parent-Child Attachment and Healthy Human Development*. New York: Basic Books.

Brown, B. (2010). *The Gifts of Imperfection*. Center City, MN: Hazelden.

Coughlin Della Selva, P. (2004). *Intensive Short-Term Dynamic Psychotherapy: Theory and Technique Synopsis*. London: Karnac.

Cozolino, L. (2002). *The Neuroscience of Psychotherapy*. New York: W. W. Norton and Company.

Craig, A. D. (2015). *How Do You Feel?: An Interoceptive Moment with Your Neurobiological Self*. Princeton, NJ: Princeton University Press.

Damasio, A. (1994). *Descartes' Error: Emotion, Reason, and the Human Brain*. New York: Penguin Books.

_____ (1999). *The Feeling of What Happens: Body and Emotion in the Making of Consciousness*. New York: Harcourt Brace.

Darwin, C. (1872). *The Expression of the Emotions in Man and Animals*. London: John Murray Publisher.

Davanloo, H. (2000). *Intensive Short-Term Dynamic Psychotherapy: Selected Papers of Habib Davanloo, MD*. Hoboken, NJ: John Wiley & Sons.

_____ (1995). *Unlocking the Unconscious: Selected Papers of Habib Davanloo, MD*. New York: John Wiley & Sons.

Doidge, N. (2007). *The Brain That Changes Itself.* New York: Penguin Books.

Fay, D. (2007). *Becoming Safely Embodied: Skills Manual.* Somerville, MA: Heart Full Life Publishing.

Fonagy, P., Gergely, G., Jurist, E., and Target, M. (2004). *Affect Regulation, Mentalization, and the Development of the Self.* New York: Other Press.

Fosha, D. (2017). "How to Be a Transformational Therapist: AEDP Harnesses Innate Healing Affects to Re-Wire Experience and Accelerate Transformation." In J. Loizzo, M. Neale, and E. Wolf (eds.), *Advances in Contemplative Psychotherapy: Accelerating Transformation.* New York: Norton.

_____ (2013). "Turbocharging the Affects of Healing and Redressing the Evolutionary Tilt." In D. J. Siegel and M. F. Solomon (eds.), *Healing Moments in Psychotherapy.* New York: Norton.

_____ (2009). "Positive Affects and the Transformation of Suffering into Flourishing." In W. C. Bushell, E. L. Olivo, and N. D. Theise (eds.), *Longevity, Regeneration, and Optimal Health: Integrating Eastern and Western Perspectives.* New York: Annals of the New York Academy of Sciences.

_____ (2004). "'Nothing That Feels Bad Is Ever the Last Step': The Role of Positive Emotions in Experiential Work with Difficult Emotional Experiences." L. Greenberg (ed.), *Clinical Psychology and Psychotherapy* 11 (Special Issue on Emotion), 30~43.

_____ (2000). *The Transforming Power of Affect.* New York: Basic Books.

Fosha, D., Siegel, D., and Solomon, M. (2009). *The Healing Power of Emotion: Affective Neuroscience, Development and Clinical*

Practice. New York: W. W. Norton and Company.

Fosha, D., and Yeung, D. (2006). "AEDP Exemplifies the Seamless Integration of Emotional Transformation and Dyadic Relatedness at Work." In G. Stricker and J. Gold (eds.), *A Casebook of Integrative Psychotherapy*. Washington, DC: APA Press.

Frederick, R. J. (2009). *Living Like You Mean It: Using the Wisdom and Power of Your Emotions to Get the Life You Really Want*. San Francisco: Jossey-Bass.

Fredrickson, B. L. (2001). "The Role of Positive Emotions in Positive Psychology: The Broaden-and-Build Theory of Positive Emotions." *American Psychologist* 56, 211~26.

_____ (2009). *Positivity: Groundbreaking Research Reveals How to Embrace the Hidden Strength of Positive Emotions, Overcome Negativity, and Thrive*. New York: Random House.

Gallese, V. (2001). "Mirror Neurons, Embodied Simulation, and the Neural Basis of Social Identification." *Psychoanalytic Dialogues* 19: 519~36.

Gendlin, E. T. (1978). *Focusing*. New York: Bantam Dell.

Herman, J. (1992). *Trauma and Recovery: The Aftermath of Violence from Domestic Abuse to Political Terror*. New York: Basic Books.

Hill, D. (2015). *Affect Regulation Theory: A Clinical Model*. New York: W. W. Norton and Company.

James, W. (1890). *The Principles of Psychology*. New York: Henry Holt & Company.

Kaufman, G. (1996). *The Psychology of Shame*. New York: Springer Publishing Company.

Korb, A. (2015). *The Upward Spiral: Using Neuroscience to Reverse the Course of Depression One Small Change at a Time*. Oakland, CA: New Harbinger.

Lamagna, J. (2011). "Of the Self, by the Self, and for the Self: An Intra-Relational Perspective on Intra-Psychic Attunement and Psychological Change." *Journal of Psychotherapy Integration* 21 (3): 280~307.

Lamagna, J., and Gleiser, K. (2007). "Building a Secure Internal Attachment: An Intra-Relational Approach to Ego Strengthening and Emotional Processing with Chronically Traumatized Clients." *Journal of Trauma and Dissociation* 8 (1): 25~52.

Lerner, H. (2005). *The Dance of Anger*. New York: HarperCollins.

Levenson, H. (1995). *Time-Limited Dynamic Psychotherapy*. New York: Basic Books.

Levine, A., and Heller, R. (2010). *Attached: The New Science of Attachment*. New York: Penguin Group.

Levine, P. (1997). *Waking the Tiger: Healing Trauma*. Berkeley, CA: North Atlantic Books.

Lipton, B., and Fosha, D. (2011). "Attachment as a Transformative Process in AEDP: Operationalizing the Intersection of Attachment Theory and Affective Neuroscience." *Journal of Psychotherapy Integration* 21 (3): 253~79.

Macnaughton, I. (2004). *Body, Breath, and Consciousness: A Somatics Anthology*. Berkeley, CA: North Atlantic Books.

Malan, D. (1979). *Individual Psychotherapy and the Science of Psychodynamics*. London: Butterworth-Heinemann.

McCullough, L., et al. (2003). *Treating Affect Phobia: A Manual for Short-Term Dynamic Psychotherapy*. New York: Guilford Press.

Napier, N. (1993). *Getting Through the Day*. New York: W. W. Norton and Company.

Nathanson, D. (1992). *Shame and Pride: Affect, Sex, and the Birth of the Self*. New York: W. W. Norton and Company.

Ogden, P., and Fisher, J. (2015). *Sensorimotor Psychotherapy:*

Interventions from Trauma and Attachment. New York: W. W. Norton and Company.

Ogden, P., Minton, K., and Pain, C. (2006). *Trauma and the Body: A Sensorimotor Approach.* New York: W. W. Norton and Company.

Pally, R. (2000). *The Mind-Body Relationship.* New York: Karnac Books.

Panksepp, J. (1998). *Affective Neuroscience: The Foundations of Human and Animal Emotions.* New York: Oxford University Press.

_____ (2010). "Affective Neuroscience of the Emotional BrainMind: Evolutionary Perspectives and Implications for Understanding Depression." *Dialogues in Clinical Neuroscience* 12 (4): 533~45.

Pausch, R. (2008). *The Last Lecture.* New York: Hyperion.

Porges, S. (2011). "The Polyvagal Theory: Neurophysiological Foundations of Emotions, Attachment, Communication, and Self-Regulation." *Norton Series on Interpersonal Neurobiology.* New York: W. W. Norton and Company.

Prenn, N. (2009). "I Second That Emotion! On Self-Disclosure and Its Metaprocessing." In A. Bloomgarden and R. B. Menutti (eds.), *Psychotherapist Revealed: Therapists Speak About Self-Disclosure in Psychotherapy.* Chapter 6, 85~99. New York: Routledge.

_____ (2010). "How to Set Transformance into Action: The AEDP Protocol." *Transformance: The AEDP Journal* 1 (1). aedpinstitute.org/wp-content/uploads/page_How-to-Set-Transformance-Into-Action.pdf.

_____ (2011). "Mind the Gap: AEDP Interventions Translating Attachment Theory into Clinical Practice." *Journal of Psychotherapy Integration* 21 (3): 308~29.

Rothschild, B. (2000). *The Body Remembers*. New York: W. W. Norton and Company.

Russell, E., and Fosha, D. (2008). "Transformational Affects and Core State in AEDP: The Emergence and Consolidation of Joy, Hope, Gratitude and Confidence in the (Solid Goodness of the) Self." *Journal of Psychotherapy Integration* 18 (2): 167~90.

Russell, E. M. (2015). *Restoring Resilience: Discovering your Clients' Capacity for Healing*. New York: Norton.

Sarno, J. (1999). *The Mind Body Prescription*. New York: Warner Books.

Schwartz, R. C. (2004). *Internal Family Systems Therapy*. New York: Guilford Press.

_____ (2008). *You Are the One You've Been Waiting For: Bringing Courageous Love to Intimate Relationships*. Oak Park: Trailheads Publications.

_____ (2001). *Introduction to the Internal Family Systems Model*. Oak Park: Trailheads Publications.

Shapiro, F. (2001). *Eye Movement Desensitization and Reprocessing: Basic Principles, Protocols, and Procedures*. New York: Guilford Press.

Shore, A. (2003). *Affect Regulation and the Repair of the Self*. New York: W. W. Norton and Company.

Siegel, D. (1999). *The Developing Mind: Toward a Neurobiology of Interpersonal Experience*. New York: Guilford Press.

_____ (2010). *Mindsight: The New Science of Personal Transformation*. New York: Bantam Books.

Stern, D. N. (1998). "The Process of Therapeutic Change Involving Implicit Knowledge: Some Implications of Developmental Observations for Adult Psychotherapy." *Infant Mental Health Journal* 19 (3): 300~308.

Subic-Wrana, C., et al. (2016). "Affective Change in Psychodynamic Psycho?therapy: Theoretical Models and Clinical Approaches to Changing Emotions." *Zeitschrift für Psychosomatische Medizin und Psychotherapie* 62: 207~23.

Tomkins, S. S. (1962). *Affect, Imagery, and Consciousness. Vol. 1: The Positive Affects.* New York: Springer.

_____ (1963). *Affect, Imagery, and Consciousness. Vol. 2: The Negative Affects.* New York: Springer.

_____ (1989). "Emotions and Emotional Communication in Infants." *American Psychologist* 44 (2): 112~19.

_____ (1998). "Dyadically Expanded States of Consciousness and the Process of Therapeutic Change." *Infant Mental Health Journal* 19 (3): 290~99.

Van Der Kolk, B. (2014). *The Body Keeps the Score.* New York: Viking.

Yeung, D., and Fosha, D. (2015). "Accelerated Experiential Dynamic Psychotherapy." *The Sage Encyclopedia of Theory in Counseling and Psychotherapy.* New York: Sage Publications.

주석

1. 새로운 감정의 과학

1 이 학술회의에서는 경험의 삼각형(Triangle of Experience)이라고 불렀다. 1979년에 데이비드 맬런(David Malan)이 이 개념을 처음 언급하면서 갈등의 삼각형(Triangle of Conflict)이라고 부른 것을 2000년에 AEDP를 개발한 다이애나 포샤 박사가 경험의 삼각형으로 바꾸었다. 나는 이 개념을 대중에 소개하기 위해 학술문헌에서 '변화의 삼각형' 개념을 차용했다. Malan, D. (1979). *Individual Psychotherapy and the Science of Psychodynamics*. London: Butterworth-Heinemann; Fosha, D. (2000). *The Transforming Power of Affect*. New York: Basic Books.

2 감정과 신경과학 연구 문헌에서는 어떤 감정을 핵심감정으로 분류하고 각 감정의 이름을 어떻게 붙일지에 관해 연구자들 사이에 의견이 분분하다. 내가 변화의 삼각형에 일곱 가지 열린 마음 상태의 감정을 넣은 이유는 임상치료에서나 개인적인 상황에 가장 중요하고 유용한 개념이기 때문이다. 이를테면 놀라움(surprise)도 핵심감정에 넣는 사람도 있지만 사실 놀라움은 일시적인 경험이다. 적어도 내 심리치료 현장에서는 변화의 삼각형의 다른 핵심감정들과 달리 놀라움이 차단당해서 트라우마를 일으킨 사람을 본 적이 없다.

3 Stojanovich, L., and Marisavljevich, D. (2008). "Stress as a Trigger

of Autoimmune Disease." *Autoimmunity Reviews* 7 (3): 209~13.

4 내가 우울증이나 기타 정신질환에 대한 약물치료를 싫어하지 않는다는 점을 밝혀두고 싶다. 우울증이나 불안이 심해서 일상생활이 힘들거나 일하지 못하거나 심리치료조차 받지 못하는 내담자들은 정신과로 보낸다. 항우울제는 바닥을 치는 감정을 막아주는 비계의 기능을 할 수 있다. 하지만 특히 트라우마와 관련이 있는 경우 약물치료만으로는 근본 원인을 해결하지 않은 채 증상만 다룰 수 있다. 근본 원인을 다루기 위한 심리치료가 병행된다면 나도 약물치료에 찬성한다.

5 '가속경험적 역동치료'의 의미를 짚고 넘어가자. '가속'은 커다란 변화가 신속하게 일어날 수 있다는 뜻이다. '경험'은 치료사가 경험적으로 접근해서 감정의 파도가 물러가고 경험이 좋게 느껴질 때까지 감정에 내재한 치유의 힘을 이용한다는(금광을 캔다는) 뜻이다. '역동'은 과거가 현재에 영향을 끼치는 방식, 애착 경험이 내면화되는 방식, 안전하고 사랑해주는 사람들과의 새로운 경험이 치유로 이어지는 방식을 의미한다.

6 나는 리처드 슈워츠의 열린 마음 상태를 내면가족체계 치료를 통해 처음 접했다. Schwartz, R. (2004). *Internal Family Systems Therapy*. New York: Guilford Press.

7 일부 우울증과 정신질환은 생물학적인 원인으로 발생하며, 방어의 결과가 아닐 수 있다. 하지만 질병으로 우울증에 시달리는 사람들도 감정을 차단하므로 결국 변화의 삼각형을 활용해 도움을 받을 수 있다. 우리는 몸과 마음의 건강이 허락하는 한에서 변화의 삼각형을 다루어 스트레스와 불안을 최소로 줄여서 전반적인 안녕감을 높이려 한다. 변화의 삼각형을 다루는 사람은 누구나 해결하려는 '질환'이 있다. 질환의 원인이 트라우마든, 스트레스든, 가난과 같은 환경 요인이든, 만성적인 신체질환이든, 유전적이고 생물학적 문제로 인한 정신질환이든 마찬가지다. 근본원인이 무엇이든 변화의 삼각형은 질병과 환경에 의해 유발된 감정을 다루는 데 도움을 줄 수 있다.

8 Lieberman, M. D., Eisenberger, N. I., Crockett, M. J., Tom, S., et al.

(2007). "Putting Feelings into Words: Affect Labeling Disrupts Amygdala Activity to Affective Stimuli." *Psychological Science* 18: 421~28.

2. 핵심감정을 풀어주다

1 프랜의 사례와 이 책의 다른 여러 사례는 AEDP 치료의 중요한 단계를 보여준다. 치료사가 내담자를 이끌어줄 네 단계가 있다. 1) 방어 상태에서 벗어나기, 2) 바탕에 있는 핵심감정과 접촉해서 처리하기, 3) 핵심감정을 처리하는 경험을 처리하기(메타치료 처리), 4) 내가 열린 마음 상태라고 부르는 핵심 상태에 이르고 그 경험을 처리하기. 이 책에 등장하는 모든 사례는 변화의 삼각형을 다루는 과정을 보여준다. 이 치료법을 자세히 배우거나 수련에 관해 알아보고 싶은 치료사는 다이애나 포샤가 AEDP를 다룬 *The Transforming Power of Affect* (2000)를 참조하거나 AEDP 연구소 홈페이지를 방문하라.

2 Kandel, E. (2013). "The New Science of Mind and the Future of Knowledge." *Neuron* 80 (3): 546~60.

3 "Once you become aware of them, internal sensations almost always transform into something else." Levine, P. (1997). *Waking the Tiger: Healing Trauma*. Berkeley, CA: North Atlantic Books, p. 82.

4 더 나아지기 위한 변화에 주목하고 관련 감각을 신중히 설명해야 할 필요성을 알아차린 것은 다이애나 포샤의 중요한 공헌이다. Fosha (2013).

5 감정중심 치료 모형이 주로 고통을 다루는 반면에, AEDP는 트라우마 감정뿐 아니라 감사하는 마음과 기쁨, 감동, 프랜이 경험한 치유의 감정도 다룬다. Fosha (2009).

6 Siegrid Löwel, Göttingen University. "The exact sentence is: 'Neurons wire together if they fire together'." Löwel, S., and

Singer, W. (1992). "Selection of Intrinsic Horizontal Connections in the Visual Cortex by Correlated Neuronal Activity." *Science* 255: 209~12.

7   경험의 네 가지 요소는 EMDR(안구운동민감소실재처리치료)의 이론과 실재에서 나왔다. EMDR은 프랜신 샤피로(Francine Shapiro)가 개발한 트라우마 심리치료다. Shapiro, F. (2001). *Eye Movement Desensitization and Reprocessing: Basic Principles, Protocols, and Procedures*. New York: Guilford Press, 57.

8   호흡법은 뉴욕에서 활동하는 정식 침술사인 샤론 와이스(Sharon Wyse)의 방법에서 차용했다.

9   특히 복식호흡을 처음 연습할 때는 숨을 들이마시면 심장박동이 조금 빨라진다. 이것은 정상이다. 숨을 내쉴 때는 심장박동이 느려진다. 호흡법을 연습하면서 가장 편안한 리듬과 깊이를 찾아보면 호흡법이 불안을 잠재우고 핵심감정의 파도를 타기 위한 방법이라는 사실을 알 것이다.

3. 트라우마와 마주 보다

1   감정을 느낄 수 있도록 혼란과 같은 방어에게 옆으로 비켜달라고 요청하는 것은 순전히 AEDP 방식이다.

2   나는 이 말을 벤 립턴(Ben Lipton)에게 배웠다. 이는 그가 AEDP 수련자들에게 가르칠 때 사용하는 특별한 표현이다. 여기서 그의 이름을 언급할 가치가 있다.

3   어떤 엄마들은 아기가 화가 났다는 생각에 압도당할 수 있다. 아기는 엄마에게 화가 난 게 아니다. 기본 욕구가 충족되지 않아서 분노라는 핵심감정이 일어난 것이다. 분노는 요란한 저항(울고불고 난리치기)을 일으켜서 엄마나 사람들이 욕구를 충족시켜주도록 유도한다. 다시 말하지만 감정은 생존 프로그램이다.

4   이 개념은 Schwartz, *Internal Family Systems Therapy* (2004)에서 참조했다.

5   트라우마 유형을 구분할 때는 한 유형이 다른 유형보다 더 나쁘거나 덜 중요하다고 판단할 수 없다는 점을 알아야 한다. 트라우마는 트라우마다. 스몰 트라우마에 관심을 갖는 이유는 트라우마 증상에 시달리면서도 원인을 모르는 사람들을 인정해주기 위해서다. 스몰 트라우마에 시달리는 사람들은 대개 스스로를 탓한다. 나는 스몰 트라우마를 설명하면서 어떤 유형의 트라우마 증상에 시달리든 그 사람에게 수치심과 오명을 완전히 지워주지는 못하더라도 조금이라도 덜어주고 싶다.

6   자기애성 성격장애와 경계선 성격장애라는 용어는 요즘 널리 쓰이지 않는다. 이런 장애는 어린 시절에 학대당하거나 방치당해서 생긴다는 데 어느 정도 합의가 이루어졌다.

7   분열은 감정과 생각, 신체감각, 자기감, 기억과의 연결에 틈새를 만드는 심리 과정이다. 백일몽과 같은 경미한 유형부터 해리성 정체감 장애(dissociative identity disorder)와 같은 심각한 유형까지 다양하다.

8   트렌스젠더 또는 생물학적 성에 불응하는 사람들이 성중립적 대명사를 사용하는 것은 흔한 현상이다. '그들이/그들을/그들의'는 전통적인 남녀의 이분법에 동의하지 않고 '그가/그를/그의'나 '그녀가/그녀를/그녀의'라는 이분법적 선택이 적용되지 않는 사람들이 사용할 수 있는 성중립적 대안이다.

9   자크 판크세프는 탐색 욕구에 관한 연구로 유명하다. Panksepp, J. (2010). "Affective Neuroscience of the Emotional BrainMind: Evolutionary Perspectives and Implications for Understanding Depressions." *Dialogues in Clinical Neuroscience* 12 (4): 533~45.

10 저명한 정신분석학자이자 저술가인 도널드 위니콧 박사는 다르게 설명했다. 그는 보살핌이 완벽할 필요는 없고 "충분히 좋은" 정도면 된다고 보았다.

11 Bowlby, J. (1988). *A Secure Base: Parent-Child Attachment and Healthy Human Development*. New York: Basic Books.

12 Main, M., Hesse, E., and Kaplan, N. (2005). "Predictability of

Attachment Behavior and Representational Processes at 1, 6, and 18 Years of Age: The Berkeley Longitudinal Study." In K. E. Grossmann, K. Grossmann, and E. Waters (eds.), *Attachment from Infancy to Adulthood*. New York: Guilford Press, 245~304; Main, M., and Solomon, J. (1990). "Procedures for Identifying Infants as Disorganized/Disoriented During the Ainsworth Strange Situation." M. T. Greenberg, D. Cicchetti, and E. M. Cummings (eds.), *Attachment in the Preschool Years: Theory, Research and Intervention*. Chicago: University of Chicago Press, 121~60.

4. 핵심감정을 만나다

1 몬트리올에서 개업 중인 정신과의사인 하비브 다반루(Habib Davanloo)는 감정을 다루는 경험적인 접근으로 '묘사(portrayal)'라는 기법을 개발했다. 묘사 기법에서는 내담자가 감정이 몸에서 느껴지는 방식에 집중하고 상상으로 감정과 연관된 행위를 온전히 탐색하도록 도와준다. 다이애나 포샤는 1980년대에 다반루와 함께 연구하고 그의 개념을 AEDP에 통합했다. 내가 보니(4장)와 스펜서(5장), 마리오(6장)를 치료하면서 분노를 다루는 데 결정적인 역할을 한 방법론은 다반루의 연구에서 나왔다. 나는 이 방법론을 나의 수련감독 벤 립턴에게 배웠다.

2 Pally, R. (2000). *The Mind-Body Relationship*. New York: Karnac Books.

3 감정이 말하도록 '마이크를 대주는' 기법을 가르쳐준 벤 립턴에게 감사드린다.

4 이렇게 질문을 바꾸어 다시 진술해서 내담자가 자신의 소망과 욕구를 알아차리도록 개입해서 도와주는 방법 역시 벤 립턴의 것이다.

5 뇌에서 감정이 일어나는 부분이 정확히 어느 영역인지에 관해서는 논쟁이 있다. 매클린(Maclean)을 비롯한 다수의 연구자들은 변연계와 편도체에서 감정이 일어난다고 본다. Maclean, P. D. (1952).

"Some Psychiatric Implications of Physiological Studies on Frontotemporal Portion of Limbic System (Visceral Brain)." *Electroencephalography and Clinical Neurophysiology* 4 (4): 407~18; Panksepp, J. (1998). *Affective Neuroscience: The Foundations of Human and Animal Emotions.* New York: Oxford University Press. 하지만 감정 처리와 관련된 다른 영역으로 안와전두피질과 뇌섬엽에서 감정이 일어난다고 보는 연구자들도 있다. Bechara, A., Damasio, H., and Damasio, A. (2000). "Emotion, Decision Making and the Orbitofrontal Cortex." *Cerebral Cortex* 10 (3): 295~307; Gu, X., Hof, P. R., Friston, K. J., and Fan, J. (2013). "Anterior Insular Cortex and Emotional Awareness." *The Journal of Comparative Neurology* 521 (15): 3371~88.

6   Rizzolatti, G., and Craighero, L. (2004). "The Mirror-Neuron System." *Annual Review of Neuroscience* 27 (1): 169~92.

7   '단어에 감정 싣기(Putting Feelings into Words)'라는 적절한 제목의 fMRI 연구에서 참가자들에게 감정이 담긴 표정을 지은 사람들 사진을 보여주었다. 예상대로 참가자의 편도체가 사진의 감정에 따라 활성화되었지만 참가자에게 감정에 이름을 붙이게 하자 배측전두엽피질이 활성화되고 감정의 편도체 반응은 줄어들었다. 말하자면 감정을 의식적으로 알아차리자 감정의 영향이 줄어든 것이다. Korb, A. (2015). *The Upward Spiral.* Oakland, CA: New Harbinger.

5. 억제감정을 벗어나다

1   '옛날 TV 화면'으로 기억을 시각화해서 보라고 제안하는 방법은 뉴욕에서 활동하는 최면술사 멜리사 티어스(Melissa Tiers)의 방법이다. 뉴욕에서 무의식을 통합적으로 가르치는 워크숍에서 배웠다.

2   나는 변화의 삼각형에 사랑을 핵심감정으로 넣지는 않지만 핵심 경험으로 간주한다. 두 사람 사이에서 일어나는 관계의 감정 범주에 사랑을 넣

는다.

3 수치심에 관한 설명 외에도 더 자세히 알아볼 수 있는 책 세 권을 추천한다. Brené Brown, *The Gifts of Imperfection*; Gershen Kaufman, *The Psychology of Shame*; Donald Nathanson, *Shame and Pride*.

4 해로운 수치심을 다룬 또 하나의 상담 사례는 《뉴욕 타임스》 기사 "It's Not Always Depression"(March 10, 2015)을 참조하라.

5 수치심과 취약성에 관한 자세한 정보는 브레네 브라운(Brené Brown)의 저서와 테드(Ted) 강연을 참조하라.

6 이 방법을 자세히 알아보려면 다음 논문을 참조하라. Fosha (2013); Fosha and Yeung (2006); Russell and Fosha (2008); Yeung and Fosha (2015).

7 긍정적인 감정의 역할에 관해 자세히 알아보려면 다음을 참조하라. Fredrickson, B. L. (2009). *Positivity: Groundbreaking Research Reveals How to Embrace the Hidden Strength of Positive Emotions, Overcome Negativity, and Thrive*. New York: Random House.

8 나에게 건강한 자부심과 여러 치유의 감정을 이용해서 급격히 변환되는 개념을 소개한 사람은 다이애나 포샤다.

6. 방어를 걷어내다

1 밧줄을 상상하거나 때로는 실제 밧줄을 이용해서 좀 더 실질적으로 서로 연결하는 기법은 벤 립턴의 방법을 참조했다.

2 피터 레빈(Peter Levine)은 《내 안의 트라우마 치유하기(Waking The Tiger)》에서 이런 현상을 자세히 설명한다. 그의 방법론은 야생의 동물들이 죽기 직전의 상태에서 어떻게 회복하는지 관찰하는 방법에 기초한다. 동물은 몸이 떨리는 상태를 방해하지 않고 놔두면 회복하고 일어나서 걸어간다. 인간도 마찬가지다.

3 '자기를 위해 슬퍼하기'의 개념을 치유의 중심에 놓고 기쁨과 자부심, 감

사하는 마음 같은 치유와 변환을 끌어내는 감정의 치유 효과를 설명하고 언급한 사람은 다이애나 포샤다.

4   여기서도 다이애나 포샤를 언급해야겠다. 순전히 AEDP의 방법이고, 다른 여러 기법 중에서도 AEDP를 독특하고 효과적인 치료법으로 만들어 주는 요소다.

5   방어에 대한 AEDP 접근법은 방어를 병리 현상으로 만들고 수치심을 일으키는 정신의학 모형과 대조를 이룬다. 심리치료 상황에서 수치심을 일으키면 실제로 방어가 강화된다. 방어를 처음 형성될 때의 적응적인 형태로 재구성하면 수치심이 줄어들고 호기심이 커질 수 있다.

7. 진정한 나를 찾아서

1   '열린 마음 상태'는 AEDP의 핵심 상태와 IFS의 자기에 관한 개념을 반영한다. 핵심 상태에 관한 자세한 내용은 Fosha (2000)를 참조하고, IFS의 자기에 관한 자세한 내용은 Schwartz (2004)를 참조하라.

2   AEDP 치료법의 특징은 내담자에게 "오늘 우리가 같이 이런 작업을 해보니 어때요?"라고 묻는 것이다. 포샤는 이 방법을 메타치료 처리라고 부른다. 메타치료의 이론과 실재를 자세히 알아보고 싶으면 Fosha, *The Transforming Power of Affect* (2000)를 참조하라.

추천의 글

1   Fosha, D. (2008). "Transformance, Recognition of Self by Self, and Effective Action." In K. J. Schneider (ed.), *Existential-Integrative Psychotherapy: Guideposts to the Core of Practice*. New York: Routledge, 290~320.

2   Bowlby, J. (1988). *A Secure Base: Parent-Child Attachment and Healthy Human Development*. New York: Basic Books.

3   Porges, S. W. (2011). *The Polyvagal Theory: Neurophysiological Foundations of Emotions, Attachment, Communication, and*

Self-regulation. New York: Norton; Carter, C. S., and Porges, S. W. (2012). "Mechanisms, Mediators, and Adaptive Consequences of Caregiving." In D. Narvaez, J. Panksepp, A. L. Schore, and T. R. Gleason (eds.), *Human Nature, Early Experience and the Environment of Evolutionary Adaptedness*. New York: Oxford University Press, pp. 132~51; and Geller, S. M., and Porges, S. W. (2014). "Therapeutic Presence: Neurophysiological Mechanisms Mediating Feeling Safe in Clinical Interactions." *Journal of Psychotherapy Integration* 24: 178~92.

4 Schore, A. (2012). *The Science of the Art of Psychotherapy*. New York: Norton.

5 Gendlin, E. T. (1981). *Focusing*. New York: Bantam New Age Paperbacks.

6 Fosha, D. (2004). " 'Nothing That Feels Bad Is Ever the Last Step': The Role of Positive Emotions in Experiential Work with Difficult Emotional Experiences." 감정에 관한 특별호, L. Greenberg (ed.), *Clinical Psychology and Psychotherapy* 11: 30~43.

7 Fosha, D. (2009). "Healing Attachment Trauma with Attachment (. . . and Then Some!)." M. Kerman (ed.), *Clinical Pearls of Wisdom: 21 Leading Therapists Offer Their Key Insights*. New York: Norton, 43~56; Fosha, D. (2009). "Positive Affects and the Transformation of Suffering into Flourishing." In W. C. Bushell, E. L. Olivo, and N. D. Theise (eds.), *Longevity, Regeneration, and Optimal Health: Integrating Eastern and Western Perspectives*. New York: Annals of the New York Academy of Sciences, pp. 252~61.

8 Fredrickson, B. L. (2001). "The Role of Positive Emotions in Positive Psychology: The Broaden-and-Build Theory of Positive

Emotions." *American Psychologist* 56: 211~26; Fredrickson, B. L. (2009). *Positivity: Groundbreaking Research Reveals How to Embrace the Hidden Strength of Positive Emotions, Overcome Negativity, and Thrive.* New York: Random House.

9 Fosha, D. (2013). "Turbocharging the Affects of Healing and Redressing the Evolutionary Tilt." In D. J. Siegel and Marion F. Solomon (eds.), *Healing Moments in Psychotherapy*. New York: Norton, 129~68; Russell, E. M. (2015). *Restoring Resilience: Discovering Your Clients' Capacity for Healing*. New York: Norton.

10 Fosha, D. (2017). "How to Be a Transformational Therapist: AEDP Harnesses Innate Healing Affects to Re-wire Experience and Accelerate Transformation." In J. Loizzo, M. Neale, and E. Wolf (eds.), *Advances in Contemplative Psychotherapy: Accelerating Transformation*. New York: Norton, chapter 14.

부록 A: 감각 단어 목록

1 인식이 '딸깍' 켜진다는 표현은 다이애나 포샤에게 배운 것이다. 자신의 경험에 꼭 맞는 단어를 발견하는 순간의 경험을 절묘하게 설명해준다.